林建华 著
袁军 特别推荐

进阶之道

ROAD
TO
PROMOTION

突破职场困境77问

西南大学出版社

图书在版编目(CIP)数据

进阶之道:突破职场困境77问/林建华著.—重庆:西南大学出版社,2023.4
ISBN 978-7-5697-1798-3

Ⅰ.①进… Ⅱ.①林… Ⅲ.①职业选择-通俗读物 Ⅳ.①C913.2-49

中国国家版本馆CIP数据核字(2023)第039931号

进阶之道:突破职场困境77问
JINJIE ZHI DAO:TUPO ZHICHANG KUNJING 77 WEN

林建华　著

| 责 任 编 辑：李晓瑞
| 责 任 校 对：段小佳
| 装 帧 设 计：殳十堂_未 氓
| 照　　　排：张　祥
| 出 版 发 行：西南大学出版社(原西南师范大学出版社)
|　　　　　　网　址:http://www.xdcbs.com
|　　　　　　地　址:重庆市北碚区天生路2号
|　　　　　　邮　编:400715
|　　　　　　电　话:023-68868624
| 印　　　刷：重庆俊蒲印务有限公司
| 幅 面 尺 寸：170 mm×240 mm
| 印　　　张：15.5
| 字　　　数：286千字
| 版　　　次：2023年4月 第1版
| 印　　　次：2023年4月 第1次印刷
| 书　　　号：ISBN 978-7-5697-1798-3
| 定　　　价：69.00元

序1 | 职场漂亮转身

上次给父亲的书写序还是6年前,这6年间发生了很多事情,对我而言其中一件比较重大的事情就是告别了差不多20年的学生身份,真正跨入了职场。

身份的转变往往会在与朋友的交往中体现。就比如从本科毕业后,和那些已参加工作的朋友聚会时聊的话题,已经不可避免地从校园情感八卦,开始变为对领导同事的吐槽。只不过那时候转变身份的是他们,我还处在身为学生的舒适区内。在舒适区待久了突然要正式参加工作时我其实还是有一些忐忑的,因为每次转变身份,我都需要一些时间来适应,然后在某个时刻与自己的新身份和解。初入职场,一次不得不出于工作需求联系了一位关系很好的朋友,发微信时我自己都不禁感叹"我真没想到会因为工作找你"。学生时代的我们可能总觉得不应该在友谊中掺杂其他复杂的东西,在步入职场前可能也幻想过能将工作和日常生活彻底分开,但哪里会有一条泾渭分明的分界线,大概工作和日常生活各有一个微信账号就已是我们最后的倔强。工作肯定不会成为日常生活的全部,但当我们迈入职场的一瞬间开始,大多数人的日常生活就不可能完全剥离掉工作了。

虽然我在学生阶段也有过多段实习经历,但当真正开始职场生涯后,才发现与实习相比,虽然可能还有类似的工作内容,但是了解到的信息、面对的问题、领导同事对你的态度等等,都不一样了。按25岁研究生毕业开始工作来算,到60岁(甚至按照延迟退休的趋势可能会到65岁之后)退休,一个研究生毕业的男性大概会拥有近40年的职业生涯。现在还不到30岁的我,在如此漫长的职场旅程中也还算得上处于新人阶段。只不过在职场的新人阶段,不会有像游戏里明确的新手村或教学关卡,不会全是随便打一打就能解决的Boss。在职场的新手期，也可能会遇到让当时的你觉得"天都要塌下来"的难以克服的困难。我当然也不可避免地遇到过一些棘手的难题，但总是不知不觉中就解决了，所以每次身边的朋友跟我吐槽职场的困境时，我都觉得自己好像没什么可说的，一切似乎都还挺顺利。这可能是因为信奉"车到山前必有路"的我心比较大，也可能是在我随性发挥处理问题时已经悄然间运用了一些所谓的职场哲学。

如果真是因为后者，那这些职场哲学我是在什么时候掌握的呢？我的性格让我在很多重要的时刻都没有和父亲进行过直接交流，更不用说是交流一下工作日常。思来想去可能是因为职场哲学某种意义上就是一个人为人处世的哲学，会在生活的其他方面展现。比如这本书里记录的一些人的处事方式，大概父母在家日常交流时提及过，被我在不经意间记住了，而后又在我没有意识到的情况下应用在处理棘手问题时。另外，无论是在我求职过程中还是入职之后，虽说没有和父亲直接交流过，但都聆听过一些父亲曾经帮助过的人的教诲，他们说父亲曾为他们指点迷津，所以为我答疑解惑时应该也包含着父亲的职场哲学与智慧。

不过也是当我第一次看到这本书的初稿时，才最终确认我处理一些职场问题时果然潜移默化受到了父亲的影响。这也许就是命运的安排吧，即使从来没有针对职场进行过交流，父辈的经验潜移默化还是传给了下一代。当然职场里不会有所谓的满分答案，这本书也只是父亲基于多年职场打拼的个人总结，所以即使通读全书也肯定不会让我或正在看这本书的你在未来的职业生涯中一帆风顺。不过毕竟开卷有益，如果这本书可以在你未来遭遇某些难题时成为一颗定心丸，抑或是让你在未来的职场生涯中少摔几个跟头，我想父亲写这本书的初衷也就实现了。

但如果你就是有一股不撞南墙不回头的拼劲，那就继续横冲直撞吧，在这磕碰中也许你会撞得头破血流，也没准你会撞出属于自己的答案。到那时再看看这本书，可能会另有一番滋味。

点子

序2 职场需要一个好老师

2022年3月31日,突然收到老师微信:"我准备写一本关于职业思想方面的书,你站在你的角度,希望看到哪些方面的内容呢?"

我与老师已经两年未见,除了给老师发过他2019年出版的《悄然30年》读书会讲课的视频外便没有其他联系。收到微信后,我既吃惊又无比兴奋,吃惊的是老师还记得我,兴奋的是老师又要出书了,而且我将参与其中。对老师的感激之情更是不可言表,因为此时我也正在"职业困惑"中。

当日,按照老师的要求开始思考提出问题,接下来在老师汇总的200余个问题中做了两轮选择。老师说用100天时间完成书稿,而不到60天我便收到了初稿。这本书一直在老师的规划中,所以老师的写作过程可谓一气呵成。

5月23日我成了这本书的第一个读者,老师将初稿发给我说让我"润色",其实我只能做到逐字逐句地阅读,修改一些小的问题。而在这一过程中,我既是第一读者也是第一受益者。在阅读的过程中我自然而然地将书中所讲与自己的工作去关联、对比,从而寻找答案,甚至有时候忘了修改,猛然发现脱离了主题后才赶紧回头重新读一遍,把修改部分标记出来,当然,其间也随时摘录内容另做笔记。

老师写此书的初衷是将他30余年职业生涯的积累与收获赠予我们,让我们这些职场人能够在职场中遇到困惑时找到答案。无论你是"70后""80后""90后",或者是"00后",这本书将在你职业生涯不同阶段解开你不同的困惑。书中的每个故事也许就是你身边曾经发生过或将会发生的,你可以在故事中去寻找你的答案,你会感恩遇到这样一本书,遇到"老林"这样一位内心豁达的老师,或许你会想去认识书中的那些人!若是这样,也许你未来的职业生涯总结就不会像林老师说的"没成功,未失败,就这样",而是"成功了,没失败,很开心",那时也许你还会想到这本曾经读过的书。

"一个职场人认清自己,脚踏实地去工作,做好每一件事情,这可能就是自己最大的核心竞争力吧。"

"办公室的工作繁杂,更多的是小事、杂事,要把大事办好不容易,要把小事杂事办好更不容易。细心、认真、周到是必不可少的,还得有耐心和毅力,而她做到了。"

我工作20余年,一直从事企业管理工作,包括生产运营、人力资源、行政等等,我曾经遇到过无数的问题,至今仍有困惑,甚至认为自己没有了专业。读过老师的初稿,内心豁然开朗,原来存在的困惑都有解决的方法,只要我们敢于去面对、坦然去接受。所以,去书中寻找更多的故事和解除你困惑的方法吧。

再次感谢林老师让我参与到本书的创作过程中,让我的生命里有了与写书有关的经历;再次感谢"师傅"让我这样一个儿子已经读大学的妈妈再次鼓起勇气去审视自己的职业生涯,去探索自己仍需努力的后半生。

亲爱的读者,愿你不再有困惑,愿你可以为他人带来一片阳光。

钰斐

2022年8月22日

开篇之说

自2016年写了一本书《悄然30年》之后,我一直希望能够继续写新的书。2022年4月,终于开始动笔写写关于职场方面的事情了。2021年我退居二线,结束了正式的职业生涯,开始成为一名"下岗职工"。我开始了游荡生涯,去了不少地方,包括云南、四川、广东、东北三省等地的10多个城市,游山玩水之余接触了不少中小企业管理者,与大约20个企业管理者有过或长或短的沟通和交流,这些管理者包括了"60后""70后""80后",还有个别"90后"。

一直以来,我特别钦佩那些没有任何背景、白手起家的创业者,在我的心中,他们是为社会做出贡献的主力军之一或者可以说是重要的力量。在解决社会就业问题方面这些人做出了贡献。

我曾经也梦想去做自己的企业,那样不仅仅可以发挥自己的才能,还可以发点小财,让自己或者家人以及家族的日子过得更好些。但那只是一个梦想,到今天也没有实现,在可以预见的未来也无法去实现。所以只能对那些创业者们无限敬佩,敬佩他们的勇气、胆识、果敢,还有他们的谋略、毅力、耐心等等。

然而,他们的喜、怒、忧、思、悲、恐、惊,常人看不见,很多时候他们深深埋藏在心底,因为他们必须要坚强,永远坚强。他们知道一旦放弃,企业就有可能不复存在了。

面对面的聊天,让我对他们这个群体有了深刻的了解,也有了新的认识。市场情况不景气的时候,中小企业家的日子不容易,能够维持下去已经十分不易,不少已经到了负债经营的地步。

记得在与一位精明强干的女企业家聊天时,我直接问了一个问题:如果目前的状况不改变,您的企业还能维持多久?她回答我说:最多半年。我心里一惊,因为当时她的工厂还是红红火火的,而且订单不断。接下来,我同她们的决策层五人,把企业存在的所有问题罗列出来,经过认真讨论,形成完整的解决方案,并且有针对性地做好替代方案。最终,她的问题解决了。

一些企业的经营者对各自企业的团队建设和员工素质不满意,大约一半的经营者对团队建设寄予了很高的期望,希望能够在尽可能短的时间内,建设好自己的企业团队。然而他们很难招聘到理想的、满意的队员,特别希望我帮他们找到解决办法或者帮他们招聘到理想人选。30多年的职业生涯告诉我,团队建设不可能一蹴而就。然而,我能理解他们的愿望和对团队建设的梦想。

游荡中,我接触了不同企业、不同行业中的100余名员工,包括中层管理人员,也包括一些高层管理人员。与大家的交流中,我主要是听、问、记,当然有时我也以一个"老职场人"的身份和他们分享。30多年的职场生涯,我转场了好几次,也算是经历了职场中的风风雨雨。

某次在火车上,一位大约30岁的职场人士问我:您对自己30多年的职场生涯满意吗?

是呀,30多年的职场生涯,我对自己满意吗?这个问题我还没有认真想过,我一直认为自己思想还没僵化,爱看书、爱学习,甚至有时候思想不比年轻人落后。一直以为长期坚持跑步的我,身体完全可以胜任高强度的工作,所以还没有到总结自己职业生涯的时候。面对他的提问,我一时竟难以回答。我告诉他:等我认真思考一周后,在微信中回答他。一周后,我用9个字回答了他:没成功,未失败,就这样。

是啊,自己的职业生涯好也罢,坏也罢,都已经结束了,何必还要去纠结呢?况且纠结又能改变什么呢?职场中我当然也纠结过,而且纠结的时候还很多,这是一个不可否认的事实。

那么,现在年轻的职场人士,是否也会像我当年一样?是不是也时常在纠结?对工作不满意,对自己的工资不满意,对自己的岗位不满意,对职场中人际关系不满意,是否因为纠结有过彻夜不眠呢?

游荡中与职场人士的广泛接触,让我对职场人士有了更多的了解。

与职场人士的广泛接触,对我来说是一次重新的学习过程,也促使我认认真真、仔仔细细再次思考职场中的问题。

我想写一本关于职场的书,希望能够对职场新手有参考价值,同时也可以对即将参加工作的学子们包括大学生、研究生有所帮助,还希望得到资深职场人士的批评指正。

写些什么呢？我突然脑洞大开:那就让问题来源于职场人士吧。于是我邀请了几位优秀的,又与我比较熟悉的职场人士,请他们第一轮提出职场中最希望解决的问题,最终,收集来的问题有230个。

230个问题收集后,我又邀请包括首轮提出问题的人士在内一共20名"80后""90后"职场人士,请他们在这230个问题中选出自己最希望解决的问题。此番又形成了120个问题。

第三轮,把人员扩大到30名(包括前面的20名),他们有营销精英、人力资源精英、企业商务精英、运营管理精英,还有企业老板,他们分布在东南西北。在这120个问题中,他们每人淘汰掉20个问题。此番留下来100个问题,我最终选择77个问题来回答。

我会在书的最后感谢信中对他们表示感谢,当然是在他们允许我公开他们名字的前提下。

我当尽力来回答这77个问题。

我的第一份工作是在高校当了近6年老师,当年我讲过企业经营管理、企业全面质量管理等课程,也曾参加过中央机关讲师团到地方讲学一年。而后又有了28年的企业职业生涯,也有了企业管理的工作经历,包括人力资源、市场营销、项目管理、运营管理等方面的经历,很多时候我就像一个救火队员,当然这些工作也让我收获了很多。我带过团队,同时我也是大团队中的一员。

当然,我的职业生涯不够完美,我的理解难免有很多不到位的地方,如果你有机会接触到这本书,是我的荣幸,也请你多包涵!

我希望创业者们不再有困惑,事业兴旺发达,也希望奋斗在职场的各位人士,无论处于职业生涯的哪个阶段,都不再有我职业生涯中的烦恼。

2022年4月11日于北京

目　录

第一章　初识：让自己的理想起飞

一、这不是选择题——本科毕业考研还是就业　　003

二、钢铁到底是怎样炼成的——如何客观评估自己的学校和专业　　006

三、让自己更加出色——大学毕业生如何选择工作地　　009

四、认认真真找一份工作——毕业后第一份工作真的有那么重要吗　　012

五、做最好的自己——第一份工作选择在大公司当一颗螺丝钉还是在小公司当多面手　　015

第二章　成长：六勤帮助你成长

一、有作为才有岗位——如何准确定位自己的岗位在公司的位置　　021

二、心急吃不了热豆腐——如何快速掌握某个岗位所需要的核心技能　　024

三、躬耕才会有收获——如何快速明白岗位赋予自己的职责并完成任务　　027

四、耐心等待质变——如何打造自己的核心竞争力　　030

五、严师出高徒的可能性很大——需要找一个师傅带自己吗　　033

六、多付出一点又何妨——可以拒绝太重的工作任务吗　　036

七、学会求助也是一种成长——如何在遇到困难时求助　　039

八、成小事者方可成大事——领导总让我干杂活该怎么办　　042

九、让自己透明一点——如何明白领导对自己的期待并让领导放心　　045

十、学学草船是怎样借箭的——如何获取公司的资源从而达到令人满意的工作效果　　048

十一、让自己的人生出彩——工作岗位不适合自己时是否可以提出调整　　051

十二、事实胜于雄辩——自己的劳动成果没有得到合理的奖励时该如何与领导沟通　　054

十三、给自己号号脉——需要做些什么才能得到自己期待的工作　　057

十四、膘肥马壮定能驰骋千里——如何站在公司的角度独当一面　　060

十五、成长无处不在——工作不能让自己成长怎么办　　063

十六、养成纠偏的习惯——如何面对工作中出现的各种失误　　066

十七、真金不怕火炼——对工作流程有改进意见,如何提交方案更为有效　　068

第三章　成熟:让时间证明自己

一、在变化中找到自己——如何迅速在团队中找到自己的定位　　075

二、善意有序,直面竞争——如何对待团队中的竞争　　078

三、退一步海阔天空——同事之间产生了矛盾该怎么办　　081

四、主动架起心灵的桥梁——如何与自己的领导沟通交流　　084

五、解铃还须系铃人——主管领导认可但大领导不认可,该怎么处理　　087

六、让时间证明一切——面对不公平待遇时自己该如何调整情绪　090

七、知错就要改——被领导批评时应该如何有效沟通　092

八、坦诚是融洽的核心——如何与同事之间建立融洽的关系　095

九、对症下药才能疗效好——上级或者同事的工作方法有问题时该怎么办　098

十、给心灵来一次大清扫——受到领导和同事的故意排挤怎么化解　101

十一、底线不可突破——在做人和做事之间如何学会平衡　104

十二、数字也是有大价值的——做重复的事情没有提升的空间该怎么办　106

十三、用心去抚摸文化的精髓——怎样才能快速了解企业文化及工作流程　109

十四、由你的天赋决定——如何在专业路线和管理路线之间做判断　112

十五、既要交往也要交流——如何正确面对公司复杂的人际关系　115

十六、一切都有蛛丝马迹——如何知道自己是否有被提拔的可能性　118

十七、缺啥咱就主动补啥——如何赢取成长的机会　121

十八、抬头往高处走——知识、技能、资源均有积累，该如何赢取晋升的机会　124

第四章　进阶：寻找展示自己的大舞台

一、把自己放低点——如何站在行业的高度理解自己的角色和位置　129

二、让自己被需要——如何建立自己在行业中的人脉　131

三、聚沙也能成塔——如何有意识地积累相关的行业资源　134

四、借势而为成大器——如何借助现有资源快速成长　　138

五、有限资源中的无限——资源有限的情况下如何争取　　140

六、最好带来一片阳光——我能为团队带来什么　　143

七、德才配位让人服——作为一个小组的负责人，组员不服
你该如何解决　　146

八、大爱才能拥抱世界——如何获取下属的信任和拥戴　　148

九、用事实证明自己——自己的职位提升得不到同事的
认可怎么办　　151

十、职场中需要多点静气——如何面对团队中的负面情绪　　153

十一、和而不同，彼此成就——该怎么与团队一起成长　　157

十二、彼此尊重，和谐共处——如何处理好新人与老同事
之间的关系　　159

十三、放松自己才能明确表达——如何学会跨部门沟通协调　　162

十四、风景好坏在角度——部门与部门之间产生矛盾
该如何协调　　165

十五、步调一致才能得胜利——如何与职能部门进行沟通以
保障业务高效开展　　168

十六、己所不欲，勿施于人——被提拔后如何管理他人　　171

十七、无惧中勇敢逐梦——如何调解组员之间的矛盾　　174

十八、让制度更接地气——被要求做违反制度流程的事情
时如何处理　　176

十九、平衡才是风向标——考核绩效应该着重考虑哪些问题　　179

二十、都说客户是上帝——客户利益和公司利益发生
矛盾时如何处理　　182

二十一、在讨论中无缝衔接——多部门配合时如何做好规划
与有效协调　　185

二十二、让大家看到旗帜——工作中如何更好更快地统一
大家的意见　　187

二十三、发现协同之美——新老团队成员如何形成良性竞争　190

二十四、打破砂锅问到底——如何判断一个求职者是否具备
　　　　胜任岗位的潜质　193

第五章　他悟：悟出精彩人生

一、是否有足够的满足感——怎么判断工作岗位是否适合自己　199

二、在肯定和否定中完善自己——如何处理自己的职业规划与
　　公司发展规划之间的冲突　202

三、频繁换工作伤害的是自己——可以频繁换工作吗　204

四、想办法让自己喜欢起来——很喜欢自己的工作单位，但不
　　喜欢自己的工作怎么办　206

五、塑造不可或缺的你——年龄偏大但在团队中找不到
　　自己的定位该怎么办　209

六、发现自己的智慧——如何破解中年的窘迫感　211

七、阳光普照下事业常青——如何判断一个行业或公司能否
　　长期良好发展　214

八、发现你的核心能力——离开了公司的平台我能创造多少价值　216

九、走自己的特色之路——如何形成自己的标杆案例和个人品牌　219

十、难得的独立思考——如何看待同事对领导的各种抱怨和
　　负面评价　221

十一、你最在乎什么——如何理性地判断工作中的不满意　223

十二、在工作中忘却工作——工作让你感到压抑了怎么办　225

十三、停一停，重新出发——职业瓶颈期该如何突破　227

后记　感谢有你　231

第一章　初识

让自己的理想起飞

所有的梦想,从你即将进入职场的那一刻就要受到现实的检验了。或许你有主动选择的困惑,或许你只有被动的无奈,但此时你都要真正起飞了。

你的翅膀是否如你想象的那样坚硬,是否能够经得起风霜雨雪,是否能够在一次又一次的摔打中更加坚强,这一切都是未知的。无论你有多么足的心理准备和多么丰富的职业推演,未来的职场都不会完全按照你的规划展开,不经过无数折腾,你就无法真正适应职场。

职场是你实现梦想的地方,也是改变你梦想的地方,面对未知的世界,你的选择固然非常重要,但选择之后的努力更加重要。未知的职场需要你有足够的自信,需要你有更加强大的平衡能力,也需要你克服一道又一道难关。

走出校门,当你一脚踏入职场之门时,你的身份就从一个学生变成一个职场人、一个社会人了,你需要独自面对这个复杂又简单、美好又苦涩的职场世界。

我相信经过千锤百炼的你,在初入职场时也已经有了一些知识上的储备,然而实践是检验真理的唯一标准,这个道理你会随着时间的推移和在职场中的磨练而有更加深刻的理解和体会。

朝着你的理想去努力,你早已经知道了钢铁是怎样炼成的,然后认认真真去找一份令你基本满意的工作,让出色的你在职场上更加出色,相信你会在职场上继续做最好的自己。

一、这不是选择题——本科毕业考研还是就业

这个问题看似简单,考不上研究生那就选择就业,不愿意就业就考研究生吧。

然而,真是这么简单吗?当然不是。有人说,现在的大学生不如三四十年前的高中生甚至初中生。我不认同这个观点。如果单纯从数量上来看,今天的大学生比当年的高中生还要多,而且要多很多,但不能这样比较。正是因为数量的变化,今天的大学生就业存在了困难,但大学生的就业观念似乎没有完全跟随时代的变化而变化。

就业还是考研究生,这个问题确实比较复杂。可能不仅仅要考虑自己的情况,比如你的专业是否比较容易就业,比如你希望在哪些行业就业,比如你希望在哪些地区就业,比如你期望的薪水是多少……

这些都与你自己有关,有的学生还要考虑家庭条件,征求父母意见,如果你谈恋爱了,还要征求对方的意见。

曾经有这样一个故事:有一位大学教授说,凡是他的学生(本科生)咨询他,毕业后是直接就业还是考研究生,他都会告诉学生,不要考研究生了。为什么呢?教授说你考与不考自己都拿不定主意,还考研究生干什么,这种心态下考也考不上。教授说只有那些已经决定考研究生的同学,他才会告诉他们,考研究生要怎样去准备,怎样去复习,指导他们如何审题、解答。也就是只对那些决定了要考研究生的同学才给予指导。

所以,本科生毕业后考研还是就业,一定要有明确的答案。

(一)他们都考研了

第一个他,也就是当年的我。我考研了,但没有考上。当时我也没有太多的伤感。如果当年我考本校本专业的话考上的可能性很大,但我报考的是中国人民大学,而且是跨专业考。考试时自己认为没有问题的高等数学却出了问题,本以为轻松能够过关的数学只考了30多分,最终在专业成绩不错的情况下我落榜了。另外,我们当时没有就业的压力,国家会把你安排到对口单位就业的。所以在没有就业压力的情况下,我考研了。

第二个他,10多年前毕业于中国农业大学,研究生学历。一般来说,在毕业的前一年12月份之前就可以在校园招聘中签下三方协议,确定就业单位。但他在毕业的当年4月份还没有找到工作,因此,他准备放弃在北京的梦想,回到老家寻找工作单位。一次偶然的机会,他留在了北京,并且还有了北京户口。目前他已经在第三家单位就职了,第一家是央企,第二家是外企,第三家还是外企。

第三个他,北京师范大学本科毕业,后来获得北京大学研究生学历。在北京上学的他,习惯了北京的环境,一心一意要在北京金融行业就业。他不断努力寻找机会,最后终于如愿以偿,毕业不到五年的他,在北京买房了。

第四个是她。她考研了,以为十拿九稳的考试,却落榜了。最终,她留在了北京,而且解决了北京户口,目前发展得很不错。

第五个他,考上了研究生。但来自农村的他最后决定放弃读研,回到了自己的家乡,在当地县城就业。工作了几年后他再次决定考研,他说他想走出去看看。

现在很多单位在校园招聘时有个门槛,那就是要求研究生学历。研究生还要经过笔试和一关关的面试,竞争的激烈程度不亚于考研。在我身边工作的"80后""90后"很少不是研究生毕业的,看来现在考研已经是不少毕业生的选择了。

(二)认真决策

本科生毕业是该考研还是就业,这是一个需要决策的问题。

1.看自己的志向

你在选择大学的专业时,有偶然的因素,也有你的意愿。报考什么院校学什么专业,我想当年你是经过了慎重考虑和分析的,快毕业了,你对自己未来的方向还是应该有一个判断吧。如果你更喜欢参加工作,那么考与不考对你影响不大。

2.看长远价值

长远价值不太好判断。简单来说需要判断读研对你就业,对你未来发展是否有帮助,是否能够为你打下更坚定的基础,对你的职业规划是否有价值。如果有很大帮助和长远价值,或者能够更好地满足你的志向,那就考吧。长远价值一般来讲10年左右就能够显现出来。

3.看读书的潜力

读书是需要一些天赋的,不管我们承认不承认。你的学习成绩也能够说明一些问题。你可能已经很努力了,但还是没能拿到让你满意的分数,或者刚刚能够勉强读一个大学。而有的同学却轻轻松松考了高分,高考填报志愿时可以有更多选择的余地。如果你读书的潜力有限,或者自己也并不太喜欢读书,那么不考也罢,条条大路通罗马。一句话,你要对你读书的潜力有一个客观评价。

4.看环境因素

环境因素包括你当前就读的大学院校的情况,比如地理位置、学校排名、专业状况,也包括你的家庭环境,比如经济状况、父母期望,还包括你的师兄师姐们的就业状况、发展现状。环境因素容易判断,但也是自己针对考研问题决策时参考的主要因素之一。

5.看行业需要

你的专业基本上决定了自己能够就业的行业,有的行业是需要较高的理论基础的,比如科研工作、教学工作。有的行业不需要太高的理论水平,是可以在工作中提高自己的技能的,行业就业门槛不要求研究生文凭,那么不考研究生也是可以的。

本科毕业后就业还是考研这个问题,有点儿像中医看病,要一个一个号脉,处方是因人而异的。

给自己号号脉或者请人给自己号号脉吧,希望你不要再纠结。

二、钢铁到底是怎样炼成的——如何客观评估自己的学校和专业

国际上有很多给大学排名的方式,但每种方式排出来的名次都不完全一样。我国也有一些给大学排名的机构,但排出来的名次也很难完全被人们认可。

能够想象,每一家排名机构都会有自己的侧重点。每当这些排名出来后,我总是会想这些排名依据的数据到底是从哪里来的,比如一些数据无法从公开的信息中去寻找,那真实的数据一定只有学校自己才知道吧。是否有学校为了排名而对数据有所保留呢?排名机构有去伪存真的能力吗?

这些排名出来后,谁最看重名次呢?是不是高考的学生更看重?是不是用人单位最看重?是不是培训机构更看重?名次只要排出来了,就一定有人或者机构会关注的。

这些排名有没有参考性呢？如果说没有那是不客观的,如果说百分之百准确,那也是不合理的。从高考录取分数线可以看得出,高校的排名与它的录取分数线是相关的,排名越靠前录取分数线越高,这是一个不争的事实。

有数据证明,排名靠前的高校毕业生就业率相对高些,取得成就的可能性大些。当然也有不少非知名院校的毕业生在事业上取得了非凡的成就。

不可否认,知名院校与非知名院校在资源配置上会有些差距,这也会成为学生就业时的一道门槛,很多单位虽然表面上不强调毕业院校的排名,但在同等条件下是可能区别对待的。

你所读高校的排名虽然说不能完全代表你的能力,但可能会影响到你的就业机会。

高考填报志愿是让老师头疼的问题,也是让家长头疼的问题,更是学生本人头疼的问题。有种说法,"分数一分一操场",意思是说考试时多一分或少一分就能与一操场的人拉开距离,足见考试时一分的重要性。

还有人说填报志愿时不要浪费一分,也就是说填报的学校和专业能够和自己的高考分数在最大程度上匹配。今天,精准的大数据分析为"一分都不浪费"提供了可能性。所以学校和专业都是大家十分看重的。

很多考生会在选综合性大学还是选自己喜欢的专业之间纠结,当然,如果能把综合性大学和专业结合起来是很多家长和考生梦寐以求的。对学校和专业的看法其实在行业中有一些共识,这个共识很难被改变。

（一）该选谁

公司会议室里,讨论得越来越激烈了,最终还是没有达成一致意见,到底谁能成为市场部经理,几位领导决定另外安排时间由三位候选人现场答辩。

小张毕业于某知名高校,来到公司已经八年了,学中文专业的他在办公室工作了两年,主要做文字类的工作,如信息收集、新闻报道、内部刊物编辑等。从办公室到战略部又工作了两年,四年前他调到了市场部,从主管岗位一直到市场部副经理他用了三年时间。小张能写能说,也善于总结经验。

小李今年32岁,通过自学获得了大专学历,到公司刚刚四年,市场部前任经理来公司时,小李一起跟过来了,直接被任命为市场部副经理。小李在原来的公司是从最基础的业务员干起的,业绩一直很好。到公司后他的表现也很突出,在业务开发、客户维护、回款处理等方面很有经验。小李文字能力比较弱,无论是汇报材料还是总结经验,他的口头表达能力远远超过了文字表达能力。

小王毕业于一所一般院校,她的专业是市场营销,风风火火的她,办事果断有魄力。六年来,她个人业绩十分突出,带领的一个销售团队能啃硬骨头,敢于大胆尝试新办法。在市场部五个小组中她们的业绩连续三年排名第一。为了开展业务,她常常与生产部门、研发部门争得面红耳赤,虽然是为了公司业务,但相关部门对她还是有些意见的,不过公司一把手很认可她。

市场部前任经理晋升为公司的副总了,他极力推荐小李,其理由是小李熟悉业务,与他配合得很默契。公司人力资源部推荐了小张,理由是小张是名牌大学毕业,在多个岗位锻炼过,市场部经理这一职位不能单纯看销售能力,还要看把控全局的能力。而私下里很多同事联名推荐了小王,理由是小王有魄力、能带团队、敢打硬仗,而且她的专业还是市场营销。

小张、小李目前都是市场部副经理,晋升为部门经理也是顺理成章的。小王目前还在主管岗位,按正常晋升流程还有副经理这一步要走,但公司的用人制度也是允许跨职级选拔人才的。

其实他们年龄都不小了,都是三十岁左右,这个年龄担当市场部经理正合适。但大家对他们的意见很难达成一致,有看重毕业学校的,有看重专业的,有看重配合度的,每个人都有自己的理由。

怎么办?那就来一场竞聘吧,公司领导、人力资源部门代表、市场部代表共11人从五个方面进行现场打分,最后将11人判定的分数进行平均,得分最高的员工竞聘成功。

你觉得谁最后能成功呢?

(二)钢铁是怎样炼成的

好料炼出好钢的概率要大些,但好料还要有好的炼钢方法。不可否认的是知名大学的毕业生有着一定优势,在没有其他的可参照的前提下,学校和专业是用人单位参考的重要依据。虽然我们不赞同唯学校论、唯专业论,但有些时候这些东西会影响到别人对你的判断。

1. 用好

无论我们就读于什么样的学校,学习的是什么专业,都会有一定的优势。名牌大学有他们的优势,一般的专业性院校在某些领域、某些行业里也有相对优势甚至绝对优势。所以你要放大这些优势,在竞争中避开劣势。

2. 用对

这里的"用对"是你自己要根据学校的专业选择相对对口的就业单位,在不否定你的能力的前提下,最好选择与你的学校、专业、能力相适应的就业机会和单位,也就是用对你的优势。用对了,你就找到了自己的舞台,找到了自信,找到了价值。

3. 用足

任何一个学校和专业都有相对优势,即便是毕业于排名第一的大学,你也不一定有绝对优势,当然,你的相对优势可能更明显一些。把自己的相对优势放大用足,让它成为你职业生涯中的亮点,照亮自己也照亮别人。

不要因为学校专业好而盲目骄傲自大,也不要因为学校专业弱而自卑。实践是一所永远不会毕业的学校,它会让所有人体会得更加真切,而你已经毕业的学校早已成了过去。

看看钢铁是怎样炼成的吧。

三、让自己更加出色——大学毕业生如何选择工作地

如何选择工作地的问题,是最近几年很多应届毕业生感到困惑的问题。一般来讲,读大学分为两种情况:要么在自己出生长大的城市读大学,要么离开自己熟悉的城市去读大学。而对于那些农村的孩子来说,大多都会离开自己熟悉的地方去读大学。高考后填报志愿时,既要看自己想要读的学校和专业需要的高考分数,也要考虑到自己今后的就业情况,同时关键在于自己高考的分数。大学毕业后,有很多的就业方向。但我们鼓励毕业生到边远地区去、到祖国最需要的地方去、到真正能够发挥自己才能的地方去。

应届本科毕业生毕业后大概有以下几种选择：

考公务员：按照国家每年公布的公务员需求量，在满足条件的情况下，可以报考不同的岗位，这些岗位都是国家最需要补充的岗位。

考研：很多想继续深造和读书的学生可以选择考研，可以考本校本专业，也可以在符合条件下跨校跨专业考研，目前主要有专硕和学硕两类。

考事业编制：包括考教师资格证书。

直接就业：就业方面可以选择外企、国企、民营企业和自主创业。

在选择工作地时，可以根据自己的具体情况包括专业、兴趣爱好、家庭情况、未来职业规划等来选择。

大学几年正是青年人生观、价值观和世界观形成的关键期。从小学到中学毕业的12年，学生们更多关注的是书本知识和考试成绩。而大学生们与社会的接触更多，获取信息的渠道也更畅通，参与社会实践的机会也更多，逐步形成了相对固定的人生观、价值观和世界观。

我们鼓励更多的学生回到家乡，回到五线城市，回到四线城市，或者回到广阔的农村去，为国家的乡村振兴做出贡献。

（一）都挺好

他选择了乡村中学。

他毕业时选择了回到乡村学校从事教育工作，在乡村中学教书已经38年了，目前已经培养了不少的大学生，也培养出了各行各业的人才。他比我大一岁，曾经与我是同学，当年大概读了五年还是六年高中，还是没有踏进大学的大门。高中毕业后，他通过自学拿到了四川大学的本科文凭，然后毅然选择回到乡下当一名初中老师，已经教了30多年。据说他的学生每年英语考试的成绩在全县都是名列前茅。已经是特级教师的他，曾经被评为省级优秀教师。

他选择了到工厂去。

成都的他，当年能够考上成都电子科技大学，得让多少人羡慕啊。我与他是小学同学、初中同学，高中时同校不同班。我只是比他早两年考上了大学，毕业后我被分配到了北京工作。多年后我才知道他毕业后选择到了一家专业对口的大型国有工厂。到工厂后他主动提出到生产一线去,与工人们同吃同住,把专业知识与生产一线的实际工艺结合起来,向一线工人学习,在实践中学习,他慢慢就熟练掌握了在学校没有学到的技术和工艺。善于思考和总结的他,在一线干了整整20年。从技术工人到技术员,再到班组长、车间主任,20年后成了主管技术的副厂长。

他最后自主创业了。

上海的他,与我是初中同学,初中毕业后再见到他就是40年后了。听说他读了博士研究生。再次见他是在初中毕业40年的聚会上。初中时代我与他的成绩基本上没下过班级前三名,据说他博士毕业后,留校当了大学老师。教书多年后,他自主创业,在高科技领域已经创业10年了,并且取得了不起的成就,还有不少技术专利,为国家经济的发展做出了贡献。

他主动去基层服务。

县城的他,也是我初中同学。当年初中毕业他考上了中专,而我只以一分之差只好去读高中。从农业中专毕业的他被分配到县农业局,在县农业局报到后,他选择去乡政府工作。他积极扎根田间地头,他说他学的是果树专业,必须到田间地头去才能发挥作用,才能为农民服务,真正做到把汗水洒在大地上。他工作快40年了,见面时他告诉我,在田间地头他找到了快乐,而且总有一种满足感,实现了当初的梦想,难怪他看起来比我年轻几岁呢。

(二)选大与选小

你或许才刚刚大学毕业,我的经验对你来说也只是一个参考,尽管我们说人生要看下半场,但谁愿意放弃上半场呢?谁不愿意让自己的上半场同样精彩呢?所以,如果你有选择,哪怕是十分有限的选择,你也要选择能够让你精彩的机会。

1.选大与选小

这里的大既有大城市与小城市的概念,也有大企业与小企业的概念。相较而言,我建议你选大不选小,也就是在你可以选择的范围内,选择相对大的平台。这里的大是对你而言相对大的舞台。

2.选强与选弱

一个企业有强有弱，比如在技术上、研发上、经济实力上、人才储备上，你最好选择那些相对强一些的公司。如果这些强与你的强项能够结合在一起，那就是强强联合了。新兴产业、国家重点扶植的产业、能够发挥你的专业优势的行业就是你应该考虑的。

3.选先与选后

先与后在这里是一个相对的概念，不是绝对的先与后。先，指的是你一听到某个公司的名字就很喜欢，一看到某个岗位就很喜欢。有句话叫先入为主，你的直觉最能反映你的爱好、你的兴趣点，这时候就相信你的直觉。

4.选优与选劣

也许你听说过著名的SWOT分析理论，试着用这个理论分析一下你的优势劣势。看看在哪里就业更能发挥你的优势，究竟是在外地还是家乡，看看在哪里对你来说现在和未来的机会更多，看看哪里的理念与你的价值观、世界观更吻合。

没有选择你会纠结，有了选择你也会纠结。想要不纠结需要历练，再历练。

四、认认真真找一份工作——毕业后第一份工作真的有那么重要吗

很多人离开家乡几十年后还一直想念家乡，即使家乡没有了亲朋好友。很多人说是自己的胃在想念家乡，从小习惯了的味道对人的一生都有影响。有研究说人的肠胃菌群对味道有特殊的记忆，所以小时候的口味难以改变。好像有这样的现象啊，四川人大都喜欢吃辣的，无论离开四川多长时间；广东人就喜欢广味，无论人在哪里；上海人做菜总是要放糖，哪怕在天涯海角。

就像很多人一辈子忘不了初恋，因为那是第一次对异性感情的冲动。

味道与初恋和你人生的第一份工作有类似的地方吗？当然有。第一份工作一般来讲就是你比较喜欢的工作，也是你对工作的真正理解。第一份工作的经历会在你的心里产生一定的影响。人们总是喜欢与以前或者过去进行比较，第

一份工作就是你比较的基础。无论第一份工作你是否满意,时间久了你就只会记得第一份工作的好,而不记得第一份工作的坏。所以你在跳槽时,总会自觉不自觉地拿新的工作与你的第一份工作进行比较。与第一份工作中的人际关系比较,与第一份工作的薪酬进行比较等等。

一般来讲,很多职场上的人士后面找工作总会按照第一份工作的行业、岗位、职务、薪酬、环境、公司性质等方面的标准去寻找。这样看来,第一份工作对你是有绝对影响的。当然这里的第一份工作不包括你在学校时做的家教和各种兼职。

第一份工作可能不是完美的也可能很不完美,但它会永远存在你的记忆中。就像你的初恋一样,你在回忆时总是觉得那么甜蜜和美好。

一般而言,第一份工作你应该考虑是否与你学的专业完全相关或者部分相关,比如你学的计算机专业,大概你会在计算机领域去寻找工作吧。如果你学的是医学专业,你大概会在医学领域寻找工作吧。选择第一份工作时你还要考虑你的兴趣爱好,考虑工作地点、薪酬高低、企业性质等等。

(一)我的大学同学们

先说我自己吧。说实话,我从来就没有想过自己会当老师,无论小学老师还是中学大学老师。在我毕业之际,负责学生工作分配的老师给我做思想工作,至今我仍然记得。在小树林里,我的恩师告诉我说:你的口才不错,文笔也不错,适合当老师。于是我来到了北京,在某部属院校当了老师,后来我虽然又在企业干了很多年,但一直到今天,讲台对我的影响依然很大。

目前在深圳工作的他,当年毕业时是第一个离开学校的,而且当时是他的单位开吉普车把他接走的。那个年代,有的女生离开学校哭了三天三夜,而他还没来得及与我们告别就匆匆忙忙离开了。站在窗边看着吉普车开走,我心里有很多感慨,毕竟我们是四年的好同学、好朋友,不知道什么时候才能再见面。他被分配到了离他老家不远的一家钢铁厂,在财务岗位上一干就是十几年。后来他去了深圳,再后来他变换了几次工作,但一直与财务相关。

多才多艺的他,能写一手好字,钢笔字、毛笔字都能写,还能画画,真是让人羡慕不已。大学期间他出尽了风头。我与他还曾经一起办过黑板报,他画我写。毕业后他去了海口,当年的海南对我们来说很遥远。他做人力资源工作,让我们羡慕的是他有三个孩子。后来他举家搬迁到成都,在不同的企业从人力资源部经理到总监,到副总裁。人力资源工作始终是他工作或者分管工作的一部分。

还有一个他,不是我的同学,他是我的同专业高年级校友,比我高了三个年级,也就是说我们同时空了整整一年时间。同样的老师、同样的课程,只是他比我早学了三年。同时空一年,同一栋宿舍楼一年,但我们还是不认识。后来在北京我们认识了。他毕业分配到了北京某出版社,从事编辑工作与文字打交道。后来他去了一家公司,还是在信息部与文字打交道,再后来他成立了咨询公司,还是与文字打交道,编辑各种刊物,当然他现在已经是某行业的信息与咨询专家了。

她,性格内向,喜静不喜动。她的第一份工作是在政府部门,后来她从县级政府部门调到了市级政府部门,内部调动了几次但工作性质与她在县级政府部门工作时相似。

第一份工作对我们的影响很大。虽然时代在变化,工作也会经常变动,但第一份工作依然对今天的毕业生们有重要影响。

认认真真找第一份工作,是对你自己负责的表现。

(二)认认真真找第一份工作

大学生就业问题不仅仅是个人的问题,国家也很重视。为了解决大学生就业问题,国家和地方出台了很多相关政策。就业不仅仅关系你个人的饭碗,也关系到国家的稳定和人民的福祉。

有人说大学生就业形势如此严峻,有一个工作就不错了,怎么还能挑三拣四呢。认认真真找工作不是挑三拣四的问题,是一个对自己今天和未来负责任的问题。有人羡慕我们当年毕业包分配不用担心工作,我们也羡慕今天的你可以自由地择业。

1.不盲目

如今是一个信息化的时代,你在学校、在网络里、在各种新媒体里都能接收到大量对你有用的信息。读了大学后你应该有独立的思考能力和分辨能力。你要思考你对工作的一些具体要求是什么,把它们按照重要程度列出来,然后与你掌握的信息对比分析,看看你自己更喜欢什么样的工作,目标要清晰不要盲目。

2. 不将就

你要考虑你的专业、爱好、家庭因素、行业状况,还要考虑工作地点、薪酬福利等等。要像当年重视高考一样重视你的第一份工作,找到令自己满意的工作也许会有难度,可能还有很大的难度,但你要尽最大努力去寻找,不能将就。

3. 不苛求

找工作是不是一定要找与同学相比薪酬高福利好的公司呢？是不是一定要找满足自己所有要求的公司呢？这是很难做到的,基本满意是一个标准。如果按照百分制来打分的话,基本满意应该在70分左右。过分苛求往往会让你满怀希望而又尽是失望。

每一个学生面临的情况都不一样,选择工作的标准也不一样,各自对第一份工作的要求也是不一样的。但无论如何我还是希望你认认真真找第一份工作。

五、做最好的自己——第一份工作选择在大公司当一颗螺丝钉还是在小公司当多面手

很多人一辈子都是在做别人,不是在做自己。为什么这么说呢？你是不是从小到大都在和别人比较呢？别的孩子在学钢琴,你父母也让你学；别的孩子在学游泳,你的父母也让你去学。诸如此类的学习,你是不是经历了很多。你本想去学街舞,你父母可能不同意。

上大学选专业,你想选天文、地理,你父母说毕业后不好找工作,他们认为计算机专业容易找工作,你就学了计算机专业。你谈了一个对象,父母说门不当户不对,你是不是就放弃了呢？

有人考上了公务员,有人去了大公司,你呢？是根据自己的爱好去找工作还是按照别人的模式去找工作？

以前,到了冬天,我开车的时候总是点不着火,每次都要打电话请修车师傅

来,很多次之后我就有点儿烦了。修车师傅告诉我,不经常开车时可以把蓄电池上的螺丝钉松一松,下次开车时再紧上,这是很简单的事,不用每次都花钱请人来修。这是一个好师傅啊。

这么简单吗?只会开车的我,哪里懂得修车。修车师傅看我连蓄电池螺丝钉在哪里都不知道,就手把手教我。原来真的很简单,这个问题从此不是问题了。没想到一个不起眼的螺丝钉还有这么重要的作用啊。这就是所谓的"难者不会,会者不难"。

都说是金子总会发光的,无论是大公司还是小公司,只要不把你埋在地下,你发的光总会照亮自己照亮别人的。在大公司,如果能做好发动机上的一颗螺丝钉有什么不好呢?到了小公司就一定是多面手吗?多面手好不好?当然好,说明你样样都能干。但样样都能干,不一定样样都能干好干精吧。何况到了大公司也有可能要做多面手呢。

从专业的角度看,有的专业真的适合做一颗螺丝钉,有的专业适合做一个多面手。有的专业性很强的工作非专业人士可能根本搞不懂。有的专业呢,相对来说比较通用,不太受行业限制,比如管理类的专业,比如新闻专业。另外就是每个人的性格不同,有的人喜欢动不喜欢静,有的人恰恰相反。此外,还与工种有关系,所以是做一颗螺丝钉还是多面手因人而异。

回顾我的职业生涯,我也不知道我是螺丝钉的时候多些呢,还是多面手的时候多些。有的时候是一颗螺丝钉,有的时候又是一个多面手,好像不完全由我自己决定。

当然,我常常说,第一份工作可能像你的初恋,会对你产生重要影响。那就认真对待你的第一份工作吧,也许它就是你一辈子的工作。

(一)印象中的他

他高高的个子,憨憨的表情,据说他进步很快,跟着他的领导换了一个部门。

他北京大学硕士毕业,印象中他是历史系的。当时我不太了解历史系毕业后在公司能有哪些对口的专业,似乎什么工作都可以干。他大学毕业后在公司办公室工作。办公室的工作如何定位各个公司不完全一样,有的公司把文秘、行政事务、后勤等工作都放在了办公室;有的公司办公室单纯是做文秘和文字类工作;有的公司把党政事务工作也放在了办公室。

有人说办公室是一个大杂烩,什么工作都可以装进去。我一直认为,一个部门的名字很重要,但定位和内容更重要。他在办公室既没有干文秘类工作,也没有干文字类工作,他协助做党群工作,包括收党费、组织党员学习、组织党员举办各种活动、协助做一些行政工作。不多言语的他,踏踏实实干好每一项工作,哪怕是为大家发福利也干得津津有味,没有丝毫怨言。你觉得北大的高材生来干这些工作是不是有点儿屈才了呢? 是的,很多人说他干的工作随便一个大学生甚至一个高中生都可以干而且还可以干得一样好。他后来还干了很多杂事,因为公司里与历史专业对口的工作不多。不知道他自己是否认为屈才了,但他在这个岗位上一干就是十几年。后来他专职干党群工作,职位上也晋升了。

我们在大学除了学习专业知识外,还能学到什么呢? 是不是也学到了很多思维方式,形成了自己的价值观和世界观? 如果你在大学里培养了独立的精神,形成了独立的思维,树立了正确的人生观,那么我认为这些与专业知识一样重要,甚至比专业知识还重要。

他学习历史,如果能够借鉴历史,把那些成功与失败的历史人物研究透彻,他还有什么事情不能够干好呢? 历史上哪个伟大的人物不是从小事做起的?

(二)做最好的自己

我不认为你去了大公司就一定能够做与你的专业完全对口的工作,去小公司就可以做一个多面手。是做专业的事容易还是多面手容易呢? 多面手对你、对任何一个人的要求都不低,多面手不等于不需要专业,不需要努力就可以轻而易举随随便便成功。多面手往往需要更多的不同的专业知识。

1.螺丝钉哪里都需要

一些大学毕业生好高骛远,大事干不了小事不愿干。一方面,成千上万的大学生找不到工作;另一方面,很多单位包括很多大单位又招不到合适的人才。这是我们的就业环境问题还是大学生本身价值观出现了问题呢? 也许都有吧。我们提倡工匠精神,工匠精神在普普通通的岗位上需要,在一些重要的岗位上也同样需要。工匠精神与螺丝钉精神有一致的地方。能够做好一颗螺丝钉,做一颗永远不生锈并且是别人不可替代的螺丝钉,是很不容易的,也许需要你一辈子去努力和奋斗。这颗螺丝钉大公司需要,小公司也需要。

2. 在大与小中转换

适合你发展的小公司也是大公司,不适合你发展的大公司也是小公司。大公司可能现在的规模大、知名度高、行业地位高,所以很多大学生向往它。一般来讲,已经在稳定发展中的大公司更加规范、制度性强、流程清晰,你只需要按部就班规规矩矩做事就好。同时,大公司里人才济济,竞争也更加激烈,可能需要你做的事都是"小事情"。相反,小公司可能更加倚重你,更加需要你,你的机会相对更多,你干的事情可能都是"大事情"。也许就是你说的多面手吧。

3. 相信自己的直觉

如果你在所谓的大公司和小公司中有不少选择的机会,那就相信你自己的直觉吧。直觉里有你喜欢的成分;直觉里也有你的第一判断,第一判断往往不受太多杂念的干扰;直觉里也有你的智慧,智慧存在于思考中,也存在于"想当然"中。这个想当然不是稀里糊涂的想当然,它是日积月累的瞬间判断。

第一份工作去大公司当一颗螺丝钉也罢,去小公司当多面手也罢,一切都取决你的自我判断。

相信自己,做最好的自己。

第二章 成长

六勤帮助你成长

成长是快乐的,成长也是有规律的,成长需要阳光。

职场上有无数成功的故事在激励着你,优秀的你也许总想像那些优秀的政治家、科学家、企业家一样受到人们的欢迎和敬仰,总想快速达到他们的高度,所以你就有可能犯下一些常见的错误:急于求成而无法做到踏踏实实,寻求捷径而无法做到一步一个脚印,急躁冒进而无法做到心平气和。

揠苗是助不了长的,心急是吃不了热豆腐的。培养自己的耐心、信心、平衡能力是所有初入职场的人都要经历的过程,只是每个人需要的时间长短不一罢了。如果你能够做到六勤,你就有可能更加快速地成长。

勤学:勤勤恳恳去学那些你没有学过,而职场又特别需要的东西;

勤习:勤习才能巩固所学,才能将其变成自己的东西;

勤知:去了解那些你不知晓的技能、流程、制度、道理;

勤识:不厌其烦去识那些事物的本质,把知的部分弄透、弄懂;

勤悟:开动大脑,去悟那些你经历的、看到的、感觉到的一切;

勤变:变得更加理性、更加冷静、更加和善、更加向上、适应性更强。

六勤就像禾苗成长过程中的阳光、水分和营养,有了这些还担心禾苗不能健康成长吗?

一、有作为才有岗位——如何准确定位自己的岗位在公司的位置

自己的岗位对自己来说很重要,但领导们常常说岗位没有重要不重要之分,每个岗位都很重要,否则还设置这个岗位干什么。确实,对于一个组织而言,设

置的每个岗位都是必须的,或者起码在某一个阶段是有必要的。有很多岗位是常设的,也有个别岗位是临时性的。

每个公司岗位设置的思路是不一样的,按照职能、业务环节、产业链、上下游等方式来设置岗位都是常见的。岗位按照大的种类划分无外乎有人事类、行政类、研发类、生产类、市场营销类、财务管理类以及党政类。

从整体来看,每一类岗位都不可或缺,只是不同的组织或者单位对同样名称的岗位可能赋予的职责、任务会有所区别。

从公司是营利的组织这个角度看,公司内有的部门属于非业务部门,对公司的营利起到保障作用;有的岗位属于直接业务部门,对于公司的营利直接作用相对会大一些。所以很多公司在薪酬和岗位结构上有不同的权重。

每个人的岗位与自己的专业、兴趣爱好、选择、组织分工等都有关系。

(一)年薪500万的他

又到了下楼透风的时候了,在完全依靠循环系统、没有窗户的办公室待上两个小时,我就会感到胸闷,所以下楼去透透风便成了习惯。

风和日丽,天气不错,心情也不错。透风时我又碰到了他,某某总监。我与他有不少往来,常常会交流一些信息,当然主要还是闲聊,毕竟属于不同的公司,业务也完全不同。但因为有共同的乡音,所以我们有了更多的接触。交流的内容随着时间的推移和年龄的增长逐渐丰富了起来,从聊工作、生活到社会热点,涉及的面越来越广泛。

他的第一学历并不高,好学的他后来读了MBA。职场中他如鱼得水,一直在非业务岗位工作。他在某外企从事人力资源工作多年,从基层人员到总监,这中间有运气,但更多的是靠他自己的努力和能力。

积累了经验,有了真本事,来个三级跳是很多职业经理人的梦想。他这个三级跳成功实现了,他跳到了舞台更大、市场更大的一家知名企业,继续从事人力资源工作,后来从事党政工作兼办公室工作。

公司在行业中的地位越来越高,当然他的行业地位也越来越高了。出席行业会议、出席各种论坛、作为行业精英登上讲台、在集团内部进行经验交流等等,他做得越来越好。

如此优秀的他,已经被猎头公司关注很长时间了,这次他们终于达成了一致意见。于是出来透风时我们有了下面的对话:

"我准备离开了。"环顾四周后,他轻声告诉我。

"不会吧,最近还听说公司要给你加担子呢。"

"是真的,我已经决定了。"他说。原来一个大老板通过猎头公司联系上了他,已经与他谈了三次,一切都谈妥了,看来他又要跳槽了。后来听人说他的年薪已经达到了500万人民币,还不包括年底分红。

(二)三看岗位

岗位是公司对你的一种定位、一种安排,也是一种认同。虽然说工作只有分工不同,没有高低之分。但不同岗位的重要性是有所区别的。这是一个现实的问题,不是一个认知的问题。

岗位说明书会对你所在的岗位有非常明确的界定,通过岗位说明书可以清晰地判断你的工作内容、责任和权利。职场人士谁都希望自己的岗位重要,谁都希望自己的岗位是关键岗位,谁都希望自己的岗位不可或缺。

但我们对岗位要有一个正确的认知和理性的判断,不能总是因为岗位问题而苦恼,纠结,况且岗位也不是一直不变的。

你如果十分在意你的岗位在公司或者在行业中的位置,有以下三点供你参考:

1.看影响度

不同的岗位对公司的影响度是有区别的。简单地说,就是假设你没有完成业绩,那么会对部门或者整个公司的业绩产生多大影响。大概可以分为三种影响度:

重大影响:也就是你的业绩没完成,会使你的部门或者整个公司的业绩根本完不成。比如你的业绩完成度在部门或者公司业绩完成度方面占了40%以上的比例。

较大影响:你的业绩完成度在部门或者公司业绩完成度方面占20%或者更小的比例。

一般影响:你的业绩完成度在部门或者公司业绩完成度方面只占10%或者更小的比例。

极小影响：你的业绩完成与否不影响整体业绩或者极小影响。

2.看决定权

岗位有业务岗位和业务支持岗位之分，不同的企业可能有不同的分类法，有的企业非业务部门统一定义为业务支持岗位，这样也就把公司彻底定义为营利的组织了，业务岗位直接带来效益，业务支持岗位为业务岗位服务，间接与效益有关系。

所以每个岗位有不同的决定权。有的岗位对某类事情或者某件事情有百分之百的决定权，有的岗位决定权很小，有的岗位没有决定权只有建议权。

决定权与管理权限不完全相同，决定权与行政级别也不直接挂钩，是为了完成某项任务或者工作的决定权。

3.看参与度

这里说的参与不是所谓的瞎掺和，是指岗位性质决定的你的参与度。比如公司内部对某些事或者某个专题进行讨论时，你是全程参与还是很少参与或者不参与。比如行业的相关会议、活动、论坛，你是否被邀请参加或者公司是否派你参加，甚至作为主宾参加，比如在你的职权范围内，你是否可以决定其他相关人员对某件事情的参与度。

岗位的位置有很多方面可以衡量，这三看大概就决定了你的岗位在公司的位置。

二、心急吃不了热豆腐——如何快速掌握某个岗位所需要的核心技能

前几天在电视上看见一个三十出头的小伙子被评上了北京工匠。能够评上这个工匠不仅仅是一种荣誉，更是行业对他的肯定。这个小伙子毕业于某邮政技术学校，在北京的邮政快递行业已经干了13年。曾经我们认为快递工作谁都能干，只要能够吃苦耐劳就行，没有什么技术含量。

那些大街小巷的快递员确实有些是没有上过大学的，文化水平普遍不高，他们有时确实存在不遵守交通规则的行为，比如闯红灯、超速行驶、逆行等等。但

被评为北京工匠的这个小伙子在采访中给我们讲了很多事情,原来快递工作也是有很多学问的,也是需要技术的,也要掌握一些核心技能,比如线路的规划、投递的先后顺序、与客户的沟通技巧等等。

首都北京的小巷中、小树林里、小公园里有不少理发师傅,他们操着天南海北的口音,在这里你能够听到全国各地的方言。曾经花几百元在所谓的高档理发店里理过发的我,这两年也能够接受某超市里10元钱的快剪,也尝试过在小巷中、小树林里理发。以前对马路边的理发摊不屑一顾的我,试过三五次之后感觉还挺好,有时候我觉得路边师傅理的样式更好,他们的技术和水平更胜一筹。聊天中得知他们大多数已经理发20年以上了,有的还曾经是在国营理发店退休的老师傅呢。

看来,任何岗位上都需要核心技能和技巧,那些千千万万的普通劳动岗位更需要核心技能和核心能力。

姜为什么还是老的辣呢?老毕竟意味着时间更长吧。核心技能同样也不是一朝一夕就可以练成的,还真是心急吃不了热豆腐,也不是你投机取巧就可以快速掌握的,就像登山一样要一步一步来走,这就要考验你的耐力。没有时间积淀的你想要一步登天那是不可能的。

职场上的你,无论智商有多高,脚踏实地一步一步去学习真本事掌握真本领才是正道。你的智商高可能学习的速度就比别人快一点儿、用时短一点儿。那些成为大国工匠的哪一个不是经过数十年的积累才练就的本领,哪一个不是一步一个脚印走出来的。

职场上的你需要掌握核心技能,但不能心太急,慢慢积累慢慢总结,总有一天会形成你的核心技能。

(一)他们成了鞋专家

福建有个晋江市,这里生产的运动鞋很有名气,很多知名的运动鞋、休闲鞋都来自晋江市,而且是来自晋江的某个村子。这个村早在20多年前家家户户干的产业或者从事的工作大都与鞋有关,要么是生产成品鞋的工厂,要么是鞋子产业链条上的某一环节,20多年前这里的很多人家就盖起了小洋楼。

20年前，我偶然来到这个村子时，不得不惊叹这个村子发生的奇迹。这里的绝大多数老板都没有上过大学，有些甚至都没有上过高中，但他们经营的工厂规模都不小，他们的产品遍布了全国甚至走出了国门。

有一对兄弟一起开了一家鞋厂，当年我去考察的时候他们的厂已经非常有规模了，在北京、上海及全国省会城市都有代理商。恰逢他们开一季度的代理商大会，我在会上没有听到那么多的开场白，没有那么多的客套话，大家随便坐下，不分职位高低。会议一开始就直奔主题，各位代理商分头说这个季度的情况，包括哪款鞋卖得好，哪款鞋卖得不好，并分析原因。大家畅所欲言，有的说价格问题，有的说款式问题，有的说政策问题。大家只管说，他哥俩只管听。最后他们问这些代理商应该怎么办，听完后当场就解决很多问题。

后来他们哥俩告诉我，不要搞那些七七八八的事情，他们当场拍板的事情绝对会执行，经销商与他们多年间形成了默契。这个公司的决策就这样简单，没有那么多程序，这样的处理方法我还是第一次见到，让我很是意外。

每次经销商大会最精彩的节目不是开会，而是"解剖"经销商们从各地带来的其他品牌的样品。他们规定每次经销商来工厂必须在当地购买其他厂商卖得最好的两件样品，由公司统一付款。然后几十人一起浩浩荡荡在他们的研发室里一双一双来解剖，看看竞争对手的技术到底好在哪里。他们的研发就这样从模仿开始，在模仿中开发出自己的特色产品，作为老板的哥俩就这样成了研发专家，他们讲不出来多少理论，但后来一眼就可以看穿产品的核心技术在哪里。

哥俩每天早饭后第一件事就是到车间，东看看西看看，看看哪个环节有问题，看看哪个工人有问题，把问题解决在第一线，这一习惯从开始生产第一双鞋时就养成了。哥俩定期到全国各地的卖场去看鞋，去观察消费者，去体验产品。

后来哥俩委托我一件事：让我与他们的孩子聊聊天，希望我鼓励他们的孩子考大学，不要像他俩一样没有文化，吃了很多没有文化的亏。

再后来，他们工厂的研发师傅、经销商，还有生产一线的师傅都告诉我：不要看我们的老板没上过大学，没有什么文化，他们可是行业的专家。

已多年没有与他哥俩见面了，我了解到他们后来经历了很多波折，市场的竞争也是在更高层面的竞争了，他们的孩子都考上了大学。

(二)心急吃不了热豆腐

人们都想在职场上快速成长,都想快速掌握岗位的核心技能,这种心情可以理解,但往往欲速则不达。事物总是有自身的发展规律的。

1. 从理论中学习

任何一个行业,任何一个岗位都是需要核心技能的,这些核心技能很多是有理论支撑的。所以你应该先从理论上看看你的岗位需要什么样的核心技能,先从书本上搞明白,也可以参加相应的技能培训班。这样你起码可以在理论上成为"行家能手"和"专家"。有了理论知识你就会更有底气。

2. 从实践中积累

你在岗位上一定会有很多实践的机会,你做的任何一件事情都是在实践,你要在每一次实践中思考用到了什么样的核心技能,哪怕只用到了一点点。日积月累你总有一天会发现自己掌握了岗位所需要的不少核心技能。开车的人都知道一句话:不怕慢,就怕站。意思是速度慢一点儿没关系,就怕车停着不动,慢也可以到达终点,只是时间问题而已。

3. 从环境中学习

你身边一定有不少资历比你深的同事,有不少掌握了核心技能的同事和领导,你可以慢慢观察他们,模仿他们,观察他们在工作中怎么处理问题的细节,看看他们是怎么处理一些关键问题的。你要在模仿中学习、在模仿中思考、在模仿中总结、在模仿中提高、在模仿中飞越。

核心技能你一定会掌握的,至于能否快速掌握,取决于你是否愿意在学习中吃苦。

三、躬耕才会有收获——如何快速明白岗位赋予自己的职责并完成任务

最近几年我接触了不少创业的年轻人,有"80后"也有"90后",在与他们交流中我看到了未来,看到了他们身上的很多优点。社会的前行,要靠一代又一代年轻人不断努力来接棒,一代更比一代强,所以我很看好现在的年轻人。有人总是

认为现在的年轻人如何不如当年的他们,那是他们并不了解和理解现在的年轻人。年轻人有他们的世界观和价值观,有他们的思维方式和行为方式,怎么可以随意地否定。

年轻人自主创业是社会的一大进步,我对此是持肯定的态度。但是也有不少年轻的创业者缺少了创业的目标,还没开始走第一步就张口闭口三年后、五年后自己的企业要上市。给人的感觉是他们创业就是为了上市,就是为了快速挣大钱。有规划有目标是创业的基础,还没有站稳第一步就考虑上市的问题,真有点让人担心。

新入职场的年轻人,如何通过快速学习来明白岗位职责、更好地完成岗位任务,这是职场新人要思考的问题。

我一直以为,无论你在什么样的岗位,处在什么样的发展阶段,勤奋是不可少的,无论过去、现在,还是将来,你的勤奋一定会给你带来意想不到的收获。

(一)小周的困惑

俗话说,三百六十行,行行出状元。也有一种说法,隔行如隔山。干一行,爱一行,扎根一行。但是一个人能够几十年扎根在某一行,这是不容易的,也让人敬佩。小周最近几年在职业生涯中遇到了困惑,不知道下一步该怎么办。

"林老师,我是小周,我们老板让我开车来接您,我大约15分钟就到您住的宾馆,到了我联系您。"我现在对饭局不是太感兴趣了,有人说我老了,对吃饭都不感兴趣了。对饭局不感兴趣与老不老是不是有直接关系,我没有研究过。那些完全是为了应酬的饭局,或者参与者基本上是你不认识的人的饭局,现在我能推就推掉。不喝酒的我去参加以我为主的饭局时,很怕气氛冷清,让大家不能尽兴。如果我是作为一个配角去参加饭局,我也不想说那么多应景的话,也怕给请客者带来麻烦。

所以当小周开车来接我去赴晚宴时,我纠结了一会儿最后还是去了,因为是他的老板安排他来接我的。

"林老师,您是第一次来我们这里吧?"我回答说"不是",就这样我们聊了起来。半个小时的车程中,小周说听了我的课很受启发。当时我感到有点儿吃惊,因为主办方说听课者都是老总,他明显不是老总。

课堂上我分析了影响管理者决策的八大因素,他说在听课现场他逐一与他的领导进行了对比,发现我讲得很有道理。我想这些话题可能是一个比较长的开场白。是的,我的猜想对了。

"林老师,我想请教您一个问题。我想换一个岗位,您觉得可以吗?"

"你想换到什么岗位呢?"通过聊天我知道他在公司办公室做一些行政工作也包括开车。

"我想换到销售岗位,可是我有点儿担心,我没上过大学,也没有太多与人打交道的经验,另外也不知道领导会不会同意,您说我该怎么办呢?"

如果是你,你要怎么回答小周的问题呢?该怎么去减少他的担忧呢?我知道在他们公司,销售岗位的收入远远高于行政岗位。虽然销售岗位收入是与业绩直接挂钩的,但由于行业环境不错,这个岗位的收入还是不错的。小周告诉我,他一方面是为了收入,毕竟自己有孩子,要养家糊口;另一方面,他不想长期干行政工作。他高中毕业后曾到深圳开了几年车,收入还可以,为了家庭他回到老家工作,收入也随之减少了。

没有上过大学、没有经验、担心老板不同意,这三点很现实,但小周的想法也是现实的,如何解决呢?

(二)躬耕才会有收获

我曾经问过不少人包括从事人力资源工作的职场人士:以前的人事部和现在的人力资源部有什么区别?答案真是五花八门。

但有一点是清楚的,无论公司大小,无论央企国企还是私企,无论传统行业还是新兴行业,人力资源部都有一项重要的工作那就是明确所有的岗位,并且明确所有岗位的职责、任务。

你有了岗位职责任务书,那么剩下的就是该如何去理解职责,怎么去完成任务了。

1.快速学习专业知识

你的岗位所需要的专业知识与你在大学学的专业知识可能相关,也可能相关性不强。这时你可以向同样岗位的前辈请教,请教他们该岗位需要哪些方面的知识,列出表格来逐一对照,看看哪些方面你还有所欠缺。欠缺的方面可以通过阅读相关的书籍,或者向前辈们请教的方式来弥补,养成做笔记的习惯,把学与习结合起来,让知识存在你的脑海中,变成你自己的东西。把知与识结合起来,你才能在知道的基础上,认清本质,进而掌握规律,做到举一反三。

2.快速掌握工作技能

任何一项工作都是存在技能的,包括行政工作、服务工作、技术工作、营销工作等等。技能的掌握一方面需要你的悟性,但更多的是后天训练,需要你在工作过程中提升技能,虚心向前辈们学习。技能不仅仅是一种技术,也包括技巧,你可以在学习的基础上总结出适合自己的方法。比如有的职场人士在写总结报告或者为领导写讲话稿时,事先按照自己的理解写出提纲,在领导审核认同后再具体完成,这样可以有事半功倍的效果。

3.快速理解岗位职责

你可以通过口头或者文字的方式向你的主管领导汇报工作,看看你对岗位职责的理解是否正确、是否精准、是否具体;也可以和你身边的同事去讨论,请教他们。这样在准确理解的基础上,你就会少走很多弯路了。

4.快速分解具体任务

分解你的岗位任务,可以细化到不能再细化为止。按照逻辑关系、前后顺序,把总任务分解成若干子任务,用表格的方式列出来,列出具体措施、完成时间、完成标准,这样你就心里有数了。

分解完任务后,按步骤快速完成任务。快速完成任务是在方向正确的基础上的快速,是在保质保量前提下的快速。

快是相对的快,不是火急火燎的快,火急火燎是会出大问题的。

四、耐心等待质变——如何打造自己的核心竞争力

职场上每个人都需要拥有自己的核心竞争力吗?每个人都有核心竞争力吗?如果你有所谓的核心竞争力,那么恭喜你。核心竞争力一定是在技术上有优势吗?一定是在专业上比别人强吗?一定是出类拔萃吗?我不这样认为,否

则会把我们的职场人士带入误区,尤其是那些初入职场的人。

那么职场人士需不需要打造自己的核心竞争力,或者叫构建自己的优势呢?当然需要,这关系到职场人士的饭碗。

一个职场人认清自己,脚踏实地去工作,做好每一件事情,这可能就是自己最大的核心竞争力吧。

(一)几个没想到

职场上你没想到的事情经常发生,没想到也许就是一种常态,所以有一句话叫"以不变应万变"。当然不变的是一种智慧,是一种心态,万变是因为总有意料不到的事情发生,变是常态,不变也是常态。

A先生就职于一家央企,其实A先生也是后来才到这个企业的,与那些一毕业就在央企的职场人士还是有区别的。

"好久没见,好想你啊。"A先生接到了他朋友的电话。他的这个朋友很早就读了博士,搞育种研究很多年了,在一个非常有名的国际种子公司工作,可是他多年的研究也没有太大的成果,有人说他只懂得技术,不懂得行情。

"你好!好久不见。找我有事吗?"

"有点儿小事,我一个朋友的孩子今年研究生毕业,能不能麻烦你帮帮忙。"接到这个电话的时候已经是4月份了。可校招是从头一年的9月份或者10月份就开始了,在时间节点上不对呀。而且这个孩子不是A先生朋友的孩子,是A先生朋友的朋友的孩子。这是A先生第一个没想到。

A先生是个热心肠,他马上找主管人力资源的领导商量,看能不能给这个孩子一次笔试的机会。因为公司通过第三方基本确定了参加笔试的人选,但人力资源领导不会放过一个优秀的人选,当看完这个学生的简历后,领导决定在不违背原则的前提下给予其笔试的机会,这是A先生第二个没想到。

笔试成绩出来了,这个学生笔试成绩很不错,争取到了面试的机会,三次面试结果居然都不错。公司领导觉得这个学生是搞销售的好料,就这样,这个学生入职销售岗位了,最后还解决了北京户口,这是A先生第三个没想到。

第四个没想到的是:这个学生工作不到六年后离职了。放着好好的央企不干,一般人不理解,A先生也不理解。离职前这个学生没有告诉A先生,可能他担心A先生不理解或者不同意吧,毕竟当初A先生为了他的工作给各方领导沟通。后来这个学生告诉A先生,他去了一家国外公司的中国代表处,是去做首席代表。六年间他还按揭买了一套北京的房子。

再后来,A先生与他见面的时间少了,但两人一直通过微信保持联系。听说他已经在行业里小有名气,积累了不少人脉,拥有了不少客户资源。

第五个没想到的是:他已经被猎头公司盯上了,未来前景大好。

(二)积少成多总有质变之时

一个人在职场打拼的时间大概是35年左右,如果你是博士毕业,工作到60岁退休可能还不到35年。这里的35年不是不吃不喝的35年,是包括了生活、休息、节假日在内的35年。

深耕在一个行业,在垂直领域发展,也许你就真正形成了核心竞争力,形成了自己的护城河,最后在你的领域游刃有余。无论是所谓的金领,还是白领蓝领,都需要掌握较大的主动性。

打造自己的核心竞争力,需要做到"五找准":

1.找准可以深耕的行业

行业深耕不是反对你跳槽,有时候跳槽是为了更好地深耕。什么样的行业你喜欢,这是一个专业与爱好的问题。其决定因素很多,除了专业因素,还要考虑你的爱好、性格特点、思维方式、行为能力、智商和情商。总体看来就是这个行业你喜欢还是不喜欢,是否能干得得心应手。找准了行业,那就努力深耕吧,拿出吃奶的力气。

2.找准可以利用的资源

很多职场人认为见多识广就有好的资源,认识的人多就有好资源,参加的活动多就有好资源。也许这些能够帮上你,但衡量什么是好资源最主要的是与你要深耕的行业关联度的大小,无用的东西太多就是一种负担,而不是一种资源。这一点需要你去判断,是建立在你不断提高自己的判断力的基础上的。

3.找准可以带你的老师

也许你会告诉我,我的老师已经很多,已经多到数不过来了。是啊,幼儿园老师、小学老师、中学老师、大学老师,还有研究生时代的老师。这些老师,我们永远要感谢他们。这里所说的老师是指那些在你周边,比如单位里、行业里,能够在专业上帮助你,在人生问题上指导你,而你又十分认同和敬佩的人。他们对你形成核心竞争力是有超出你想象的帮助的,不分性别、年龄、职位,但需要你去识别。做一个谦卑的、虚心好学的、愿意快步前进的职场人,这对你只有好处,没有坏处。

4.找准可以提高的机会

机会有时是自己争取的。没有一个领导不愿意用一个追求上进的职业人士。你如果愿意担当,愿意承担更大的任务,为什么不去主动寻找机会呢?一个人的提高包括岗位的晋升、学习机会的增加、分担任务的增多等。还是那句老话:机会青睐那些有准备的人。

5.找准可以表演的舞台

有句广告语,心有多大,舞台就有多大。但仅仅是心大,不一定舞台就大。你的舞台来自你的实力,来自你能够托得起来的实力。不是好高骛远的虚荣心,不是不切实际的攀比心。有实力就要去找舞台,可以借舞台,也可以自己搭建。你有能力,但是还必须要有一个适合你的舞台,这样你才有表现的机会、展示的机会、发挥的机会。核心竞争力才能表现得淋漓尽致。

五、严师出高徒的可能性很大——需要找一个师傅带自己吗

在职场上如果有师傅带你那一定是一件幸运的事,然而现在很多年轻人对这个问题有不同的看法。他们认为自己的学历很高、智商很高、情商很高并且接收信息的来源很多,还需要师傅干什么,自己就是自己的师傅。或者他们认为职场上能够入自己眼的人本来就不多,没有几个人有资格成为他们的师傅。

在职场上我们不排除有很多优秀的年轻人确实才华横溢,学习能力强,但是为什么很多职场上的年轻人包括一些在职场上多年的职业经理人在人生的关键

时刻会失去了自我,为自己走向失败埋下伏笔呢。不是他们不聪明,不是他们不好学,而是他们的人生阅历不够或者是他们的认知使他们走向了一个比较封闭的圈子,看待问题的角度出现了偏差。

在职场上,如果有一个你很认同的、很佩服的师傅带着你,在一些关键时刻帮助你、提醒你、提携你,那么你就会少走很多弯路,在职场上也许就有了加速度。

我们这里说的师傅就是一个能够接纳你、认同你,且让你佩服的一个或者多个人。一般来讲师傅应该是比你年长、比你有经验、比你有更多的职场阅历、比你在公司或者行业里更有影响的人。但是这不是绝对的,三人行,必有我师焉。从这个角度看,能够称为师者,随处都有,人人都可以成为你在某些方面的老师,可以在某些或者某一个方面成为你的老师。所以老师没有年龄大小之分、专业之分、性别之分。

我们在这里要说的师傅的范围比老师这个范围小很多,我定义为在职场上、在你身边、在你工作中这样一个小范围。原来的师傅更多的是在工厂里、手艺人中。工厂里老师傅手把手带徒弟,手艺人手把手教徒弟,不同的工种和不同的手艺徒弟要出师既有时间限制,更有水平的限制。也就是说不达到出师的专业标准、技术水平是不可能出师的,否则会给师傅丢人。

我一直主张在职场上应该实行师徒管理模式,就像艺术界、工匠界、工艺界那样,这样新入职场的年轻人能够更快地成长起来。师傅不仅仅可以在专业上给年轻人帮助指导,更多的是在人生成长道路上给予他们帮助。无论社会如何变迁、发展如何迅速,总会有一些做人、做事的道理是相通的。师傅可以站在高处看到你的一言一行,可以远距离看到你的优势与不足,可以近距离帮你分析问题和解决问题。

一个能够成为师傅的人,一定是在职业素养和职业道德方面被大家认可,也要被你认可的,并且你从心底佩服,甚至仰慕的。职业道德和职业素养方面有问题的人是不可能成为别人的师傅的,也不可能带出来好徒弟。

当然,师傅带徒弟或徒弟寻找师傅如果带有很强的功利性,那就背离了师徒关系最纯粹的内涵,师徒关系应该是单纯的、无私的。师傅毫无保留地把自己的真经传给徒弟,徒弟毫无功利地接受和学习师傅的真经,这样传承下去,就会带来大的进步。

一个职场上的人士是否应该寻找一个师傅或者多个师傅带自己,这确实要因人而异,但是如果能够找到师傅带自己,就是难得的幸运。所以我建议你在可能的情况下尽力去找师傅带你吧。师傅可以是你专业上的师傅也可以是你人生的导师,可以在公司内部也可以在外部。你可以按传统方式举行拜师仪式,也可以是简简单单的口头认可。

我没有正式拜过师,但在我心里我还是认同了几位师傅,他们或多或少在我的工作中或者人生道路上给予了我帮助和指导。

(一)他们叫我老师

他们之所以叫我老师,是对我的一种尊称,他们并没有真正听过我的课。他们有的是我的同事但没有上下级关系,有的曾经是我的部下,有的仅仅是在偶然的机会认识了我。

他是我在去上海的高铁上认识的,他坐在我的邻座,行车途中他不停地在电脑上工作,靠窗户的我进进出出免不了要请他让让,一来二去就开始了闲聊。他告诉我他刚刚从郑州分公司调到了北京总部。他做市场策划工作,聊了半个小时后他主动要求加我的微信,说要拜我为师,希望今后有问题请我多指教,他说我的分析很专业,也非常到位,让他受益匪浅。后来他在微信中咨询我的问题我总是尽力解答,我的浅见对他是否真的有用不得而知,但我们至今没有断了联系,虽然只是一面之交。

我与她有近7年没有见面了,认识的时候她刚刚毕业来到我所在的公司。我与她工作上交集不多,只是当年她负责的某大型活动里我曾经客串了一把。在两个月的筹备活动中我们有了接触,她代表公司在筹备,但她总是把自己的姿态放得很低,无论是宏观构思还是具体细节,她总是谦虚地来征求我的意见。她说我没有架子对她没有保留,总是能够给她直接的方案或者建议,所以她要叫我老师。其实,她的问题也可以让我开动脑筋进行思考,不也是我的一种收获吗?

他在很偶然的机会成了我的部下,之所以偶然是因为我是后来调动工作才成了他的分管领导。他本硕就读于知名大学,理工科的他文笔也不错,能够让他服气的人并不多。我也是爱看书、爱思考、爱动笔的人,他对我从不服气到可以交流到最后拜师。虽然我与他没有师徒的名义,但还是有师徒一样的往来,后来到其他公司高就的他,进步非常快,我们差不多三个月就要见见面,聊聊天,交流一些问题。

(二)严师出高徒

1. 师傅要有真本事

师傅的真本事是要看得见摸得着的,不仅要有内涵,还要有外在的表现。是不是一定要有过人的本事呢?不是的。哪里来那么多超人或者过人的本事呢?有真本事就行。有你认同的本事就行,有让你敬佩的地方就行。

2. 师傅要有真素养

职场人的素养是有标准的,是大家看得见的,也是可以从大家的口碑中去感知的。一个人的素养体现在方方面面,装是装不出来的。即使能够装一时也不可能装一世。言行举止、工作中的点点滴滴都可以反映出一个人的素养。那些口是心非的人职业素养一定不会高到哪里去。

3. 师傅要有真公心

师傅无私才能带好一个徒弟,用心才能把自己的真本事传给徒弟,才能真正地去帮助你、指导你、教育你。不是说严师出高徒吗?没有私心的师傅才会对你严格,有时候可能严到让你受不了的程度,你可能做梦都在挨训。然而这样毫无私心的师徒关系,才会让你心服口服、收获满满。

好好找一个师傅吧,我相信你会有不小的收获!

六、多付出一点又何妨——可以拒绝太重的工作任务吗

学会拒绝就说明你长大了,话虽这么说,可能很多人一辈子都学不会拒绝。我自己职业生涯都30多年了,很多时候也不知道怎么去拒绝。特别是朋友之间,亲戚之间就更难拒绝了。职场上拒绝领导那就是难上加难了。

为了面子不愿意拒绝,最后苦的是自己。有句俗话说,救急不救穷。有人遇上了特别急的事,又特别需要你的帮助,而且你在能力范围内能够帮助,这时候

就不要拒绝。而有的人因为自己的懒惰或者私利而不断地请求你的帮助,这时候你的拒绝就是合理的。

拒绝是一门学问,有时候因为没有拒绝而产生了很多矛盾,有时候拒绝了也会产生很多矛盾。什么事情该拒绝什么事情不该拒绝,什么时候该拒绝什么时候不该拒绝,什么样的人该拒绝什么样的人不该拒绝,这些都是学问。

什么时候拒绝呢?有时候是自己有能力办到的事也要拒绝,很多时候是自己无能力办到的,那就必须要拒绝;有时候是自己无法直接办到,还要再求别人去办,最好也要拒绝。

(一)他没有拒绝

他干工作非常出色,多次被外派到地方分公司,目前已经成长为一个地方分公司的总经理了。"80后"的他当初是通过社会招聘被录用到现在的公司的。

不到30岁时他从一家单位入职到现在的公司,第一份工作就是从一般职员干起,10多年间,他不断接受新任务,挑战新岗位,一步一步走上了企业领导岗位,成了企业的核心力量。

当初入职时他刚刚结婚,领导找他谈话,希望他离开北京到外地去工作。刚刚入职又是新婚宴尔,接受还是不接受?对他来说是一个两难的选择。思考了两天后,他决定接受这个外派任务。尽管外派工作比较艰苦,但可以承担较重的工作担子,能够在学习中、工作中提高自己。

两年后,领导再次找他谈话,需要继续外派,但要换到另一个省,领导决定给他压更重的担子。原来希望两年能够回到北京总部的他,再一次无条件接受了领导的安排。踏实努力的他,责任范围一步一步扩大,担子越来越重,慢慢成为一个优秀的职业经理人。

外派五年后,他回到了北京总部,工作性质和外派时相比有了变化。小家庭也从二人世界变成了三口之家。孩子刚刚满100天时,由于工作需要领导再次找他谈话:又有一份外地的工作需要他继续出马,去担任地方公司一把手。这一次他真的为难了,孩子还太小,两口子父母都不在北京,具体困难确实太多,怎么办?最后他在安排好家庭事务后,还是接受了公司的安排。

(二)怎么办

一般来讲,领导给你布置工作会经过深思熟虑的,也有一拍脑门就给下属布置工作的,但是不多。能够走上领导岗位的都不会是傻子,上级能够把他定位在领导岗位,一定也是经过了多方考察的。所以能够走上领导岗位的人,一定会有他的过人之处。

考虑一个下属能不能担负起一项重要的工作,领导也会从你的历史业绩、工作能力等多方面考虑的,一般不会把一项下属无法承担的任务贸然布置给下属的,尤其是那些关键的工作和任务,否则一旦你完不成就会影响大局,对领导自己也没有任何好处。

如果领导高估了我们的能力或者我们手里已经有很多工作了,确实没有时间和精力再承担别的工作时,我们就要回绝了,尽管领导可能会不高兴。

这就需要我们有一个相对客观的判断:确实是个人能力有限,担负不起这样的任务,还是认为少干一点对自己没有任何影响,或者是时间上安排不开。一个清晰的判断是决定你是否接受任务的前提条件。

1.实话实说

如果确实是你的能力无法承担这个任务,你就要实话实说。你可以告诉领导要完成这项任务需要什么样的条件和能力,你最好一个一个列举出来,与自己目前的条件进行对比,看看自己在哪些方面还有差距。如果盲目接受了这个过重的任务,完不成或者不能保质保量完成会造成更大的影响。这时候听听领导的意见,如果领导知道了你的想法一定会给你一个答案的。实话实说不是不负责任,相反是负责的表现。

2.请求分担

这项任务对你个人而言是一个好的锻炼机会,只是你以前没有做过同样的工作,感觉担子过重,担心不能够顺利完成任务。这个时候可以请示领导,把自己的担忧汇报给领导,看看领导能否再安排其他人与你一起来担当,由你牵头也可以,你来协助完成也可以,让领导去做决定吧。

3.调整工作

如果这项任务领导认为非你莫属,而且你的能力也没有问题,只是因为你的手中同时还有多项其他工作,在时间上无法兼顾。这时候可以请领导把你手中可以调整给别人的工作调整给别人,或者把你手上别的工作往后推推,首先保证完成这项更重要的工作。

七、学会求助也是一种成长——如何在遇到困难时求助

有一个问题困扰着很多职场人士,那就是到底该不该向领导早请示晚汇报。有的人喜欢早请示晚汇报,也有领导希望下级这样,好像事事都要汇报、件件都要汇报才是对领导的尊重。完全不汇报那肯定也是不行的。对于初入职场的人和职场达人来说,如何汇报都是一直存在的问题。不同的领导要求不一样,不同的公司要求也不一样。这或许就是一个考验你的综合能力的问题了,有的人做业务没问题但最后就在汇报方面出了问题。

我从来不喜欢给领导早请示晚汇报,我也不喜欢下级给我早请示晚汇报。我一直认为不断地向领导汇报就是给领导找麻烦。那么,什么时候领导需要你的汇报呢?关于这个话题我曾经与下属们讨论过。最后我明确地回答大家:在给你的授权不够或者你的能力不够时需要给领导汇报。如果你得到的授权足够,你的能力也够,你还要不断给领导汇报,领导就会认为你是在给他找麻烦。

授权不够我们可以讨论是否继续加大给你的权力,没有加大授权前你不能越权,除非事情十分紧急来不及汇报,但事后第一时间必须马上给领导汇报。另外,你感到自己的能力不够,需要得到上级的帮助时也要及时汇报,看看领导是否能增添力量来弥补你的不足。

无论你在什么样的岗位,担任什么样的职务,都有可能遇上困难。有的困难你可以想办法解决,有的困难你想尽办法也解决不了,这个时候一定要寻求帮助。向领导寻求帮助也好,向同事寻求帮助也好,不要害怕被拒绝,否则耽误了工作那就是你的责任了。

有人认为有困难是坏事也是好事,困难会逼着你去想办法。所以也有人认为困难能够磨炼出人才来。每一个困难都是一次机会,遇到困难时不要怨天尤人,不要自暴自弃,试着用微笑去面对困难。

是的，没有一个人的一生是一帆风顺的，一点困难都不遇到那是不可能的。只是我们遇到困难的频率不同吧。在职场上如果经常遇到困难，那你就要好好思考了，是不是你从事的工作与你的专业、兴趣爱好或者能力不匹配。你需要找出遇上困难的真实原因，看看是否在你的承受范围之内。如果超出了你的承受范围，那你可能要考虑换岗位、换工作了。

工作中的大多数困难是可以通过努力来解决的，解决了一个困难对你来说就是一次提高，一次飞跃，可以为你后面更好地工作奠定基础。

虽然我们要笑对困难，但我们谁也不希望遇到太多的困难。困难会考验我们的信心、耐力和脾气。有时，困难多了我们难免会被吓倒、被打败，最终甚至想放弃。而增强自己面对困难的勇气、提高自己的专业水平、提升自己的办事能力才是我们不被困难吓倒的最好办法。

（一）没有不可能

一个要历时五年才能完成的课题，牵涉的面特别广，不仅仅牵涉到部门内部，还牵涉到公司各个部门和好几家科研单位，并且主动权完全在外部的牵头单位。谁都不愿意参与这个项目，但领导已经定下来的事情，就是有再多的困难也要有人来执行吧。负责人今天可能是这个领导，明天就换成另外一个领导，但是具体执行的人员不能来回换，换了内外衔接就麻烦了。

这个任务落在了她的身上，推是不可能推掉了，而且还要配合内外相关科研机构干好，五年后若顺利通过了验收还能领到一笔小小的奖金。这五年她付出了不少，也成长了不少。

立项报告需要财务部、法律部、风控部批准，还要公司党委会通过。怎么写这个报告呢？她与她的直接领导、财务部、法律部多次沟通，最后终于使报告在党委会上通过。不懂就要问，首先要问自己的直接领导，毕竟你们的目标是一致的，请求直接领导支持自己这是她走的第一步好棋。

不能违背公司财务制度，有时候感觉财务部太苛刻，不近人情，有点儿鸡蛋里挑骨头，但各自职责不同，她就像小学生一样请教财务部的同事。法律部按法律条款和各项规章制度来做事也没有错，但缺乏灵活性有时候就难以使工作进行下去，她只好一次又一次解释,请求她的直接领导开跨部门会议,专门讨论她的问题。

一次又一次需要公司盖章,看起来如此小的事情,审批流程却是极其复杂的,有时候需要在几百页资料中的每一页上盖章,但她还是把自己当成小学生,按照印章管理人员的要求一遍遍来。

立项报告流程中如此多的困难终于熬过去了,另外一大难题接踵而来,课题要在多个下属单位选试点。这件对基层试点单位来说没有什么好处只会带来麻烦的事,他们当然不愿意配合。那就一个电话接一个电话解释说明吧。如此还是不能解决问题,她就只好到各处去求救了,请求各个单位支持。红头文件只是批准了立项却并没有指定试点单位,看来她只能靠自己的努力了。

项目中的每一分钱都要受到管控,手续比较烦琐,还要接受相关单位的监管,这一切她积极配合,因为她不能出任何差错,否则给单位丢脸不说,责任谁也无法担当。

她只能不断请单位的各级领导给予更多的支持,很多具体工作确实超出了她的权限、专业甚至是能力。

她一直在忙于项目,中间还不停地去外地开会,克服了一个又一个困难。小困难自己解决或者请求同事帮助,大困难寻求领导帮助。后来领导给她增加了小组成员,在具体工作上她们分工协作,由她统一协调安排。

从来没有接触过科研项目的她,通过这次锻炼明白了大项目的流程和具体细节。五年来,她提高了自己的协调能力;懂得了内外部如何进行工作沟通;懂得了什么样的困难需要自己想办法,什么样的困难必须向领导汇报,请求领导的支持和帮助。

(二)真困难,真求助

1.理性判断

困难是经常遇到的,但你不能遇到一点点困难就要向别人求助,否则同事和领导都会认为你是在敷衍了事,不负责任,久而久之你也会养成依赖别人的习惯。谁喜欢这样的人呢?你的困难不是你偷懒的理由,你的困难也不是你完不成任务的理由。你要理性判断你遇到的困难是不是真的困难,凭你的能力是不是解决不了,如果真是这样的,那就只有求助了,求助于同事,求助于领导都可以。

2.真心求助

如果你真的遇到了困难,并且凭你一己之力又解决不了,那么你要真心实意去求助同事,坦诚地告诉他你遇到的具体问题,主要的困难在什么地方,有哪些事情是你无法解决的,希望得到同事的哪些帮助。你只要态度诚恳,把问题列举清楚,我想同事不会袖手旁观的。此外,你还可以寻求领导的帮助,给领导说明自己在哪些方面需要帮助。

求助的前提是你遇到了自己无法解决的困难,你要相信大家会有一个准确的判断的。遇到了困难你不能逃避,不能隐瞒,不要有悲观的情绪,也不要轻易地怀疑自己,寻求帮助并不丢人。

学会求助也是职场上的你成长的表现。

八、成小事者方可成大事——领导总让我干杂活该怎么办

如果你干过农活就会知道,庄稼地里如果长出了杂草,就会影响庄稼的生长。杂草会同庄稼争夺营养,争夺阳光,所以必须把杂草清除掉。过去人们是手工清除,现在可以用除草剂了。那么,拔杂草算杂活还是非杂活呢?我认为,虽然拔的是杂草,但这个活儿不算杂活。

什么样的工作算杂活呢?那些与业绩没有直接关系的工作就是杂活吗?从业务的角度看,工作可以分为业务工作和业务支持工作,所以,所有工作都与业务有关,要么直接相关要么间接相关,都不算杂活。

端茶递水有人认为是杂活,行政服务工作有人认为是杂活,辅助性的工作,比如会议室准备、设备准备、资料准备以及其他服务性的工作,很多人认为也是杂活。

仔细想想,除了我们认为的业务工作以外,是不是很多工作都可以叫作杂活呢。职场上谁不是从杂活开始干起的呢?谁不是常常在干杂活呢?我常常提起清洁工作,清洁工作很多人认为一定是杂活,但是不是每个人都可以干好清洁工

作呢？绝对不是。待人接物算不算杂活呢？从礼仪的角度看，待人接物也很有学问。

理想高于天，可理想不是空中楼阁，要脚踏实地认认真真干好每一件事情，包括你认为的杂活。大家都不干杂活，那可能所谓的非杂活就会受到极大的影响。

在大多数人看来，杂活是存在的。就是那些零碎的、非系统性的工作吧。系统性和专业性的工作需要有人来做，非系统性和非专业性的工作当然也需要有人来做。很多单位或公司还有人长期干杂活呢，这说明什么呢？说明杂活从某种意义上讲也是一种专业性的工作，也是一样需要思考，需要动脑子，需要工作经验和技巧的。因为工作只有分工不同，没有高低贵贱之分。

杂活中也有学问，那我们就把杂活当成学问来研究吧，总结干杂活的经验，为以后承担更加专业性的工作或者你认为的非杂活提供可以借鉴的经验。

（一）从杂到专

有人说他没有上过大学，只有初中文凭，不能让他带领这个销售团队。但是最后还是让他带领了一个销售团队，虽然他不能写只能说，也讲不出什么样的销售理论和大道理，但当产品库存居高不下时，他都能找到办法解决掉。这样的人你说该用不该用，有人认为要用他，有人不同意用他。因为很多销售业务人员都是大学毕业。反对者认为他不可能带好这些大学生，他们也许不会服从他的管理；支持者认为用人用能力，而不是用文凭，让事实说话。如果你是决策者，你怎么决策呢？

是的，他以前是个锅炉工，曾经在烧锅炉的岗位上干了近7年。烧锅炉的工作他是搞明白了而且可以说是精通了。嘴勤腿勤的他被领导看上了，领导调他去了办公室，干一些跑腿的工作，比如买办公用品，当司机，参与一些接待工作，安排餐饮，管厂区的清洁等工作。这些工作比烧锅炉还杂还琐碎，但他没有怨言。

一件件小事他都干得很认真。不仅领导们认可了他，所有员工们都看到了他的努力，大家对他称赞有加。

后来他希望到销售部门工作，哪怕在销售部门打杂也行。其实从上到下都知道他这是在给自己设定新的目标,准备转岗干销售去。年龄偏大的他去一个平均年龄比他小10多岁的销售团队,对他来说还是很有挑战的。他开始为销售团队服务,干了很多杂活,准备会议室,接待客户,旁听销售会议等。不到半年,他申请干业务员,独自开发客户。

真是应了那句话,是金子总会发光的。他不仅开发出了不少客户而且销售业绩还名列前茅。没有文凭的他,硬是开发出了一批自己的客户。他的收入也大大地提高了,后来他也想带团队,挖掘自己更大的潜能。

是骡子是马拉出来遛遛。就给他一次机会吧。就这样领导给了他一个销售团队和客户群体。这样可以确保对大局没有什么影响,同时也可以让他及他的小团队去积极地探索。

事实证明他的想法是正确的,领导的决策也是正确的。后来他带领的团队的业绩在公司里占了大半。

从杂活干起的他,成了销售行家能手。你能从中得到什么启发吗?

(二)小也大,大也小

博士毕业的他,本硕博都毕业于同一所大学,这所大学是一所知名的大学。可他毕业后也是从干杂活开始的。你曾经的厉害只能说明你读书很厉害,你有读书的天赋。你若选择了一家非科研、非教学的业务单位,就要把你擅长读书的天赋转化为在业务上的优秀,那才证明你是真的优秀。

几年后,他离开了。他的离职一是因为专业确实不对口,二是他的性格不太适合在业务岗位上工作。

1.认真干

领导经常给你安排杂活,你不情愿,甚至有情绪,这是人之常情。有可能在部门里你是最年轻的,所以杂活会安排给你多一些;有可能领导还没有找到特别适合你的工作,所以暂时会安排杂活给你。认真干好这些杂活是你在暂时没有更好的选择时的选择,这时要干好这些事情,把情绪放在一边。

2.勤思考

每一种工作都值得我们思考,很多工作都有共通之处,看看这些共通之处在哪里。动动你的大脑，思考怎样才能把眼前的工作做好，如何使目前的工作对你今后产生帮助。

3. 多总结

我经常会要求年轻的职场人士多总结，特别是对于自己第一次干的工作多总结，而且不仅仅是口头总结，还需要笔头总结。为什么要总结呢？这是我多年的经验，让我受益匪浅，也是我的职业秘密呢。好好总结，总结出得与失来。

4. 找机会

干好了杂活，当然也要去寻找机会干更多的专业性的工作了。前提是你把杂活干好了，干好了还要让领导看见你干好了，知道你干好了。让领导看到你的态度，看到你的能力，看到你的细节。你要证明自己不仅仅有学习书本知识的能力，还有实际岗位的学习能力，在大家认可你的基础上，领导才会把更重要的工作交给你。

九、让自己透明一点——如何明白领导对自己的期待并让领导放心

你希望领导怎么对你呢？我想你也希望领导能够对你坦诚相待，不需要你去猜测去琢磨，否则你可能也猜不到，琢磨不透，你一定会感到很累很无奈。

你让领导放心的唯一方式就是把领导交代的工作干好。职场经验告诉我们，那些踏踏实实干事的人，在职场上发展得更好，活得也更洒脱。而那些天天琢磨领导、巴结领导、应付领导的人从长远来看都不会有大的发展，尽管可能一时得到重用。

有不少年轻人说工作都能干好，就是处理不好人际关系，觉得人际关系比工作困难复杂多了。我以前也这么认为，后来我改变了这样的观点。其实，如果你自己简单点哪里有那么多复杂呢，反之，如果你自己太过复杂，那么世界就会更复杂。

领导对你的期望与领导对所有人的期望没有本质的区别，你不要过多地认为领导对你有特殊的期望。如果你确实是在专业上、能力上、业绩上非常出众，不仅领导能够看见，同事也能够看见，领导或早或晚会给你更重的担子，更大的舞台。

领导喜欢什么样的下属呢？

领导自然喜欢那些任劳任怨的下属。无论工作有多大难度，下属如果能够任劳任怨，没有任何怨言，乐观积极，克服一切困难，想办法完成，领导能不喜欢吗？

领导自然喜欢那些爱岗敬业的下属。不把个人情绪带到工作中，愿意与他人合作沟通，不在工作中闲聊，干一行爱一行，不要总是跳槽，干好分内事，脚踏实地，不偷奸耍滑，领导能不喜欢吗？

领导自然喜欢那些办事果断肯钻研业务的下属。如果你总是拖拖拉拉，总是不按时完成工作，对业务浮于表面，还故意找各种各样的理由，领导能看不见，发现不了吗？当然领导不喜欢这样的下属。

领导自然喜欢那些处事冷静且尊重上司的下属。如果你总是急躁、处理事情顾前不顾后，总是火气冲天，动不动就与同事和领导掰扯，对人也不够尊重，这样的人不仅领导不喜欢，同事也没有人喜欢。

（一）他的故事

闲来无事，约了两个以前的同事一起聊天，其中有一位已经十几年没见了。感谢他俩把见面地点约在了我家附近一家新开的茶馆里。

人们大多有一个共同点，那就是约会地点离自己越近的人往往是最后一个到达的，因为你认为自己能够掌控时间。那天也是他们俩到了以后我才到达，不过我还是比约定的时间早了几分钟的。

十几年没见了，大家还是一眼就认出来了彼此，这个年龄了，还能在相貌上有啥大变化呢。聊着聊着，我们聊到以前的一个同事。

他们问我与他是否还有联系，我说有几年没联系了。他们说不会吧，他以前不是一直"巴结你"吗。是的，以前他夸夸其谈，能够把领导捧上天去，我当然也被他捧过，但说实话当初我还算清醒，看破不说破，有时候还表现出很享受的样子。

聊天中，老明说别再提他了，提他就生气，我问为什么。老明说他最近又跟领导大吵了一架，自己没完成销售任务反而把责任推到了生产车间。他的领导质问他，他就说不干了。

我问老明:他不干了与你有什么关系呢?老明说他又来找老明调换工作,老明已经帮过他八次了,这次绝对不再理他了。老明详细地说了他的情况,他每一次换工作都要去巴结一位领导,天天与领导吃吃喝喝,也许是他运气不好,他巴结的领导要么最后离职了,要么根本就没有帮过他。

在顺境时他从来没有想到过老明,一旦没有了工作或者干不下去了就去找老明。我跟老明开玩笑说,也许是你前世欠他的太多吧。

一味地琢磨领导,巴结领导,有这样的心思和精力为什么不放在工作上呢,就不能好好干工作吗?

不可否认他确实能说会道,而且也有一定的业务能力,但无论做什么事情他都想通过所谓的熟人或者朋友去解决,而不是自己去努力。所以我常常说领导对你的期望就是你出色地完成工作,这样领导才放心。

(二)做个透明人

1.工作上要透明

每一个岗位都有自己分内和分外的工作,你在明确分内工作后,要积极努力想办法保质保量去完成。工作上没有必要遮遮掩掩,业绩上也没有必要遮遮掩掩,大大方方去做工作。遇到困难就要虚心请教同事或请求领导给予支持,我一直认为,寻求帮助不丢人,也不是没有能力的表现。但一定是在你自己已经努力的前提下,而不是借故偷懒。分外之事你也要尽力去协助。

2.做人要透明

做人要坦坦荡荡,无论对同事、对领导、对家人、对朋友。无论你认为自己被欺负过也罢,被骗过也罢,被利用过也罢,被冤枉过也罢,你都要坦坦荡荡,不能让自己萎靡不振,更不要把自己藏起来。你坦坦荡荡了就没有什么可担心的了,就没有什么可怕的了。

3.想法上要透明

你对公司有什么想法,你对工作岗位有什么想法,你对领导有什么想法,你都可以做到透明。让大家了解你的想法,也许就是一条与众不同的光明大道,这也许就是所谓的以心换心吧。

也许你会反问了:透明了就知道领导对你的期待吗?我可以肯定地回答你,那是一定的,如果不相信你试试看。

也许你会反问了:透明了就可以让领导放心了吗?我还是可以肯定地回答你。

好好想想我说的透明吧,让自己透明一点,你不会吃亏的。

十、学学草船是怎样借箭的——如何获取公司的资源从而达到令人满意的工作效果

获取资源不是抢夺资源,资源的获取有时候是需要付出相应的代价的,可有时候又是可以免费获取的。很多公共性的非物质资源比如公司的非保密的信息资源你可以通过公开渠道获取。只是我们很多职场人士没有用心罢了,或者认为和自己工作不相关的信息就没有必要去关注。

不论我们在哪一个岗位,公司的很多资源都与我们的工作要么直接相关,要么间接相关,或多或少会对我们完成任务有所帮助。每一个岗位的工作都不是独立的,是整体系统中的子系统,或者子系统中的分子系统,任何岗位都对整体系统有影响,只是影响的大小不同而已。

很多公司都强调任务分工要无死角、无遗漏,同时岗位工作的完成也离不开公司的资源。那么如何利用公司的资源,如何有效利用,如何更高效率地利用,这也是一门技巧,也是与工作经验有一定关系的。

初入职场的新人,有时候会看到一些奇怪的现象,很多职场达人轻轻松松,没花多少时间就完成了工作,而且完成得还很漂亮,这到底是为什么?是他们投机取巧偷工减料了,还是他们分担的任务少呢?仔细观察好像都不是,客观来讲他们积累了丰富的工作经验,会有一些工作技巧;同时更多的是他们更加懂得如何利用公司的资源,从而为自己高效率完成任务打下了基础。

如何合理利用资源?首先需要对资源做出合理判断,然后再筛选出与自己工作有关的资源,看看如何具体加以利用,包括借鉴经验、加工组合、去伪存真、寻找捷径。

公司的历史资料包括发展史、各阶段的重大事件算不算资源？当然算。公司的各种会议资料、领导讲话内容算不算资源？当然算。公司各阶段的战略规划、各部门总结报告资料算不算资源？当然算。公司历史上积累的客户资料、产品资料、营销政策算不算资源？当然算。公司历史上一些关联单位包括研发机构、行业合作单位这些也是资源。还有很多的资源需要我们去发现、去挖掘，去合理利用。

(一)给我三天时间

初生牛犊不怕虎，我曾经还真是干了件不可思议的事情。我们学校很多人不敢接的活我接了，包括我的系主任都没有接的活我接了。我的系主任在行业里是非常有名的，我跟着他学习的几年受益匪浅。他经常去全国各地讲课，我既是同伴也是学生。

一路上，系主任对我关爱有加，这让我在讲课的舞台上能够快速成长。他在讲台上侃侃而谈，我在课堂中奋笔疾书，他讲的很多关键内容我都认真地做了笔记。有时候拿着笔记本在他有空的时候向他讨教，请教一些具体问题。因为没有在企业岗位上工作过，我对很多管理理论理解得还不到位、不透彻。三年下来我好像又重新读了企业管理专业，受益至今，也为后来我20多年的企业工作奠定了基础。

记得当年位于我们学院附近的某区税务局邀请我的系主任去给他们讲税务目标管理课程，我的系主任没有研究过税务行业，所以他问我能不能去讲。机会难得，况且还有讲课费呢。当初我们学校规定在外讲课，讲课费一半交给学校，一半归自己。当年一个月的工资还不到100元，所以讲课费的诱惑对我来说太大了。

我没有犹豫就回答系主任，可以去讲但要给我三天时间，对方同意了。三天后去给那么多税务所长和工作人员讲税务目标管理，对于我这个外行来讲太有挑战性了，但既然答应了，那就开始准备吧。

第一天去北京图书馆，当图书管理人员问我需要借阅什么书时，我还不知道具体图名，只好小声说我想先找找税务目标管理方面的书籍。从上午到晚上足足10小时，记忆中我翻阅了大概5本书，做了大量笔记。

第二天就是实地座谈,上午一家税务所,下午一家税务所。与所长和工作人员沟通交流,听取他们的建议,晚上回来自己再归类分析。

第三天,准备课件。厘清思路,按照理论和自己调研的情况,加上自己的思考,分成大类备课演练。

虽然时间已经久远了,但课后税务办公室主任问我的一句话至今我记忆犹新。他问我是不是在税务系统工作过,这句话是对我最大的肯定。鼓励我后来越来越敢于在不同领域挑战了。

这就是我利用资源完成任务的典型案例,职场上的你可以借鉴一下。

(二)草船也可以借箭

公司的资源是有限的,也是无限的。要完成工作任务,就要好好利用公司资源。诸葛亮草船借箭的故事家喻户晓。

1.学习好公司的历史

很多公司都有历史大事文字记载,里面记录了公司成立以来的大事件,你可以分析里面的发展逻辑,以及各种重大决策思路,从中可以了解到公司的价值观、发展方向、重大人事变化、历史业绩等等。你只要肯学习,就能找到很多可以借鉴的东西,让自己尽快融入其中。

2.学习好公司的资料

公司的资料包括领导的讲话稿,学习这些讲话稿时,你要去分析内在的逻辑关系,去理解事物的本质。公司的资料还包括各个部门的年度总结、季度总结、月度总结,好好去分析里面的数据,一定会对你有启发的。公司的资料还包括内部的期刊、文献之类,对期刊你要透过现象看本质;还有很多资料,需要你去寻找。对这些资料加以利用,加以分析,里面一定有你需要的东西。

3.向公司的同事学习

公司有很多岗位,当然包括很多关键岗位;公司有很多同事,当然包括很多关键人员;公司有很多客户,当然包括关键客户;公司有很多普通员工,也有不少先进员工。看看关键岗位上的关键人物是怎么工作的,看看他们怎么与客户尤其是关键客户打交道。拜他们为师,向他们学习,请他们指导。

4.学习好公司的制度

公司的制度是需要我们无条件遵守的,制度并不是大多数人理解的那样,是一种限制。学习好制度,研究好制度,让制度为你服务,在制度中寻找自由,让制度为你完成业绩助一臂之力。争取让制度来帮助你而不是来限制你。

上面几点,很多年轻的职场人不认为是资源,他们认为资金、权力、职位等可能才是真正的资源,没错,这些都是资源。但这些显性资源是大家都可以看得见的,而你不认为是资源的资源,往往会给你意想不到的帮助。

十一、让自己的人生出彩——工作岗位不适合自己时是否可以提出调整

自己到底适合什么样的岗位?这是一个大问题,也是一个常见的问题。如果你觉得岗位不合适,那就需要分析你是从哪方面觉得岗位不合适,有时候公司认为对你的岗位安排是合适的,而你又不认同怎么办?

关于岗位问题我认为没有绝对的标准,确实是一个合适和不适合的问题。岗位从一般意义上讲,可以简单分为通用岗位和专业岗位。相对来说专业岗位对专业要求更多一些。

岗位具体名称在各个公司、行业内叫法还不一样。所以具体的职业岗位还是要看各个企业赋予的具体内涵和外延,就是同一名称的岗位在不同企业里内涵和外延也是有不同的,甚至有很大的不同。

你不适应岗位就要看是多大程度上的不适应了,是一部分不适应还是完全不适应。同时也需要分析你不适应的原因,是你的专业问题、能力问题,还是喜好问题。一概而论是不合理的,有时候短暂的不适应可能是你还没有深入到岗位的具体工作中,有时候还可能是你受环境影响。

我在职场上换了不少岗位,很少是我主动换的,都是公司的需要。我在教学岗位、人力资源岗位、行政岗位、营销岗位、业务岗位、管理岗位都干过,而且在每个岗位上还是有不少收获的,这取决于我爱思考、爱学习、爱行动的好习惯。也是因为我基本掌握了干好每个岗位工作的基本技巧和方法。我认为不同的岗位是有共同特性的。当然,如果你所在的岗位专业性和技术性比较强的话,那就要

另当别论了。但我相信领导在安排你的岗位时一定考虑了你的专业和特长。

如果你从内心特别抵触现在的岗位,向领导提出换到你自认为合适的岗位,也不是不可以的,这样对组织、对你自己都是有好处的。

(一)说说清洁工

清洁工要想干好这份工作,首先要把自己的清洁搞好。自己在穿着上要干净利落,否则谁会愿意请你去家里或者单位做清洁呢?我有一个初中同学在重庆做小时工,只做家庭上门清洁工作,她过得很滋润,不比有些白领差,甚至比他们过得更好。一次聊天中她告诉我,她在这个行业干了很多年了,业务比较固定。她给自己设定了一个目标,就是为10个客户长期服务。如果有一个客户因为各种原因流失了,比如客户搬家了或者去了外地生活等原因流失了,她才会接受新客户。这些新客户往往是老客户介绍的,不用自己去开发,多年的口碑使她不用担心没有客户找上门来。

看似简单的家庭清洁服务里面也有很多学问,不仅仅是把清洁做好了就行,做好的标准不是自己的标准而是客户的标准。为什么很多清洁工与客户之间会产生矛盾呢?那就是大家的标准不一样,有的清洁工认为自己做得很好了,怎么客户还不满意呢?

我曾与她探讨过这个问题。她告诉我这份工作客户是否满意有三个方面:

第一,要注意细节。做清洁不能只看大面上好像干干净净了,还有很多不易察觉的地方,就需要自己用手去摸,去检查。第二就是要归位,要记住客户家所有物品的原位,也就是客户习惯放的地方,而不是你认为合适的地方,避免清洁工作完成后客户找物品不方便,从而产生怨言。第三,就是要在客户方便的时候去做清洁,不是自己方便的时候。

她手中有好几把客户家的钥匙,都是因为与客户的关系处得不错了,客户已经把她看成了家里人,在客户家无人的时候她可以自由去完成她的工作。10个客户,每户每周做一次清洁,她按照计划表安排自己的工作,周日还是她固定的休息日。

10个客户,家家情况不一样。我想如何与不同的客户相处,她一定有自己的秘笈了,当然少不了她自身的工作技巧。

她是否一开始就喜欢这个工作我不得而知,但能够感觉到她对现在的工作十分满意。除了时间自由外,收入也应该是比较满意吧。她曾经也到过东南沿海一带打过工,做过一些其他的工作,最后她找到了适合自己的工作。

(二)为未来而换

换岗位不是什么不好的事情,也不要怕被领导拒绝。我讲过一万小时理论,简单来说就是你在某一领域某一岗位工作满一万个小时,你就会成为专家,时间大概在四年到五年之间。所以这个时候有新的想法是正常的,大多数职场人跳槽也罢、换岗也罢,在这个时间段走上升的道路,是为了获取更大的空间和平台,一般公司在这个时候也会在内部考虑对你的岗位进行调整的。

1.分析自己的不适应

对自己的岗位要有一个全面清晰的认知。这个岗位是你喜欢的还是领导安排的,或者是在你自愿的情况下领导安排的。你是在干了一段时间之后觉得不适应还是一开始就觉得不适应。这个岗位的具体工作内容、责任、权限你是否都清楚。你的不适应是感觉自己的专业能力不足还是自己很不喜欢。岗位是否让你产生了厌倦感,甚至有了抵触情绪,在心理上产生了条件反射。如果真是这样,那么说明你确实不想在这个岗位上了,不仅仅是不适应的问题。这个时候可以向领导提出来换岗位。但你一定要想清楚到底为什么不适应现在的岗位。你最好拿出一张纸来,把你不适应的原因一个一个列出来,看看哪些是可以改变的,哪些确实改变不了。这样经过全面思考,你就知道你不适应的具体原因了,也就知道下一步该怎么办了。

2.换出一个新世界

决定要换了,就要看看你自己到底想要什么岗位,企业里是否有你喜欢的岗位。自己分析清楚或者请你要好的同事帮你分析,在可能的情况下也可以找领导或者找人事部门的同事帮你分析。通过多方面的分析看看自己到底合适什么样的岗位。

换到与你专业相对来说对口的岗位、与你兴趣爱好相对应的岗位;换到相对认可你的、你也相对认可的领导所分管的岗位;换到一个相对能发挥你特长的岗位。

如果你有特殊的想法,也有特殊的才能,但目前还没有合适的岗位,你可以大胆向领导提出新设岗位的建议并且说明自己能够胜任该岗位工作的理由。

困扰自己的问题,就要想办法去解决。

十二、事实胜于雄辩——自己的劳动成果没有得到合理的奖励时该如何与领导沟通

我曾经要求过我自己和部下,我们在职场上做到大公无私可能很困难或者说做不到,但可以做到先公后私,也就是要先让公利得到保障,才能保证私利不受损失。有些职场人士总是先私后公,甚至心里根本就没有公的概念,时时刻刻"私"字当头。

不可否认,谁都有私利。但如果你一点公利的意识都没有,我相信你是走不远的。没有企业愿意用彻头彻尾的自私者,也没有一个人愿意跟一个彻头彻尾的自私者来往,更不用说交朋友了。

一个简单的道理那就是没有了公利,也就是说你所在的企业、公司没有了利,你怎么会有私利?皮之不存,毛将焉附。无论公司采取什么形式分配,按劳分配也罢,按时分配也罢,都是在你付出了之后给予你相应的利益分配,这一点我们的职业人士应该很清楚。

无论是初来乍到的新人还是资历深厚的老员工都可以与公司讲条件讲待遇,这没有什么不可以的,也不关乎道德问题。问题就在于你要求的条件和待遇一定是与你的能力有关,一定与你做出的贡献有关。要求公司公平合理地对待自己,也是市场化的要求和社会化的要求。

你可以对公司合理化要求,公司也一定会对你合理化要求。但有时候双方认为的合理化在对方看来却是不太合理的,这就要一个互相妥协的过程。所以劳动合同和分配制度的文字化是必需的。

对于你的贡献要有量化的标准和公司认同的标准,公司对于你的激励机制也要有量化的标准和双方认可的标准。这样双方都有了相关制度或者法律依据,也就相对公平合理了。

但一个不可否认的事实是,有的工作有难以量化的时候,有的业绩是在团队

共同努力下的结果,你在团队中的贡献大小不同人也有不同的理解,这个时候就容易产生分歧了。如果事先有约定解决分歧的办法和措施,就可以按约定办。如果没有事前约定你就可以找领导协商沟通解决,这就是先公后私了,因为你的业绩已经在先了。确实有不少人会担心找组织找领导沟通与自己利益有关的事情,会有点不好意思或者觉得会影响自己在公司的影响和发展。

如果你所在的公司是一个正规的公司,那你不用去担心;如果你的领导是一个开明的领导,你也不用去担心;但如果不是这样,你就需要找到合适的方法和路径了。

员工要有员工的素养,领导也要有领导的素养。但无论你遇到了什么样的领导,你已经为企业做出了贡献,那么争取自己合理的利益是你的权力。让自己的权力在阳光下发挥作用并没有什么丢人的,反而会证明你的公正。

(一)她的奖金

她所在的部门曾经承担了一项大课题的子任务。这个任务流程复杂、要求高,并且任务时长五年,任务小组组长开始由部门一把手担任,各种表格、汇报、会议极其烦琐。她和部门的其他几位成了小组成员。一年后部门总经理因时间原因不愿意再担任小组长了,她本来有希望接过小组长的担子,因为她从一开始就作为主要成员参与其中,并承担了大部分任务,然而上级要求必须要由一定职务的领导担任小组长。最后组织指派部门副职领导担任此任务的小组长。她依然作为最重要的成员继续负责具体工作和一切具体事务,而成员有好几个人的小组,具体干活的就是她。

发票需要法律部、财务部审查,需要外部审计。她有时候为了一张发票来回要折腾好几天;任务涉及面广,需要协调的范围大,还要一次又一次接受各级领导的检查。刚刚当母亲不久的她,需要一次又一次到外地陪同检查和实地考察。这是个大课题的子任务,还要不断与其他子项目组沟通、开会汇报,还要调动基层单位配合、实施。五年间,小组长变动了,小组成员也因工作原因来回变动,只有她一直参与其中,并作为具体协调人和执行人做了大量的工作。终于在第五个年头,项目通过了大审查、大检查、大汇报,画上了句号。

然而在奖金的分配上经历了一波三折：第一个方案是办公室制订的一个初步方案,这个初步方案完全是按照小组成员中的行政职务大小来分配奖金数量的。她没有行政职务,所以奖金数量最少。对她公平吗？显然不公平。她虽然感到了不公平,但表示愿意接受奖金的分配方案。好在第二任小组长在与她沟通后,认为这太不公平,便积极与办公室沟通,并且让所有小组成员用表格的方式总结自己在项目中做了哪些具体工作,这样一来大家承担的工作量就一目了然了。第二种奖金分配方案中她的奖金数量排在了第一位。领导开会会议讨论时,大家不反对她的奖金数量排第一,但认为占比过大,要求再次调整。最终在考虑工作量和各方面平衡的基础上,她的奖金数量上依然第一,但占比下降了。

（二）事实胜于雄辩

你为公司做出了贡献但没有得到合理的奖励或者你认为没有得到公平的回报,这时去找领导沟通是完全有必要的。前面我们已经探讨了不少沟通的技巧和艺术,你可以参考。但要记住不争吵、得理也要让三分、心平气和的基本原则,同时做到以下三点：

1.提供业绩证明

很多管理比较规范的公司都有任务清单或者项目清单,依据清单开展工作的你,完成任务后一定要制作一个明晰的业绩表。有的业绩是完全可以量化的,量化得越具体越好,能够让领导从宏观到具体看得见你的业绩。数据必须是真实的数据,是可以证明的数据。对那些只能定性的指标你也可以提供相应的业绩材料。

2.提供激励制度

你所提供的激励制度可以是公司关于业绩的激励文件、会议纪要、领导的讲话材料等等,也就是一切可以证明你对激励的要求是有据可依的文字资料。请领导知道你不是无理取闹,不是在提非分的要求。

3.提供行业案例

如果你的工作贡献超出了你的预期或者公司的预期,而公司又没有相应的激励制度,你又希望得到超出预期的激励报酬,而此时公司没有先例可循。这个时候如果你能够提供行业中处理这类问题的相关案例,对你来说也是一件好事,对公司来说也有了参考依据。一个开明的领导会思考和研究你的提议的。

如果你贡献巨大,也没有行业案例,而你又想得到一定的奖励,那就需要你提供具体的方案了,供领导参考和研究。

十三、给自己号号脉——需要做些什么才能得到自己期待的工作

选择是困难的,有多种方案让你选择时,你会感觉到困难,那是有选择的困难;如果你想选择而没有方案供你选择时,你也会感觉到困难,这是没有选择的困难。做什么才有选择的权利,这个问题很简单也很复杂。简单就是你符合了可以选择的条件,你有了选择的能力,你满足了可以选择的要求,这样你就有了选择的权利;复杂就是有时候你不知道满足什么样的需求,或者你知道满足什么样的需求而你又达不到。

无论是准备进入职场的新人,还是已经有了几年或者多年职场经验的人士,都希望有一份自己满意的工作。满意的工作无外乎专业、兴趣、工作地点、薪水、工作环境等等方面基本满足了你的要求,或者虽然不是你特别理想的工作但与你的期待相差不是太远。

海阔凭鱼跃,天高任鸟飞。但你也要有能够跃起来的力量,才能在海面跃起,你要有翅膀才能飞起来,而且你的翅膀还要足够结实。否则天再高,也是其他鸟儿的天空,与你无关;海再阔,也是其他鱼的大海,与你无关。

职场也是如此,如果只看到别人在吃肉,而不知道别人为什么能吃上肉,那你永远也吃不上肉。想想怎么才能够吃上肉,靠等待肯定是不行的,靠乞讨也是不行的。

苦苦思索,不如提高自己的价值,准确判断自己的价值,让自己"待价而沽",如果有人排着队争抢着要你,你还担心没有选择的权利吗?

(一)盘中有鱼,优中选优

优中选优在生物学或者育种学里面是一个常识。杂交水稻专家几十年如一

日躬耕于田间地头,为了什么?为了不断找到更好的、更高产的水稻种子。优化再优化,优中再选优,不间断不停歇,选优的过程也是不断淘汰的过程。

在职场上被淘汰也许是不幸运的,谁也不希望被淘汰,被淘汰是很残酷的事情。但有时候被淘汰也不能说明你不优秀,只能说你的条件可能没有别人的某些条件更合适。

有一年,一家很有名的高科技公司邀请我去做他们的临时招聘顾问。他们是怎么找到我的,至今我也不知道。我想既然找到我了,何必去问通过什么渠道找到的呢,既来之,则安之吧。

人力资源部门已经准备好了不少简历,希望我们从专业的角度帮助他们在初选的基础上进行筛选。说实话,从简历看,应聘者个个都很优秀,很难看出谁比谁优秀多少。怎么选?最终决定从学历、专业、经验、行业、年龄、精神面貌、文字能力、口才八个方面考虑,大家讨论了每个方面的比例,达成一致意见后,由招聘团队分别打分,然后计算出平均分,再按照分数高低来判断,最终选出15人。

第二天的面试,招聘方采纳了我的建议:通知15位应聘者上午11点30分到公司会议室,公司最高决策者用15分钟时间全面介绍情况,结束后请面试者就地用餐,然后选出最后的胜出者。

食堂早早准备好了15份工作餐,每份工作餐里都有一条半斤左右的清蒸鱼,特意选择那些鱼刺多的鱼。招聘方通过会议室的监控,全程观察每位应聘者的用餐细节,最后观察盛鱼的餐盘:有的餐盘里鱼肉与鱼刺混杂在一起,成了乱七八糟的渣渣;有的餐盘剩下了杂乱的鱼骨;有的餐盘剩下了整个鱼骨架子。

三个月后,招聘方回复我说被选中的应聘者在工作中都表现得很优秀。

(二)想办法补足短板

暂时不能选择到自己期待的工作,说明你期待的工作要么还没有出现,要么就是你还不完全符合你期待的工作的条件。所以你要等待机会,暂时在你不是十分喜欢的岗位上工作,否则你就会处于待岗中。

木桶理论,我相信大多数职场人士都听说过。木桶能装多少水并不取决于最长的那块木板,而是取决于最短的那块木板。20多年前我就在公司里强调,用人要"欣赏其长,体谅其短"。但现实中,很多用人单位往往聚焦在"其短"的居多。为什么我提出这样的观念呢?因为一个人的不足、短处、缺点是很难改变的。

世上没有完全相同的两片叶子,世上也没有完全一样的两个人。一个人的缺点,可能从小就开始改正,但一直到大学毕业了还没有改变,所以我不相信单位的领导能够改变他。幼儿园时老师希望他改变,小学老师、中学老师希望他改变,大学老师也希望他改变,当然父母一直希望他改变,可是改变是很难的。

但我们还是希望能够改变。选择工作时你的不足、短板如果恰恰是用人单位比较看重的,那你当然就没有希望了。比如你文字功底很一般而你希望当记者,比如你人际交往能力很弱而你希望去做外交工作,诸如此类。说明你喜欢的工作与你的专长不太匹配。

那么,是不是不能选择自己喜欢的工作了?当然不是。以下四个方法,相信对你有所启发:

1.给自己画画像

给他人画像很容易,给自己画像不太容易。一般来讲,人们都会低估别人的才能,高估自己的才能,在低估和高估中差距就有40%左右,所以就会感到很多不平衡。静下来给自己好好画画像,看看自己是不是自己喜欢的样子,看看自己的画像与想象中的样子在哪些方面还存在差距,想想自己在哪些方面还可以改进。

2.给自己打打分

从学历、专业、经验、行业、年龄、精神面貌、文字能力、口才等八个方面,研究一下你喜欢的工作在这些方面的具体要求,然后按照具体要求给自己打打分。如果你达到了80分以上,那么你得到你喜欢的工作就有希望了。有些方面是硬性条件,比如学历、专业、经验。硬性条件是必须满足的,如果暂时不能满足,那么为了争取到自己喜欢的工作,你就要去补足。

3.给自己对对标

去找找那些在你喜欢的工作岗位上的职场人士,虚心向他们请教,问问这个岗位到底需要什么样的人才。把你得到的答案一个个列出来,越具体越好,然后一项一项与自己对标,向标杆看齐。这样你就很清楚需要在哪些方面去努力了。

4.给自己号号脉

你喜欢的工作是真喜欢还是假喜欢,自己号号脉吧。为什么这样说呢？有不少职场新人对工作的喜欢,有时候是虚荣心在作祟,比如收入高,比如写字楼漂亮,比如在一线城市,比如看起来"高大上"等。

职场有职场的规律。

十四、膘肥马壮定能驰骋千里——如何站在公司的角度独当一面

你或许常常会被人教育:不想当将军的士兵不是一个好士兵。鼓励你要有远大志向,要积极进取,要有长远目标。

这个长远目标就是要你独当一面吗？独当一面就是要带领一个团队或者争取在企业中当一个领导吗？如何去理解独当一面,可能每个人都有自己的理解。也许是你在公司里成长的表现,也许是你价值的体现。

这里的"独",不是独来独往,应该理解为独立承担一项任务或者独自担负一些职责。一个人要担负起百斤重担、千斤重担,你就要有相应的能力,而不是一种单纯的想法,也不是你有信心就可以了。有想法、有信心在职场上是值得鼓励的,而要把想法变成现实,要把信心变成现实,那就需要你千锤百炼了。这个锤炼不是一朝一夕的事,可能需要脱一层皮,或者脱很多层皮,才有希望把百斤重担高高举过头顶。

我们看过举重比赛,无论是国内举重运动员还是国外举重运动员,谁不是伤痕累累,谁不是在一次又一次试举中加码呢？

台上一分钟,台下十年功。这句话对职场上的你多少都应该有一点启发。苦练本领,摔倒了爬起来,一次又一次摔倒,一次又一次爬起来,直到你不再摔倒或者极少摔倒了,你在舞台上就有信心了。

也许我们认为自己早就可以独当一面了,而公司还没有给自己机会,或者还认为你暂时不具有独当一面的能力,你为此会感到苦闷,会不理解。为什么自己的认知和公司的认知有偏差呢？

这是一个看问题的角度问题,也是一个衡量事物标准的问题,你可以把独当一面的机会看成是对自己的锻炼。但公司如果给了你独当一面的机会,就不希

望你失败,这样才不会影响到公司整体的利益或者发展。这里不仅仅需要你的认知和信心,还要看你的能力,你曾经展示出来的能力,然后给你一点点加码,你若站稳了一个台阶会再让你上另一个台阶。

不管是在哪个方面,衡量一个人是否可以独当一面,不同的公司会有不同的标准,你只有达到这些标准才有机会独当一面。尝试也是可以的,但公司不会一下就让你试很深的水。

不要急,相信早晚你都会有独当一面的时候,但你不能傻傻等待机会,你要抓紧时间练本事。

(一)职场上的老李

突然想起了老李,想想也是多年不见了,现在他应该是名副其实的老李了。当年大家叫他老李,大概一方面是他在年龄上比大家大十几岁,那时他40多岁;另一方面是因为当时他还是一个普通业务人员。叫老李既是尊重他也是最合理的称呼,因为如果直呼其名有点不太礼貌。

我当年曾经给过老李独当一面的机会,并且不止一次,而且是在有人反对的情况下给予他机会的。但每次他都把事情搞砸,让我不满意,让公司也不满意。他身上有明显的优势,也有明显的不足,而他的优势被自己毁了,反而把自己的不足放大了。后来我就不能再给他机会了。

老李说他吃亏就吃在没文凭上,不能写不能说,只能干。这是他个人的观点,我却不这样认为,我们大家也不这样认为。

没有文凭是事实,这是他不愿意去改变的一个事实,因为自学一样可以拿到文凭。在给他独当一面的机会时,公司为了弥补他的短板,还专门给他配了一个助理和一个文秘,希望最大限度发挥他吃苦耐劳的优势,发挥他善于与经销商打交道的优势,带领团队开拓出一片新天地。

他在做一线业务员时能吃苦耐劳,业务指标对他来说轻轻松松就能够完成,后来在他主动申请下让他带领了一个小团队,队员还都是大学生。三个月后,团队的大学们纷纷要求到另外的团队,理由就是他不懂管理,乱指挥,还骂人,而且还天天让大家陪着他喝酒。

不能眼睁睁看着他失去工作吧。后来公司就给了他外地的一个区域,希望他能够总结经验,克服不足,这也是他自己向大家保证的。

可他并没有改变,后来因为喝酒,他还差点闹出了大事。

(二)把自己先喂肥

肥了才有底气,肥了才有力气,肥了才有运气。自己不肥,风一吹就要倒下,谁还敢给你独当一面的机会?自己都倒下了怎么能够为别人为团队遮风挡雨呢?

吸收营养才能把自己喂肥,多实践才能让自己身强体健,多经历风雨才能够驰骋千里。想要独当一面,那就好好练一身本领吧。

1. 你要有独当一面的能力

能力跟天赋有关,但更多是后天努力的结果,后天努力大于天赋,后天努力可以把自己的天赋充分挖掘出来。在公司如何才能快速锻炼和提高你自己的能力呢?那就是参与,不断参与,不仅要参与到大事中也要参与到小事中,参与到决策中更要参与到执行中。被动参与是一种参与,主动参与更是一种参与;在专业事务方面要参与,在你认为的杂事方面也要参与。在参与中不断总结提高,不断学习、省悟。这样你就会快速在多方面锻炼自己的能力,让自己的能力充分展示,让自己看得到,让大家看得到。

2. 你要有独当一面的格局

无格局就无担当,格局小就担不起重担。一个人的格局与能力可能相关,但更多的时候是不相关的。简单来说,格局与一个人的眼光有关,与一个的胸襟有关,与一个人的胆识有关,也是一个人心理素质的体现。站得高才能看得更远,看得更远才能做得更大,有大方向的人才有大格局,有大胸怀的人才有大格局,大事不糊涂小事不计较的人才有大格局,有担当精神的人才有大格局。

3. 你要有独当一面的素养

综合素养与你的知识水平、道德修养相关。你的一举一动都能体现你的素养。真才实学是一种素养,自我控制、勇于负责是一种素养,公平公正乐于助人是一种素养,善于学习思考是一种素养,创新沟通也是一种素养,素养是多方面的。没有素养或者素养不够的人怎么可能独当一面呢?

能力、格局、素养三者缺一不可,想要公司给你独当一面的机会,那就好好培养自己的能力、格局、素养吧。

十五、成长无处不在——工作不能让自己成长怎么办

工作上的成长可以理解为心智的成长、智慧的成长、心灵的成长。人们常常会用成熟与否来衡量职场中的你。如果说你还不成熟大概是指你的思维方式、做事方式还有欠缺。

为什么职场上一些前辈在评论一些年轻人时,总认为现在的年轻人没法与他们年轻时相比呢?除了前辈们容易用旧眼光看新问题外,还因为现在的年轻人大多没有前辈们那样的经历。

在什么情况下能够快速成长呢?经历得越多成长越快,折腾得越多成长越快。在工作中才能成长,在思考中才能成长,在总结中才能成长。万物生长靠太阳,雨露滋润禾苗壮。职场中的阳光在哪里?职场中的雨露在哪里?这些就在我们身边。无论你身处在什么样的工作环境,无论你在什么样的工作岗位,无论你从事什么样的具体工作,都会有阳光照射在你身旁,可能时间久了,你已经习惯了或者感觉不到了。职场上的阳光同大自然的阳光一样可以让你感觉到温暖,可以让你合成工作需要的营养成分。

你经历的每一件事,你完成的每一项具体工作,你仔细想想,哪一件事情哪一项工作不值得你总结呢?你参与的每一次工作讨论会,哪一次没有收获呢?哪怕你可能认为别人说的尽是无用的话、大话、套话,那你为什么不想想他们为什么说那样的话呢?你是不是可以观察到每一个人的言行举止,你是不是更多地了解了一些人,从而知道今后该如何与他们打交道了呢?

如果你是一个爱思考的人、一个爱学习的人,你就会在思考中成长,在学习中成长;如果你是一个爱总结的人,如果你是一个爱分析的人,你一定会在总结中成长,在分析中成长。你可以像老黄牛一样低头拉车,但也要抬头看路才行。

不经历风雨怎么见彩虹?你的成长要靠你自己。你认为你的工作不能让自己成长,那就是你的工作太简单了,没有挑战性了,或者你对目前的工作已经轻车熟路了。

你认为工作不能让自己成长，该怎么办？

(一)他是一个老板了

小真的老家就在房山区的大山中，原来的小真现在也有人叫他老真了。

"林总，周末我带着你们去山里转转吧，风景可好了。"那个时候作为司机的他，公司上上下下都很喜欢。他腿勤、眼明，每天把车上打扫得干干净净，邮箱里的油总是满满的，把车子保养得及时到位。也许你会说这是一个专职司机应该做到的。是的，但并不是每个司机都能做到。

一个周末，我自己开着平时他开的车，在北京西北的一座山里出了状况。前不着村后不着店，只好请他从城里赶过来。两个小时后他开车赶到了，我与他交换了车，我继续在周围游玩，他回城修车去了，你也可以说这是他的职责吧。没有错，但这件事后来只有我知道、他知道，如果换一个司机可能全公司的人都知道了。

爱问的他，每次在上下班的途中总会问我很多公司的问题。比如某件事情您为什么是这样处理的，是怎样考虑的。我知道他不是在打听不该打听的事情，是在向我取经呢。后来他问了很多关于客户、经销商、市场、生产的问题。

再后来我离开了，他又给新来的领导当专职司机，我想他也一样会向新领导请教很多问题吧。新领导来自知名的外资企业，可能会让他学到更多的知识和经验吧。

开车是他分内之事，但很多跑腿的事他从不拒绝，而且总是主动申请去做，杂活、琐事他样样抢着干。后来新领导与他一起开了一家工厂，效益很不错。事实证明只要我们爱学、爱问、爱努力、爱钻研，即便我们是最基础的员工，我们依然有机会干出自己的一番事业。

为人低调的他如今已经当了十几年的老板了。他的第一单生意与当时所在的公司紧密相关，后来不断扩大，扩大到了整个行业。

他喜欢喝茶，为了喝到好茶，他在他的老家房山开了茶叶加工厂。

他是怎样成长起来的呢？开车没有让他成长吗？杂活没有让他成长吗？琐事没有让他成长吗？

他是怎样成长起来的呢？耳濡目染没有让他成长吗？勤学好问没有让他成长吗？思考没有让他成长吗？

他是怎样成长起来的呢？是领导让他成长的吗？是同事让他成长的吗？是工作让他成长的吗？是的，不可否认这些都是他成长的因素，但我认为这些都是外因，内因才是他成长的关键因素。

(二)成长无处不在

成长一定就是要成长为参天大树吗？成长为参天大树既有外在条件，比如阳光、水分、营养、空间，但还有一个更重要的因素就是基因。如果你想在躺平中成长那也是痴人说梦。成长无处不在，在人生的各个阶段都有可能成长，哪怕你在职场上30年了。成长无处不在，哪怕你已经是企业家、大老板了。

1. 在学习中成长

活到老，学到老。职场上的你保持学习的习惯是成长的必要条件。不仅仅是在书本上学习，更要在工作的每个细节中学习，学习工作方法、学习工作中的关系处理技巧。三人行，必有我师焉。向不同的人去学习。一个爱学习、善于学习的职场人士，不进步是不可能的。

2. 在总结中成长

上学的时候老师不是一直教育我们要举一反三吗？为什么我们在工作中就忘记了呢？举一反三是不是你要对工作多做总结，是不是可以让同样的工作取得事半功倍的效果呢？成功的经验也罢，失败的教训也罢，都需要你去总结。成功了总结可以让你再次成功，失败了总结可以让你避免再次失败。简单的工作要总结，可以让工作做得更好些；复杂的工作要总结，可以让工作变得简单些。

3. 在创新中成长

工作可能会经常重复，但方法和技巧上是可以创新的，面对工作的态度和心情也可以改变。一次次创新可以让你更加轻松地完成任务，可以让你在更加短的时间内完成任务，并且完成得也会一次比一次好。

十六、养成纠偏的习惯——如何面对工作中出现的各种失误

俗话说,常在河边走,哪有不湿鞋。可是如果次次在河边走,次次都湿鞋,那就不是河的问题,也不是鞋的问题,一定是人的问题了。不能把河换掉,也不能把自己换掉,当然可以把鞋换掉,但总不能老换鞋吧。是不是穿鞋的人该想想怎么才能不湿鞋呢?河还是那条河,人还是你自己,那么是不是换条路线,或者优化一下路线呢?总之,不能让自己掉进了河里。

(一)耽误了大生意

大客户,一般带来的都是大生意。作为一个营销人员,能够带来大客户是梦寐以求的事。可是曾经就有这么一个小伙子,由于他的一个失误,失去了一桩大生意,而且给公司带来了不好的影响。

离首都机场不远的一家宾馆的大厅里,早上不到8点就挤满了人。男士们个个西装革履,女士们把自己打扮得漂漂亮亮,好像要参加模特赛或舞台秀。他们三五成群,各自围绕一个中心人物要么窃窃私语,要么左顾右盼观察周围的情况。有认识的朋友,主动去打个招呼。华先生也早早来到了大厅,他脑子里反复在考虑今天的现场策略,为了今天这场硬仗,华先生已经准备了三个月。

三个月里,华先生和他带领的团队付出了很多,才得到了今天这个机会。华先生刚接任公司大客户负责人一职,他调整了自己原来的客户开发思路,把精力用在关键的大客户上面。而华先生瞄准的大客户早已经是别人的大客户了,想要从别人的手里抢过来,没有几把刷子肯定是不行的。所以,为了今天,他付出了三个月的努力,做方案,研究对手,邀请大客户去一线工厂参观考察,商谈战略合作以及商业模式。经过多次努力,今天来的大客户给了华先生及他的团队投标的机会。今天来的大客户不是一般的大客户,每家客户的消费者人数都在5万人以上,而且是相对固定的消费者。今天华先生志在必得。

9点20分的时候华先生急得满头大汗,因为9点30分招标大会就要正式开始了。而这个时候他手下参与招投标的两个小伙子还没有来,几次催促总是说快要到了。9点28分,他们终于到了,华先生让他的手下跑步上楼去交标书。

然而,坏事了。小伙子把包翻了个底朝天也没有找到标书,居然忘了带标书。按规定没有标书就没有参与投标的资格,华先生气得当场大发雷霆,可是于事无补。头一天华先生还交代了好几遍,小伙子拍着胸脯保证说绝对没问题。今天错过了,下一次招标就是一年后了。

因为这事,华先生被公司追责了,因为公司为了这次投标动用了不少资源,一直以为十拿九稳,就因为小伙子犯了这么低级的错误,所有努力付之东流了。

(二)悟则变,变则通

职场上有人没失误过吗?我相信有,但一定很少。对大多数人而言,失误甚至错误都是在所难免的。但是有的失误是一次都不能有的,否则会造成重大经济损失或者其他无法弥补的损失。虽然在职场上试错也是一种管理方法,也是培养人的方式之一,但试错的机会不是交给那些不动脑子、做事不走心的人的。

小的失误、无关大局的失误是允许的,或者说在所难免。而在大事上失误、致命的失误是不被允许的,所以制度和流程、监督和检查是必要的,也是所有职场人士必须要时刻谨记的。

对于职场人士而言,无论你身处什么样的岗位,无论是管理者还是一线员工,为了减少失误,养成五种习惯很有必要。

1.养成记笔记的习惯

无论你的智商多高,无论你的记忆力多好,无论你的本事多大,把当天已经完成的事情做个记录。记录可详可简,把第二天要做的事情也按照重要程度记录下来。21天是可以养成习惯的,这个习惯对你会有极大帮助,也许会使你终身受益。

2.养成复盘的习惯

完成一件重要的事情,或者对你来说比较陌生的事情,无论是你单独完成的还是与他人合作完成的,事后你都要抽时间进行系统的复盘,梳理过程,总结得失,看看有什么经验和教训。这样,下次处理类似的工作你就会得心应手了,失误的概率也会小很多。

3.养成问答的习惯

遇到不熟悉的事情,如果你还没有完全的把握或者经验,那么建议你把过程中可能遇到的问题或者困难列出来,然后自己逐一思考,采取自问自答的方式把这些问题进行反复研究,这样你在开始工作前就把困难解决了。如果列出的问题你自己实在找不到答案或者找不到让你满意的答案,那就请教你的师傅吧,周边的同事或者朋友中可能就有你的师傅。

4.养成纠偏的习惯

如果你的失误已经发生了,那么回避不是办法,想办法弥补才是最重要的。不管失误大小,事后一定要纠偏,不管对结果是否有影响。如何分析每次失误?我建议你一定要用笔把你的失误写下来,并且分析为什么会失误,是自己知识不够,是自己不够重视,是自己马虎大意,是自己方法不对,还是其他种种原因。想想应该怎么改正,下次不再有同样的失误。相信我,在纸上写下来比你在电脑上、在心中纠偏效果好很多。

5.养成悟变的习惯

职场人最大的失误不是不去悟,不去反思,不去总结,而是悟也悟了,反思也反思了,总结也总结了,就是不去改变自己,下次还是老样子,下下次也还是老样子。如果那样,你的失误谁也救不了你。所以悟是改变自己的开始,做出相应的改变才是真正的开始。

悟且变了,你的失误会越来越少,甚至可能就不会有失误了,或者不会再有致命的失误了。

十七、真金不怕火炼——对工作流程有改进意见,如何提交方案更为有效

有一家工厂的老板我认识多年了,刚认识的那些年他的生意十分红火,他的产品在当地市场中占有率一直保持第一,从来不担心销路问题,只担心生产不出来产品。有几次老板邀请了业内专家去厂里考察交流,老板客客气气地请行业领导和专家提意见或建议。领导总是以表扬、夸奖为主。但专家就不一样了,专家之所以

是专家,那就是专业的行家嘛,不提点建议或者意见怎么可能是专家呢。

建议也提了,老板也听了,但就是没有任何改变。老板告诉我说,生产都忙不过来,还改什么改,以后再说吧。

多年后,听说他的工厂经营状况不是很好,处于半停产状况,据说有时候一个月只生产三五天。问题出在哪里呢?是市场问题、管理问题,还是老板思维方式的问题?

去年我又去了一趟他的工厂,我首先去了工厂的厕所,接下来就没有再去看车间了,简单聊了聊,没有再提什么改进意见或者建议了。厕所的细节问题是个小问题,但也是一个大问题,从厕所的情况就能看到公司的经营状况。

(一)该怎么办

他被集团指派到外地分公司工作,因为这个分公司在投产后遇上很多难题,而最主要的就是生产远远达不到满负荷。派他去的主要任务就是让工厂转起来,让生产尽快达到满负荷。这个任务看似简单,实则极其复杂。因为原材料并不是有钱就可以采购到的,而是要与当地很多农民合作,并且每一批原材料需要一定的生产周期,并且是不可以保存的,必须有严格的生产计划和采购计划,因为他们的原材料是毛鸡。毛鸡的养殖周期为40天左右,而工厂每天的屠宰量是有限的,所以计划的重要性不言而喻。

严格执行国家食品检验标准是不可逾越的红线,不可以有半点所谓的标准灵活性,尽管周边有一些竞争对手在标准执行上有些不严谨,给他所在的工厂带来了一定的压力,但标准就是标准,是不可以降低的。

在与竞争对手同时面对农户毛鸡的定价时,竞争对手可以让业务员现场定价现场决定。但他所在的企业有严格的定价流程和汇报机制,这样在毛鸡短缺时往往处于不利地位。

怎么办?完全改变流程是不可能的,因为企业的流程改变是一个比较复杂的问题,完全不顾流程是不可能的。但不能因为流程一时改变不了就耽误工厂生产吧。

抓紧时间向上级报告流程对生产的影响,希望上级领导能够根据具体情况对流程加以完善或者重新修订。同时也要自己想办法在不违背原则的前提下灵活处理,自己勇敢去承担责任。一次又一次企业开会研讨,征求当地合作农户的意见,最后在领导尚未改变流程的前提下,他搞了一个联动联合现场决策机制,成功地解决了现实困难。最后企业根据他的报告修改完善了流程,并在企业内加以推广,还充分肯定了他的做法。

(二)好方案,好方法

职场人有思想有想法当然是值得鼓励和肯定的。任何时候我都喜欢与有想法的人来往,特别是工作中的同事或者伙伴,不管是平级的还是自己的属下,如果能够给我提建议或一些想法,我是十分愿意接纳的。别人的建议可以弥补我认识的不足,同时还能让我少动点脑子,何乐而不为呢?

客观地讲,别人提出的建议一定是经过了思考的,最起码从他的角度思考了,是否从全局上考虑是另外一回事,但出发点一定是好的,不过每个人的接受方式是不一样的。我曾经认识一位管理者,无论你是用直接的方式还是委婉的方式给他提建议,在任何场所他绝对不让你说出第三句话。遇上这样的管理者,你就没有任何必要提建议了,那就让他按照他自己的方式去行事。但这种情况极其少见,但愿你不会遇见。

你如果有了关于工作流程改进方面的意见,也需要找一个好的提交意见的方法。一方面,你提出的改进意见要一个实践的过程;另一方面,一个流程关系到整个系统,改与不改都要慎重。如果这个流程的改变只关系到你自己,与其他人无关,那就可以大胆提出并说明自我改进的方式。如果流程的改变涉及更多的人,建议你做好三个"事先":

1. 事先自我论证

你的改进意见如果思考成熟了,那你可以事先进行理论上的演练论证,看看需要在哪些环节改进,看看涉及哪些人、影响有多大、难度有多大,是否需要更多的资源支持,如果按你的思路改进了,会带来哪些显性的好处和潜在的好处,并且没有负面影响或者影响在可控的范围内。不要紧,每天演练一遍,演练几遍后看看是否能够得出一样的结论。

2.事先与人沟通

演练成功后就需要与相关的人员私下沟通,把你的想法和演练结果与他们进行交流。如果他们的认同度很高或者没有任何反对意见,并且在某些时候还能帮助你完善,那么你们的意见就基本成熟了,可以形成文字方案了。文字方案要有总体构思,也要有具体操作细节,让人通过方案就可以看懂,避免流于表面,这一点很重要,却是职场人常常忽视的。

3.事先向上汇报

成熟的想法、成熟的方案需要得到上级管理者的支持,特别是你的直接领导。找准机会,向直接领导提交方案并口头汇报,表达你的初衷和目的。管理者在基本认可了你的想法后会认真去看你的文字方案,完全认可后会直接批示或者安排你在会议上提出来,这样你对流程的改进意见就基本上能够实施了。

大胆去思考,大胆去分析问题,然后形成方案。找到适合的时机提交方案,这样你才会成功。切记:你认为正确的不一定正确。

第三章　成熟

让时间证明自己

很多前辈在评价职场人士的时候,喜欢说谁成熟、谁不成熟。也有不少职场人士对这个词感到困惑:不知道什么叫成熟,也不知道自己到底成不成熟。其实"成熟"这个词没有那么复杂:让时间证明自己。

慢慢找到自己的内心世界,找到职场上的平衡能力与技巧,找到处变不惊的心态,找到面对未知世界而不困惑的办法。

找是一个过程,也许是一个相对较长的过程。职场上那些悟性较强的人会主动去找,会在每一次经历中去找,会在每一次成功或者失败中去找。能够主动去找的职场人士,他们会在找的过程中感受到一种快乐、一种乐趣、一种收获。

还有一些不懂得怎么去找的职场人士,他们一直处于被动、消极、埋怨之中,认为职场是灰暗的、令人痛苦的。他们埋怨自己的家庭背景不好,他们埋怨自己的专业与学校不好,他们埋怨职场的环境不好,他们埋怨自己的运气不好。

时间就是最好的证明,也许你很快找到了真实的自己,在职场上如鱼得水风生水起;也许你迷失了自己,痛苦忧郁常常伴随着你,让你感到恐慌和畏惧。

优秀的你千万不能把自己弄丢了,学会慢慢调整自己、总结自己、提高自己,让自己保持真实、真诚,你就会感受到职场也是美好的、幸福的。

让时间证明一切,抬头往高处走吧。

一、在变化中找到自己——如何迅速在团队中找到自己的定位

在团队中的定位是领导要考虑的问题,也是你自己要思考的问题。"定位"是营销中的概念,一般运用于产品、市场、品牌之中。职场中也有人用这个词来说明个人在组织中的分工与职责。

一个职场人士在进入职场前就要给自己一个定位,对自己进行充分的分析,给自己一个相对明确的求职方向、岗位方向,甚至明确的未来发展方向。

人们对自己的了解往往是不够的。要么过于自信,要么自信心不足,能够比较客观地认识自己、分析自己、了解自己的人不多。如果一个人高估自己的能力在40%以上,低估别人的能力也在40%以上,那么与真实的情况就会有80%的差别,就会导致各种问题出现。

如果一个领导过于高估自己,就会觉得下属始终达不到他的要求,就会常常批评下级、发脾气。如果一个下属高估了自己,就会觉得领导不公平,没有给自己更重要的岗位,没有给自己更重要的任务,有时候还会觉得领导是一个低能儿,能力还不如自己呢,不配当领导。

不正确分析自己、不正确分析别人,互相之间看不惯、看不上,怎么能配合好、协调好工作呢？很多职场人在职场上十年、二十年甚至三十年,依然会被这些问题困扰。

关于自我认知的问题在我们的成长中是相对缺乏的,很多时候我们总是过高地估计了自己,总是把所谓的理想当成了现实。其实在自然界也罢,在人类社会也罢,花与花是不同的,人与人是各异的。每朵花都有自己的花期,每个人都有自己的个性。过多的共性教育有时会覆盖了个性化的教育。所以我们有时认识不到自己个性化的地方,过多的同质化教育,导致我们在职场上也常常会按同样的标准去衡量一切事与人。

不能因材施教,也就不能个性化地去定位每一个职场人,这是职场中的普遍问题。共性与个性相结合,是一种领导艺术,也是一种组织艺术。如果职场上的你能够结合工作中的共性与你自己的个性,那么你也许就能够冷静地认识企业、认识领导、认识同事、认识自己,在职场中找到自己的定位也就不难了。

(一)他到底能干什么

每次见到他,他都有新变化,要么新换了一家单位,要么又在运作新的项目。新单位如何重视他,旧单位又是如何糟糕,这是他每到一个单位或离开一个单位时常常给人说的。

熟悉我的朋友还问我,你怎么会有这样的朋友?你为什么每次都要花时间去与他见面,聊天呢?这就是我的个性吧,他在辞旧迎新时能想到我也许是我的荣幸,他要告诉我他去新单位的喜悦,也要告诉我离开一个单位的烦闷,说明我还是被人需要的吧。有时候我会鼓励他,有时候我会说他几句,但职场经验告诉我,我影响不了他,而我也没有要去影响谁的想法。

曾经他在我所负责的公司负责销售部,那个年代的销售方式比较简单,与客户的熟悉程度某种意义上决定了销售业绩。他外表朴实、能说会道。我也就制定政策、开会、巡视市场而已,大部分业绩都靠他完成。当初他的功劳很大,我怎么能过后相忘于江湖,不再来往了呢。

后来他继续在销售岗位上工作,只是换了一家又一家公司。再后来市场变了、营销模式变了、营销手段也变了,不再年轻的他不管从体力、思维,还是知识层面上都不太能跟上变化了。

干不了销售,他就开始干项目,而且是干大项目。自己没实力干大项目,他就跟着有实力的人干。后来他干的几个所谓的大项目都黄了,我问他能不能干点小项目,能够吃饱饭就行,他说那多没意思。

偶然的机会我去了他干大项目的城市,不告知他一声也不好。他知道我来了就说晚上一起用餐,可到了用餐时间他说因急事他已经到了另一个城市。第二天上午我快离开的时候,他说他赶回来了。就这样错过了,我没有去想他是否真的来去匆匆,也许他真有急事。多年的职场经验告诉我,见与不见都是缘,不要去强求,也不要胡思乱想。

时间过得很快,半年多来再没有他的音讯,或许他又在忙他的大事情了。

也许我对他还真是不了解,尽管见面的次数不少。他对他自己的定位也许只有他自己清楚吧。

(二)不问价格,只求精准

一块手表,价格有上万的,也有几千的,还有几百的,还有几十块钱的。每块表都走时精准,单纯从掌握时间的需求看,它们又有多大的区别呢?

有人觉得几十块钱的手表、几千块的手表就够用了,干吗要买几万、几十万的手表呢？但为什么有人偏偏喜欢几十万上百万的手表呢？这是值得职场人士思考的问题,这就是我们自己的定位问题了。无论我们把自己定位在哪里,其标准就是要走时精准。只要我们走时精准,那就一定会有市场,一定会被人需求的。就像一块表,几十块的表能够满足一些人的需求,上百万块钱的表还是有人需要。但任何一块表都不可能或者不能满足所有人的需求,懂得了这个道理也就懂得了我们自身的价值在哪里。

1. 在工作中定位自己

进入职场前的规划与蓝图,是我们的一种设想。无论如何你终究会就职的,就职在某单位,就职在某岗位,从事某些具体工作。在具体工作中你才能相对客观地认识到自己,也就会在总结中给自己定位。

2. 在比较中定位自己

与自己以前的设想比较,与周边同事进行比较,与你的同学比较。看看以前我们的设想是否有偏差、偏差在哪里,看看你周边的同事,尤其是与你同龄的同事,看看他们是怎么定位的,他们是怎么纠偏的,看看你同专业的同学们,工作后他们是怎么调整自己的。我想在多种比较中,你能够为自己定好位。

3. 在变化中定位自己

变化是当今时代的特点,变化是常态。适应变化是职场上的你必须要面对的问题,以不变应万变,以变化应万变。职业环境变了、工作环境变了、人际环境变了,你怎么办？只有适应变化。

定位不是静态的,是动态的。在这个过程中你要把很多东西坚持下去,比如学习、比如积极努力、比如脚踏实地,这些可以永远不变；有些东西需要不断变化,比如总结提高、比如适应环境、比如反省自己。

二、善意有序,直面竞争——如何对待团队中的竞争

市场经济就是竞争的经济。市场越发达竞争越激烈,竞争越激烈市场越繁荣。所以在市场经济中要素的合理配置特别重要,关系到一个企业的生死存亡,也关系到每一个职场人士的根本利益。

职场中团队与团队之间有竞争吗？团队中成员之间有竞争吗？团队中的竞争与市场上的竞争是不是同样的呢？我想有相同之处，但很大程度上是不同的。团队中是协作大于竞争，还是在协作基础上的竞争呢？这种竞争更多是内部的争先恐后，比学赶帮，绝不是敌我双方你死我活的竞争。职场中的你我他应该对团队中的竞争有清醒的认识，否则在处理团队关系时会走入误区，会扭曲人际关系。

团队中的任何一员都是不可或缺的，大家是在分工基础上的合作与协作。那么团队中有没有竞争呢？有，而且一定会有。有的公司还鼓励队员之间的竞争，同事之间的竞争。曾经风靡一时的"狼文化"不仅仅体现在市场中，而且很多公司还把它引进到了企业内部。但有不少企业错误地理解"狼文化"的内涵和外延，最后导致了企业内部紧张的人际关系，同事之间完全缺乏了诚信甚至到恶性竞争的地步。这哪里是企业想要的结果呢？

有序竞争、公平竞争，不能因为鼓励竞争而失去了秩序，失去了公平，更不能互相挖墙脚，互相拆台，互相使手腕。

分工是协作的前提条件，一个分工不明确的团队势必会造成很多工作上和关系上的混乱，导致重复分工或分工不完整，要么一件事情两人或者多人都在做，要么就是有的事情没有人做。分工也要讲究均衡，当然均衡不是平均，要根据岗位和每个人的具体能力进行均衡分工。分工还要互相衔接，衔接要没有缝隙。

协作、均衡、衔接是分工的基本原则。在协作、均衡、衔接的基础上鼓励合理的竞争，合理的比学赶超，营造一种良性的竞争环境。

不能回避合理正常的竞争，不仅不能回避而且要主动参与到竞争中去。在竞争中锻炼自己，在竞争中发展自己，在竞争中提高自己。

（一）送战友

小张和小李供职于某家知名的快消品公司，他俩同一年从同一所学校毕业，同时来到这家快消品公司，同时供职于营销部，同时成了公司的管培生。管培生制度是这家公司多年来培养优秀应届毕业生的一种人力资源制度。多年的实践证明,这种制度对于培养后备力量是行之有效的。目前中层管理者大多数是几年前的管培生,他们经过5年到8年的历练后成长很快,大多数人都能够担当一定的重任。

小张和小李能够成为这家公司的管培生令不少人羡慕,因为这家公司不仅仅在行业内排名数一数二,而且工资薪酬福利待遇也是很好。一年的培训期里,他们在生产车间、研发部门、战略部、办公室轮岗,一年后各部门对他俩的评价都不错。

回到营销部销售岗位,再经过半个月的营销理论培训和实战练习,他们正式上岗了。营销工作或者说一线的销售工作当然要看业绩,当然要在企业内排名,甚至要面临末位淘汰的风险。有的企业按月度排名,有的企业按年度排名,小张和小李自然不能例外。

销售要出业绩,自然要看谁手里掌握的客户多,客户多自然销售的产品就会多,在线上销售还没有流行的时代,线下的客户关系处理能力就成了销售一线人员的看家本领。小张和小李各自使出浑身解数,但业绩始终排在最后两名。

后来,两人互相挖对方的客户、互相杀价、互相串货,竟然搞起了恶性竞争,昔日的同窗好友,变成了仇人一般的竞争对手,彼此之间不顾公司的各项制度原则,不仅业绩没有提高,反而给公司带来了很多负面的影响,也给公司的利益带来了重大损失。离开,是他们唯一的选择。

(二)直面竞争

既然团队中的竞争不可避免,那就坦然面对吧。有人说,销售工作竞争比较激烈,我不干销售工作不就可以避免了吗?非也。非销售工作,也是我常常说的业务支持类工作,比如财务审计、行政后勤、人力资源等等,这些岗位没有竞争吗?不是的,一样有竞争。

在竞争中才能提升团队业绩,在竞争中才能彼此提高工作能力。竞争不仅仅有痛苦,也会有很多乐趣。苦中有甜,甜中有苦,或许这就是人生的常态吧。

1.在彼此分工中参与竞争

干好分内事是任何一个职场人士的首要职责。无论你在什么样的岗位,领导岗位也好,一般岗位也好,你要清楚自己的职责,明白自己的任务,想尽办法按时按质按量完成本职工作。任务清单和岗位责任书就是你的基础工作目标。既然是基础的,那就是首要的。

2. 在彼此协调中参与竞争

同事之间的工作关系从某种意义上讲就是一种协调关系。彼此的工作是独立的但不是绝对独立的,不是独立于其他人的工作之外的。有可能彼此之间是上下游关系,有可能彼此之间是互为前提关系,有可能彼此之间是互补关系,有可能彼此之间是渗透关系,等等。这就需要彼此之间多协调、多沟通,这样大家都能完成各自的工作。

3. 在彼此帮助中参与竞争

有人可能会说,既然彼此分工都明确了,彼此都有了竞争关系,为什么要我们彼此帮助呢？也许你是正确的,站在自己的立场上看是正确的。但不可否认,一个团队中不同的成员的能力是有差异的,或许你不需要别人的帮助,但一定会有人需要帮助。如果你能够在力所能及的范围内帮助别人一把,你何乐而不为呢？如果有人完不成工作,团队的总体业绩也会受到影响,那么这样的影响或多或少也会波及你的。

4. 在彼此学习中参与竞争

三人行,必有我师焉,他人一定有值得我学习的地方。彼此之间要多发现对方的优点,对方在工作中的一些好办法、好思想、好主意,哪怕一点点也是值得你去学习的。学习身边的人,不失为一条捷径。

团队中的良性竞争,可以成就彼此。

三、退一步海阔天空——同事之间产生了矛盾该怎么办

我们的生活和工作中充满了矛盾,往往解决了一个矛盾又来一个矛盾,解决了主要矛盾,次要矛盾又变成了主要矛盾,人的一生就是在不断解决矛盾中度过的。有不少人疲于解决矛盾,应付矛盾,影响了心情更影响了工作质量和生活质量。

真的有那么多矛盾吗？我不这么认为，尤其是职场中的同事都是为了工作走到一起的，都是在一口锅里吃饭，大家的目标都是一致的，大方向都是一样的，怎么会产生那么多矛盾？

你与父母之间有矛盾吗？那是期望值不一致吧。你与孩子之间有矛盾吗？那是角度不一致吧。夫妻之间有矛盾吗？那更多是生活习惯的差异吧。你与父母之间的矛盾是怎么解决的？你与孩子之间的矛盾是怎么解决的？你们夫妻之间的矛盾是怎么解决的呢？我们从小到大已经有了很多处理矛盾的经验了，所以如果职场中产生了矛盾，我们就不用紧张和害怕，用我们的经验和智慧，一定能找到解决的办法。

助人为乐、互相帮助会让我们减少很多矛盾和纠纷。有的矛盾不用刻意去解决，因为今天你认为它是矛盾，也许明天它就不是矛盾了；有的矛盾一笑而过也就烟消云散了。你还记得幼儿园和谁有过矛盾？还记得小学与谁有过矛盾吗？现在我们记得的几乎永远是谁给你的微笑，谁给你的鼓励，谁给你的帮助。

矛盾也会随着时间的推移而消失。当一个人走完了职场生涯，进入生活的另一片天地时，昔日职场上的往事都会付诸一笑，相忘在江湖中。

(一)牵制的力量

他与她都很优秀，都是所在单位的中坚力量，岗位级别都一样，而且负责的工作既有分工也有合作。很多时候他们还在同一个项目组。他俩都是名牌大学毕业的研究生，毕业后同一年进了同一家公司，他俩被分配在不同的部门各为其主，几年后他俩通过不同的渠道调到了同一部门。

新组建的部门，新的机会，他俩各自担任二级部门的负责人。如今他离开了，而她还继续留任。他与她先后在同一个分管领导的手下工作，但大领导直接指挥他俩的时间比分管领导多。

两人之间你不服我，我不服你，一个心直口快，一个喜欢邀功，一个表达直接，一个察言观色，都能写能说，只是他俩的大领导不务实只务虚，只重视所谓的文字总结报告。所以，他俩的竞争最后变成了看谁能写、看谁能编、看谁能夸大其词。

这种情况在职场上是常见的。领导会有意无意地给自己的得力干将设置一些牵制的力量,给他们之间制造成竞争的局面,作为下级的他们是无法改变现状的。

他俩就这样陷入了一个又一个的矛盾中,几次可以晋升的机会都错失了。

怎么办？最后一个离开了,另一个也在等待机会离开。

(二)退一步海阔天空

在职场上要有独立的思想、独立的灵魂,应该坚守自己内心的原则,坚守灵魂深处的高贵,不能为了五斗米而折腰,更不能屈服于压力或者贪图物质利益就轻易妥协甚至出卖自己的良心。

同事之间,没有根本利益冲突时,能不能各自退让一步呢？不是说退一步海阔天空吗？

1.多理解

我们为什么有时候会感到委屈呢？是不是更多的时候是不被别人理解。不被家人理解,不被同事理解,不被朋友理解。特别是自己做了好事的时候不被理解,为了对方的利益时反而不被理解。一个人在职场上最大的荣耀是得到领导的肯定、同事的肯定,越被肯定越能激发我们的斗志和信心。被理解是被肯定的前提,人人都需要被理解,所以我们首先要理解对方,理解对方的角度、理解对方的观点、理解对方的利益。这样是不是就会矛盾少点或者没有矛盾了呢？

2.多交流

在理解的基础上,一定要多交流。俗话说,见面三分情。见面了什么事情都可以坦诚交流,交流各自的想法、看法、干法。世界上铁石心肠的人毕竟是少之又少,何况大家都是为了工作。当然我们说的是交流,不是去辩论,不是去强调自己的观点,更不是去争吵。交流需要一个合适的时间、合适的地点、合适的环境,同时双方都要有坦诚的心。

3.多分享

竞争是常有的事情,而且很多公司还常常需要竞争,鼓励竞争。你追我赶、争先恐后的局面一旦形成,公司也就有了核心竞争力。但竞争绝不是有你无我的竞争,也不是谁把谁吃掉的竞争。如果我们能够在竞争中分享一些心得、分享一些方法、分享一些技巧,先进的带动一下相对落后的,是不是大家也就没有了那么多矛盾与误解呢?分享也是一种幸福,是把一种幸福变成多种幸福,何乐而不为呢?

4.多妥协

学会了妥协,你就知道了什么是进步。在不违背原则的基础上多妥协,在没有根本利益冲突的基础上多妥协,在遵循基本职业道德的基础上多妥协。妥协与面子无关,与输赢无关,与对错无关。一个人的成熟与否,长大与否,可以看他是不是懂得了妥协。与他人妥协,也要与自己妥协。

做到了四多,那么矛盾也就会少很多了。

四、主动架起心灵的桥梁——如何与自己的领导沟通交流

从此岸到彼岸,需要一座桥梁。走进心灵,走进彼此,我们需要无数座桥梁。

我们常常说,一个人的沟通能力在某些时候比专业能力还要重要,过去重要、现在重要、未来也重要。沟通不仅仅是语言的沟通,也是技术的沟通、平台的沟通、专业的沟通。彼此沟通才能彼此理解,才能达成协调一致。

职场上有时候我们会听到有人说,最不愿意与人打交道,而愿意做一些技术性的专业工作。这是一个错误的认识,起码是一个不全面的认识。为什么?目前还没有一项完全不与人打交道的工作,没有人可以生活在真空中。

很多人都参加过公司或者单位组织的高效沟通课程,有很多专家学者专门培训沟通方面的知识,还有很多现场模拟课程。我们常常听到有人说,某个人什么都好就是不会说话,这里的"说话"大概就是沟通吧。

父母总让自己的孩子见到别人时叫叔叔阿姨,爷爷奶奶,给人打招呼。我们从小就在学习如何沟通,难道我们长大了,大学毕业了,参加工作后连基本的沟通都不会了吗?是的,很多时候普通员工不会沟通,而有些管理者、领导者也不懂得怎么沟通。他们很多时候是在压制员工,而不是以理服人。我见过一位管理者,他不会让他的下属说到第三句话就会强行打断,自己在那里海阔天空,久而久之没有人愿意在他面前发表任何意见了。

沟通的确很重要,有时候会影响到自己的发展、影响到自己的舞台、影响到自己职业的未来。沟通很难吗?一点不难。想想自己小时候怎么与父母沟通的,想想我们在幼儿园在学校怎么和老师沟通的,想想你与自己的好朋友是怎么沟通的。在职场上我们怎么就不会沟通了呢?怎么就不会和自己的上级或者更多的领导沟通了呢?我想一定是有患得患失的想法在作怪。

(一)会议室里的故事

故事背景:大领导A,中领导B,小领导C。A是B的领导,B是C的直接领导。某天,在公司的会议室开会研究C所负责的工作,由C汇报自己团队提出的创新方案。

早上8点半,会议室坐满了人,采购人员、生产人员、财务人员、办公室人员等相关部门人员早早地在等候着A、B两位领导的到来。会议开始了,本应该由C亲自汇报的事项,C委托他的下属D来汇报,当时A、B两位领导的脸色就有点变化,但A与C之间私人关系不错,所以两位领导就继续听汇报了。

汇报完后,B领导很不满意。他说这个方案牺牲了公司的利益,会让公司吃大亏的。其实这个方案是经过了推演和实践的,并且事先已经在生产车间试验过了,不仅没有让公司吃亏而且还能增加公司的利益,只是在计算方式、结算方式上改变了原来的模式。B是长期干行政工作的,公司临时安排他来代管,他求稳、维护公司利益的出发点是没有错的,只是他对方案还没有理解到位。因为时间紧、任务急,C就没有花太多的时间事先给B汇报。B当场发飙,C也当场发飙了,但他们都是为了公司利益,而这是领导给C下的死命令,也关系到新投资公司的未来。

B拍桌子了,C也拍桌子了。最后B对A说:今天有他没我,有我没他,你看着办。事情到了这个地步,谁也不愿意看到。毕竟A是现场最大的领导,也是总部派来听汇报的领导。A也拍桌子了,但是他是对C拍的桌子,要求C当面给B赔礼道歉、认错。C知道不能再僵持下去了,当着会议室全体人员的面向B道歉了。后来的一次机会,A领导以开玩笑的方式说了B几句,并且说C的方案没有什么大问题,是B自己没有理解到位。

毕竟A、B、C他们平时的关系也不错,虽然公司后来还是执行了C团队的方案,但B与C之间的隔阂却形成了。那时B与C认识的时间都快15年了,以前公司拓展活动时他们还住在一个房间呢。

(二)坦诚相见

与领导沟通交流时一定要记住这是在职场上,领导就是领导,无论你们以前是多么熟悉的朋友,你都要记着你们现在已经是管理与被管理的关系了,岗位不一样,职责也不一样了,更主要的是看问题的角度也不一样了,否则慢慢你就会感觉到失落。

职场上大家是因为工作关系走到一起的,所以工作关系是与所有同事包括领导在内的第一关系,有时候也是唯一的关系。

不管是与直管领导沟通,还是与大领导沟通,掌握以下原则都会对你有帮助的:

1. 事先原则

无论是你的直接领导还是大领导,如果你有重要的事情需要单独向他们汇报,一定要事先和领导约定时间,口头约、微信约或者其他方式约都可以,沟通内容可以先给领导说个大概。这样无论是主管领导还是更大的领导才不会感到唐突。如果你认为事情比较急迫,可以提醒一下领导时间,一般来讲他是会回复你的。

2. 坦诚原则

一般来讲你找领导单独沟通,应该是不愿意在公众场所或者第三人在场时。有了单独沟通的机会,一定要说出你的想法,不要遮遮掩掩,更不需要用那些华丽的字眼,语气上要平和,语速要稍微慢一点。态度要坦诚,语言要朴素,你要相信领导一定能够明白你的意思。

3. 简短原则

无论事情是否复杂,你要精准简短地表达你的意思。简短不完全是因为领导的时间宝贵,而是证明你是深思熟虑了的,既然你已经考虑清楚了,那你准确简短地表达也是一种能力的表现。烦冗啰嗦,逻辑不清晰都是沟通中忌讳的。

4.尊重原则

尊重他人是我们做人的基本原则，也是最基本的素养。不管是对同事还是对领导，都要做到尊重有加，与人交流时不抢话，不急不缓，不卑不亢。当然，尊重也是相互的。你的礼貌与尊重也会迎来别人对你的尊重。

相信你一定能找到自己的沟通交流方式。

五、解铃还须系铃人——主管领导认可但大领导不认可，该怎么处理

有时候，主管领导认可你，而主管领导的领导对你还是不太认可，这个问题的确让人头疼。不解决这个问题你可能很难再有发展的机会了。如何分析这个问题呢？

你要清楚地判断主管领导对你的认可是口头上认可还是在心里认可。口头认可有可能只是一种表面现象，有安抚的成分，而在心里认可的话对你的信任度和对你的工作安排是你完全能够感知到。是否对你真认可不仅仅你自己能感觉到，你周围的同事也能感觉到，所以判断并不难。

不被大领导认可原因很多，重要的原因可能有：你没有机会直接向大领导汇报，这样大领导就没有直接对你进行判断的信息源，而只能通过你的主管领导的汇报来判断；还有一种可能就是你的主管领导并没有在大领导面前对你进行客观的评价，而你的工作业绩也就无法单独体现出来；或者就是大领导对你的主管领导本身就不太认可，而大领导一时还无法给你的主管领导换岗位，而这也会影响到你。

还有一种情况，那就是你确实在岗位上业绩不突出，你需要找找自己的原因。如果不是你自己的业绩问题，那就要尽快想办法扭转局面了。

其实，在职业生涯中我也曾经遇上过这样的问题。

（一）她对自己的现状不满意

她研究生毕业后，通过校园招聘成功入职了一家大型国有企业。她的荣誉感和自豪感得到了极大的满足，感觉自己的梦想马上就要实现了。但15年过去

了,她感到更多的是压力和失落,因为与她同批入职的同学舞台越来越大,职务也在不断提升。她虽然在职务上有提高,但自己并不满意。

刚刚入职时,她同大家一样被派到外地的公司,从车间到品控,从研发到行政,在不同岗位锻炼了两年。回到总部北京,她在质量安全部文员的岗位上工作过,在工程部文员的岗位上工作过。踏实肯干的她为什么升职进步的机会总是比别人少呢?从专业对口的岗位到与专业不对口的岗位,离专业越来越远,后来她转岗到了审计部和纪检部工作。

她在每个岗位上工作任务都完成得不错,而且直接上级对她也比较满意。多次转岗是对她的一种肯定,也是领导对她不太满意的表现。为什么会出现这种状况呢?据她自己分析,她不太愿意与上级沟通,尤其是与上级的上级更是少有接触的机会,也不愿意主动去汇报与沟通。她自己认为直接上级对她认可度很高,但上级的上级一直不太认可她。所以每次在人才发展研究会上,对于提拔她的建议总是被否决,上级领导的理由是对她不够了解,需要进一步考察。

我一直认为,一个职场人士在职场上要想有所进步和发展,必须要过八大关,其中就有认知关和沟通关。

认知,首先是对自己要有一个客观、充分的认知,知道自己的优势,知道自己的劣势,知道自己与岗位的匹配度,对自己的职场生涯要有比较全面的分析、总结和反省。

沟通关是职业生涯中关键的一环,不能完全等待领导与你沟通,作为职场人士的自己也要寻找机会,抓住机会与同事、与上级主动沟通、主动汇报。不能单纯认为自己不被上级认可,或者不被上级的上级认可。

(二)解铃还须系铃人

我曾经遇上一个好的主管领导,他很认可我,差不多到了让人嫉妒的地步。主管领导不断给我加担子,升职务,放权力,但最后也是这位主管领导让我"解甲归田"了。后来我才想明白,因为主管领导的领导常常与我在一起,而他们之间谁也不服谁,但谁也拿谁没办法,不过对我还有是有办法的。

我也曾经遇上了一个对我真正认可的主管领导,在某次组织会议上,主管领导的领导要免去我的职务,因为主管领导的领导代表公司,具有决定权。我的主管领导知道无法阻止免职的决定,但他坚持在文件上加上四个字:另有任用。这四个字最后让我有了新的驿站。

看来,让主管领导认可,让大领导认可,确实是职场人要解决的问题。现在想想也许我当年可以做得更好。想被大领导认可,我认为应该做到以下三"主动":

1.主动接触大领导

职场上,汇报工作必须是逐级汇报,否则整个企业的管理体系就乱套了。但我们不是不可以接触大领导。接触大领导一定是要告状吗?当然不是。你一定会在公共场所和大领导有接触的机会,比如开会时你可以发言,比如单位组织的文体活动你可以参加,还有见了大领导你也可以主动问候几句。

2.主动与大领导沟通

一般来说,你在征得主管领导同意的情况下,可以找机会向大领导汇报你的思想和一些想法。可以通过邮件或者微信事先与大领导约定下时间,也完全可以通过秘书或者办公室约大领导。一般来讲,大领导还是愿意接触下属的,但你的思路要清楚,表达要准确,语速要平缓。

3.主动向大领导汇报

你对本职工作有好的想法时可以向大领导汇报,包括好的工作方法、好的改进措施、好的建议。当然,如果你对非本职工作如其他部门的工作有想法,或者对行业内别人好的做法有思考,你也可以通过邮件等方法汇报给大领导,领导一般会关注到的。我相信你也学过很多沟通技巧,或者你也有自己的沟通方法,大胆去用吧。

我原来害怕被别人拒绝,也害怕拒绝别人,后来慢慢明白了这种做法万万要不得。懂得拒绝就说明你长大了,成熟了。

害怕被拒绝和害怕拒绝别人会让我们少了主动性,少了可能性。

做人不张扬,但不能不主动。以上三个方面的主动,可以在职场助你一臂之力。

六、让时间证明一切——面对不公平待遇时自己该如何调整情绪

世界上没有绝对的公平,我们常常会遇到不公平的待遇。特别是在职场上。

遇到不公平对待的你一定会有怨言和情绪,无论你是久经沙场的资深人士还是入职不久的新人。

一个人成熟的表现就是能做自己情绪的主人,而不是被情绪控制着,让它长期影响自己。所以无论遇上什么样的不公平待遇,都要让情绪当然是负面情绪在你心里停留的时间短一点,再短一点。控制情绪说起来容易做起来难,没有一定的阅历控制起来更难,但谁也不希望负面情绪长期影响自己吧。情绪尤其是负面情绪不仅会给人带来心理上的问题,时间久了也会带来身体上的伤害。

时间是医治一切最有效的良药,回头看看曾经影响自己情绪的人或者事,大都成了过眼烟云。但身处其中的你一时半会儿还难以走出来,你还要用这些不公正待遇给你的坏情绪惩罚自己,让自己受到更大的伤害,甚至远远超出了你认为的不公正待遇,那就太遗憾了。

领导对你的不公正待遇,有可能确实对你是不公正的,也有可能是你认为的不公正。无论是真正的不公正还是你认为的不公正,都会在你心里留下阴影。你仔细观察,每个人在遇到不公正的待遇时,有的人泰然处之,有的人不能承受其重,其结果完全是不一样的。

如果领导有意为之,那说明你与领导之间有了隔阂,有了矛盾,有了芥蒂,你必须要高度重视,尽快解决;如果是领导无心造成的,那你大可不必放在心上,与领导好好沟通可能问题就解决了;如果仅仅是你自己的感觉,那问题就在你自己了,分析出原因,问题就好解决了。

(一)一封告状信

一个阳光明媚的下午,北京某写字楼的咖啡厅里,咖啡的香气溢满了整个大厅。喝咖啡的人有年轻的情侣,有公司的白领,他们悠闲地喝着咖啡打发着时光。

他笑嘻嘻地来到"木头"的身旁,悄悄告诉"木头":"咱哥俩去楼下咖啡厅坐一会儿吧。"上班时间去咖啡厅,要干什么呢?以"木头"对他的了解应该没什么好事。

昨天,"木头"刚刚从外地回到了北京,半个月时间他跑遍了好几个省的市场,一个客户又一个客户,一个城市又一个城市,还没来得及写出差报告和总结呢,就被他拉到楼下的咖啡厅了。

"木头"在公司的职位排在他的前面,仅次于大领导。他的梦想是今后要接一把手,这已经是公开的秘密。他是代表大股东的,但他没有进入董事会而"木头"是董事会成员之一。他的口头禅是"我比别人反应慢,但我最多慢三秒"。他的这句口头禅"木头"反复思考,觉得有点意思。

坐下来后,他开始对"木头"大加赞扬,夸得让"木头"都不好意思了。"木头"知道他在为后面的话做铺垫。

"有一件事情我不相信,所以我只好单独问问你了。"正题终于来了。

"没关系,你随意吧。""木头"轻轻地回答。

"有人说你给董事长写了一封告状信,告了某总经理,不会有这事吧?"某总经理是"木头"的直接领导,而且是某总经理通过猎头公司把"木头"招聘来的,并且"木头"还是代表某总经理进入了董事会的。写信告某总,这可能吗?"木头"知道自己遭到了诬陷。

面对某总经理时,某总经理说不是你写的还会是谁写的呢?里面的材料只有你才知道。"木头"请求看看所谓的告状信,被告知是保密的,不能随便给他看,结果"木头"离开了公司。

后来有人告诉"木头",是他与某总经理联手演的一出戏,其实"木头"当时已经猜到了。

(二)被委屈撑大

当年"木头"告诉我这件事时,正是我认为自己受到了不公正待遇的时候。原来他受到的委屈才叫委屈,和他相比,我受到的那点所谓不公正待遇又算什么呢?后来我慢慢明白了,不公平的待遇是常有的。那么我们该如何面对呢?

1. 要在乎

不管什么样的原因让你受到了不公平的待遇,一定要在乎,不是不在乎。你在乎说明你的感知是正常的,没有麻木。不管你的职业生涯有多少年,你在乎说明你还有正义感还想追求公平。职场上有不少人面对不公平待遇时麻木了,其实他们的内心是痛苦的。

2.要分析

为了给自己减少痛苦,一定要分析为什么会受到不公平待遇。是你得罪了领导还是领导在某些方面误解了你;是你不服从领导,还是自己的工作让领导不满意;或者是领导让你在私事上帮忙而你没有帮。总之你要仔细分析,看看能不能找到具体原因。

3.要面对

暴风雨来了,躲不过去时就只好面对。如果不公正待遇对你没有造成太大的影响,那可以进行冷处理,受点小委屈也没关系;如果已经对你的工作岗位、个人形象、物质利益等方面造成很大影响,你在明确不是自己过错的情况下,一定要找领导沟通,把事情弄明白,把原因问清楚。服从领导不是盲从,了解原因是正常的。

4.要放弃

如果你常常受到不公平待遇,经过自己的多次努力还是不能改变状况,而且上级领导也没有帮你解决,那么你该考虑放弃现在的岗位了。放弃也是一种选择,有时候还是最好的选择。如果你所在的公司长期允许领导这样对待你,说明这个公司的文化和价值观有问题,你还有什么可留恋的呢?如果仅仅是你的直接领导是这样的,那么你也可以试试在公司内部换换岗位。

我们常常说心胸可以被委屈撑大,但我们不能常常遭受委屈。

七、知错就要改——被领导批评时应该如何有效沟通

谁没挨过批评呢?挨批评时,每个人的态度是不一样的。有人虚心接受,看看自己错在了什么地方,分析错的原因,下次不再犯同样的错误。但有的人觉得自己被批评了,特别是当着大家的面被批评了面子上受不了,不仅不思考自己到底做错了哪些事情,反而心生怨恨,甚至个别人还会产生报复的想法,在错误的道路上越走越远。

大学毕业后,你参加了工作,作为一个职业人士,如果挨批评,你可能会难受好几天,也可能从此萎靡不振。领导为什么要批评你呢？要么是你确实做错了什么,要么是你的工作态度有问题,要么是你的工作业绩老板不满意,总之一定是有原因的。这个时候我认为你先不要着急向领导去解释什么,而是要在脑子里思考领导批评你的事情到底存在不存在,是冤枉了你还是夸大了事实,还是客观真实存在的。

有句话叫有则改之,无则加勉。一般来讲,领导对你的批评会有事实依据的,但你可能会觉得被冤枉了,被误解了,或许被同事告了黑状等等,心里甚是不平衡,不舒服,不服气,急着要找领导理论理论、说道说道。我们常常说越辩论对方越是坚持自己的观点。但是如果被冤枉了或者被误解了,那你必须要解释要沟通,否则你就会吃大亏。解释不是不接受批评,不是对领导不尊重,相反解释也是你重视批评,尊重领导的表现,但记住是解释不是辩论。

领导需要处理的事情很多,对于你的批评也不一定是百分之百正确,也不排除有人告你的黑状。你一五一十把事情说清楚,把来龙去脉说清楚,把前因后果说清楚,是你的责任你就必须担当,是你的错误你就必须承认并加以改正。

职场上一个人对待批评的态度,对待错误的态度也是体现一个职业人士是否成熟的标准之一。一个人如果只能接受表扬而无法正确对待批评,那他距离成熟还有一段很长的路要走。毕竟,吃一堑,长一智。

正确对待批评是不容易的,那些对你有"生杀大权"的领导对你的批评,可能你会觉得要吃不了兜着走,也许你不得不离开目前的岗位或者公司了。但无论如何你要学会正确看待所有的批评。

(一)两次丢人

在学生时代我曾经有过两次丢人的经历：一次是在初中一年级,一次是在高考前一个月。那时我两次被我的班主任毫不留情地批评了,那两次批评让我记了四十年,是不是在我心里形成了阴影,我至今也说不清楚。这两次的批评中我的两位班主任绝对是为了我好,为了让我改正错误。很遗憾后来我初中班主任早早地走了,我的高中班主任我也没有再见过面。但在我心里,他们都是我敬重的恩师。

初中时代我的虚荣心很强,爱面子。当时,我觉得课程难度不大,作为语文老师的班主任正在课堂上讲得津津有味,同学们都在聚精会神地听课,而我觉得自己早就会了,就想开小差。那个时候也没有什么玩具,我东摸摸西摸摸最后居然在身上找到了一盒火柴。我把一根火柴用力弹出去,没弹太远,但老师和同学们闻见了火药味。老师气呼呼地问是谁干的,我哪敢承认。过了一会儿我忍不住又弹出一根火柴,这次火柴不仅点着了而且还弹到了讲台上,不偏不倚落在了老师的头上。这下同学们都把目光转向了我,老师也知道是我干的了。

每天下午放学时全校师生都要在操场上集合,听校长和老师的训话。那天我被叫到了台上。班主任当着全校200多名师生的面,狠狠地批评了我,并宣布免去我的班长职务。我的头低得不能再低了,无脸面对大家。大概过了一个学期,老师又恢复了我的班长职务,至今我也不明白那时不爱说话的我怎么会有那样的恶作剧。

高考前大概一个月的时候,我们天天不是在考试就是在听老师们讲解头一天的试卷。那时候我的头都大了,自己还悄悄去镇上的药店买了补脑液。一天,我心情烦躁,嘴里抱怨着"天天考试天天讲解,有什么意思",结果被我的化学老师听见了。他是我的高中班主任,一顿毫不留情的批评,让我恨不能找个地缝钻进去。老师训斥的声音很大,隔壁班的同学都听得一清二楚。他说:"就你这样的态度还想考上大学,根本不可能。你要是能考上大学,就没有谁不能考上大学了。"班主任老师那通批评后,我发愤图强,更加刻苦努力,一次又一次的模拟考试,我的成绩一次比一次好,最后终于考上了重点大学。

看来班主任老师的批评起到了激励的作用,我至今想来都感激不已。

(二)知错就改

就像我的两位班主任一样,他们对我毫不留情的批评一定是为了我好,没有任何私心。单位里领导对你的批评我想一定也是为了让你进步,一般来说也是相对公正的。

1.知错就改

错了就要改正,这是你从小就接受到的教育。如今你已经步入职场了,认认真真听领导对你的批评,分析自己错在什么地方,是什么原因让你错了,是粗心大意犯了错误,还是态度不够端正,还是对公司的制度、工作的流程不够熟悉。听听领导对你有什么具体要求、具体建议。找准原因就好改正错误了,要让领导看到你改正错误的态度和决心,看到改正后的结果。而你的知错就改要真心地去改正,而不是流于表面。

2.合理解释

如果你真的被误解、被冤枉了,先不要与领导争吵,更不要质问领导。耐心听完领导的批评后,要跟领导合理解释。首先,要感谢领导对你的批评,说明领导还是重视你的,关注你的。其次,可以客观合理地解释你的理由,你的解释要有事实依据,要有可证明的材料或者可以证明的人,或者给领导说明你对某件事情的具体想法和做法,并说明你为什么要这样想和这样做,也许是因为你没有事先向领导汇报,引起了同事和领导的误会。

合理解释重在"合理"二字上,不要牵强附会,也不要无理辩三分。

八、坦诚是融洽的核心——如何与同事之间建立融洽的关系

你来我往,迎来送去,这是人与人之间的常态。在职场也需要融洽的关系,因为谁也不能置身事外,独来独往。但什么样的关系叫融洽呢?是相互吹捧吗?是吃吃喝喝吗?是传递所谓的小道消息吗?这可能会困扰一部分职场人士。

(一)有个老马

我很不习惯别人把我叫成老林,前几年一位大学同学见面叫我"老林",我还很不高兴呢。我说我老了吗?同学之间为什么要这么叫呢。其实今天想想,叫老林就老林嘛,有什么关系呢,某种意义上还是一种尊称呢。

与老马相识已经20多年,他一直战斗在销售战线上,能写会说又能干,最大的优势就是能把各方面的关系处理得很融洽。在这一点上,我远不及他,他也算是销售专家了吧。以前我们常常见面,如今已很久不见了,各自在忙各自的事情。我的《悄然30年》面世不久,在一次饭局上,他从包里拿出这本书,我看到他在书里做了很多记号,真是让我感动不已。

老马与我的关系不算深,但也绝对不浅。当年,老马的闺女满月时,恰逢我们在北京大学学习,我们的班里接近40人。十分豪爽的老马要以女儿满月的名义请大家吃饭,大家在一起吃饭喝酒唱歌一直玩到半夜。他去结账时前台告诉他已经有人结了,老马猜到了是我。后来老马一直将此事记在心中,见我一次就感谢一次,直到我说不要再提了才作罢。

一次和一帮朋友喝酒,一直到半夜还没结束,我实在招架不住了,给老马打了个电话,他很快就赶到了,他来了,我就放心了。

他对我如此,他对所有人都如此。

足球场上,他老当益壮,据说集团的足球训练和比赛,他每次都去参加。但以前我真不知道他会踢足球。他是有这个爱好呢,还是为了不让大家扫兴,我也说不清楚。

老马的热心大家有目共睹,其豪爽的性格让他结交了很多朋友,也为自己的销售业务打开了门路,对于别人而言困难的事情在他眼里好像小菜一碟。

他为自己在公司内外建立了融洽的人际关系,这为他的职业生涯起到了积极的作用。

(二)融洽是润滑剂

经常有人说自己不擅长搞人际关系,所以没有什么发展或者进步。人际关系怎么可以用"搞"这个字眼!但凡用了这个字眼,就会被很多人认为是用不正当手段或者是有很强的目的性。多数人把人际关系看成了一种功利意义上的实用主义的东西。而事实是,任何一个人只要你来到这个世界上,就自然而然与他人建立了一种联系。

职场上的你自然与周围的同事建立了一种联系,包括部门内的同事和部门外的同事。这种联系由于工作性质不同而存在差异,有的是较强的联系,有的是较弱的联系;有的是主动联系,有的是被动联系。

不能置身事外,那就要乐在其中。不要回避建立关系,躲是躲不过去的,那就要直面,而且要建立一种或者多种融洽的模式。融洽关系的建立要做到三要三不要:

1. 要放松不要紧张

我们经常看到有的人见了陌生人就会紧张,面红耳赤、不知所措、言不由衷,工作中也不愿意与他人多接触,总想把自己藏在某个角落。这可能是两种情况造成的:一是担心被别人拒绝或者害怕被别人不认可,与人交往时有一定的心理负担;二是把事情想得过分复杂,致使内心有一种压迫感。

我们的工作是公司的需要,我们与任何同事的联系都是分工合作的需要,是正常的合作关系,不是谁求谁。我们要认识到这一点,要放开手脚放下心理负担,大胆工作,大胆与内外交流,建立起正常的工作关系。在心态放松的情况下,我们的表现就很自然了,这就奠定了建立融洽关系的基础。

2. 要坦诚不要伪饰

一个坦诚的人是一个阳光的人,无论我们面对谁,大领导也好,主管领导也好,同事也好,无论级别高低,无论岗位是否重要,我们都要坚持用坦诚的态度去与人交流合作。不懂的不要装懂,懂了的时候也不要盛气凌人,用坦诚去赢得坦诚,用真心去赢得真心。有时候会看到一些刚刚走出校园的职场新人,故意装出一副老道的样子,好像已经看破了全世界,懂得了全世界,完全一副世故的样子。其实这就是一种伪装,一种不堪一击的伪装,让自己那么累干什么呢。

伪饰不可能不被别人看穿,无论你的伪装技术多么高超,久而久之你就会被别人疏远。

3. 要多干不要多说

谁都喜欢与肯干的人打交道,也愿意去帮助那些愿意多干的人,帮助他们解决工作中的困难。对于那些一门心思投机取巧的人大家总是避而远之,特别是那些干得少而说得多的人更是让人避而远之。

干了事情需要总结,需要在合适的场所表达出来,但要实事求是,不要夸大其词。

做到了三要三不要,你一定会建立起融洽的人际关系,一定会得到周围人的认可。

九、对症下药才能疗效好——上级或者同事的工作方法有问题时该怎么办

不被认同是职场中常见的现象,有时是对人的不认同,有时是对做事方法的不认同,有时是对事情本身的不认同。我们经常讲磁场,认为每个人都有磁场,有的相吸引有的相排斥。在日常交往中我们遇到一个陌生人或者遇到第一次打交道的人,有时候我们会凭直觉排斥或者喜欢对方,其实我们还根本不了解对方。这是为什么?

职场上有没有磁场现象呢?我认为有。为什么大学生应聘时都要西装革履,这是因为一些培训老师告诉他们穿西装比较正式,是对人的尊重,给人的第一印象比较好,所以有人去花钱买西装,有人去租赁西装,有些同学还轮着穿。

职场上虽然不完全以貌取人,但你总不能邋里邋遢,我们的穿着不求名贵但要整洁干净。

有人问我如果时光重来,你会在职场上改变些什么呢?时光是不会重来的,所以把我在职场的感悟写出来,希望对职场上的你,特别是在职场上不满五年的你有所帮助。如果你能有一点点收获,我也就欣慰了。

上级的工作方式你认为有问题,是真有问题还是你认为有问题?是你一个人认为有问题还是大家都认为有问题?同事工作中存在问题,你同样也要分析清楚。有对领导的工作方法完全认同的吗?我想很难。有人告诉我,他所在的公司年年都要进行年底全员互相打分的考核,每次公布的成绩高低正好与公司内岗位的排序一致,特别是领导班子的排序完全一致。我问为什么,他说每个人打的分数只有一把手知道,而且一把手有调整分数的权力。

(一)考勤的问题

考勤的问题非常简单,这是一个没有技术含量的工作,几点上班几点下班,很多公司的《员工手册》里面写得清清楚楚,有的公司还写进了劳动合同中。但这么简单的事考验着很多公司的领导。

看似一个简单的考勤问题却能成为一个管理难题,人脸识别、指纹打卡、签

字打卡花样百出,但就是搞不定一个打卡。员工说领导为什么就可以不打卡呢?领导为什么可以迟到早退呢?为什么别的员工不打卡可以,我少打了两次就要罚款呢?

领导忙、领导事情多,考勤就可以不考了,员工说又不影响工作干吗要考勤。你如果准时上下班,这个时候就看不惯不准时上下班的领导和同事,我完全理解。

曾经人事行政工作也是我的分管范围,其中就包括了最基本的考勤工作。虽然人人都在《员工手册》上面签字了,但是总有不遵守考勤制度的,有的天天迟到早退,理由有一千个一万个。员工们意见很多,尤其是那些天天准时上下班的员工们认为这样很不公平。有人说我管理能力不行连考勤都管不好,各种说法都有。信息不断反馈到一把手领导那里,挨批那一定是少不了的,领导说给我半个月时间,抓不好考勤就"滚蛋"。

好,那就半个月,立下了军令状。其实哪些人经常迟到早退,我心里非常清楚。一周的时间过去了,上班时人来人往的大厅里有一张醒目的通告,公布了上周迟到和早退人员的名单,按累计时间排名,姓名、职务、部门、迟到早退的总时间,十分清楚。

第二周继续公布,名单上的人员少了,迟到的总时间也少了。第三周迟到早退的人更少了。连续两周在名单上排名第一的一个班子成员主动离职了。

有人说我不应该这样做,有人说就应该这样做。做与不做都有人觉得我的方法有问题。如果你是我,会怎么做呢?

(二)有病治病,对症下药

有病了就要治,但治病只有对症下药才行。有的病需要去医院找大夫看,有的病可以自己去药店买药,有些病药都不用吃,身体自我调节就会好。同样的病,中医西医的处理方式也不一样。有人喜欢中医,有人喜欢西医,也有人喜欢中西医结合。

在职场上员工认为上级的工作方法有问题,是不是一种职场病呢?是否会对你的心情、工作有影响呢?我想一定会有的。不认同上级的工作方法,就一定会给自己带来心理影响,久而久之就会从对方法的不认同转变成对人的不认同,对人的不认同就必然会产生心理距离,对于作为下属的你来说这实在是一个大麻烦。

这个问题很多职场人士在不同的阶段都可能会遇上。你要通过现象看本质,否则你心里的阴影面积会越来越大,如果大到你无法承受的地步,就会给你的身心造成伤害了。

1. 深度分析

你觉得上级的工作方法有哪些问题呢?别的同事是否和你的判断基本一致?是上级对你布置工作时的语气不好,还是对你的态度不够和蔼可亲?是下达的任务指令不清晰还是在工作过程中干涉你?是批评你时不注意场合还是没有道理乱发脾气?是让你违反了公司的相关制度还是无理由地让你加班加点?在这个问题上我还是建议你用我的老办法,把你认为有问题的地方逐条列出来,看看哪些方法对你的工作没有任何影响,而只是一个方式方法的问题,看看哪些对你有了情绪上和心理上的负面影响。这些问题中哪些是你的主观判断,哪些是大家共同的判断。

2. 自我调节

如果领导的工作方式方法对你没有太大的影响,你可以通过自我调节来解决,特别是那些你主观判断的或者因角度不同而做出的判断可以通过自己的心理疏导来排除。有不少人喜欢把上级自然地放在对立面去看待,或者在更高的道德层面去要求上级,甚至有的时候对上级也是鸡蛋里挑骨头,把上级的无心之作看成是针对自己的做法,这样给自己增添了不必要的烦恼。对同事的工作尤其是和你平级的同事我们更要去理解,他在工作中存在的问题有可能是上级管理的问题。如果你们之间需要配合,那就直接交换意见,不需要遮遮掩掩。

3. 私下聊聊

这里我用的是"聊聊"二字,而不是沟通、汇报、建议之类,因为有很多领导认为自己的方式方法没有什么大问题,对团队的工作不会有什么大的影响。如果你很正式地给上级提出了建议,说你不认同他的方式方法,一般情况下不会有好的效果。上级可能认为你对他本人不认可,那就麻烦大了。聊聊是在一种轻松的、没有心理负担的环境下聊天,可以说自己的经验不足、工作欠缺等问题,希望得到领导的帮助和指点。可以问问领导自己有时候太注重一些方式方法,是不是正确。也可以在合适的情况下,给领导说说自己更喜欢的方式方法。

切记,无论你多么不认同上级的工作方法,或者认为同事的工作有多大问题,都不要轻易给身边的同事讲,无论你们的关系多好。

十、给心灵来一次大清扫——受到领导和同事的故意排挤怎么化解

如果领导和同事排挤你,而且是故意的,那你有什么好办法吗?也许离开公司或者换岗位或者换部门是你的选择。同事排挤你只有两种情况:一是你的专业能力和才能在他们之上,他们因为嫉妒你所以就排挤你;二是你的职业素养还不够,你要么为人处世有问题,要么脾气有问题。

领导排挤你,那就是一个大问题了,你的直接领导排挤你,你还有空间吗?你的直接领导的领导排挤你,那你还有机会吗?为什么一个人会被别人排挤呢?如果你仔细分析后认为自己确实没有任何问题,他们就是要排挤你,说明你所在的工作小环境或者大环境存在问题。也许他们的利益被你破坏了,所以他们要联手排挤你。

一个企业里会有很多规章制度来约束每一个部门、每一个岗位、每一个员工,大家的行为是有边界的。但无论是什么样的企业就怕一部分人搞小团伙。这种小团伙是企业的毒瘤,如果不能够及时发现和切除,就会殃及整个企业,最后让整个企业瘫痪或者倒闭。

如果排挤你的是这样的群体,你除了洁身自好,还有必要向上级领导汇报或者检举他们,让他们得到制度上或者法律上应有的惩罚。

但如果你认为排挤你的领导和同事并不是这样的群体,那你一定要深刻分析自己的原因了。不是说这个世界上没有无缘无故的爱也没有无缘无故的恨吗?如果不尽快找到原因并尽快扭转这个局面,你面临的可能只有走人这一条路了。

职场上曾经有人告诉过我,某人排挤他,故意给他出难题。但静下心来仔细

分析,别人并没有排挤他的迹象,只是他的一种感觉,而且是一种自卑的心理在作祟。他太在意别人对他的看法或者评价,同事的一句话、一个行为、一个眼神他都感觉是别人看不起他,在排挤他,好像自己的尊严全靠别人来施舍,完全活在别人的评价中、言语中,失去了自我。

职场上这样的人不少,有的人太在乎别人了,活在别人的世界中;有的人又完全不在乎别人,我行我素,天马行空,这两种人在职场上都不会有太大的发展空间。活在别人世界中的人完全没有了自我,自己的主动性和能动性一旦失去了,怎么可能在职场上发挥作用呢。完全不在乎别人,活在自我世界中的人缺乏合作精神,缺乏集体意识,而一个团队是需要合作和协调甚至互相妥协的,这样才能顺利完成工作。

活在别人世界中的人一定会被多数人瞧不起或者被利用,活在自己世界中的人则不是被排挤就是被大家疏远。

如果你既不自卑也不我行我素,你是一个有协作精神、有团队意识的职场人士,被排挤的可能性就很小。

(一)他被排挤了

他是一位不大不小的中层管理者,这个中层管理者的职位也不是轻而易举能够得到的。他大学毕业就被分配到了一家国有企业,后来企业被合并到了他现在所在的大企业中。

他被排挤你也许会觉得有点奇怪,因为排挤他的不是别人,而是他所带领的大多数下属。也许你会问了:下属还能排挤他?

最先排挤他的不是别人,而是他认为的自己人。他把自己带领的几十个下属分为了自己人和不是自己人两大类。他的这个所谓自己人,是他点名从别的部门调过来的。后来他的这个自己人是在另一个分管领导手下工作,这个分管领导他认为不是自己人,因为是上面调过来的。

他常常直接向他的这个自己人下达直接任务尤其是让其做文字类的工作,一遍,两遍,三遍,不断修改,而每一次他都认为不合格,但到底要怎么修改,他从来没有具体意见。这样的事情反复了多次,他的这个自己人受不了了,而且分管领导也给这个人不断施加压力,最后这个人只有离开了,上面领导在询问这个人离开的原因时,他的自己人历数了他的各种不是,后来领导证实他的自己人没有说谎。

他认为他有不少自己人,但他的自己人都有分管领导,他用同样的办法对待每一个所谓的自己人,他的每一个自己人最后与他说再见时同样在领导面前列举了他的很多不是,最后都被一一证实了。

他想用这样的办法把所有的分管领导搁置起来,以为他的手法高明无人能识破,他以为可以摆布那些不是自己人的人,把他们都排挤掉。但时间久了大家都感受到了。后来他的所谓自己人和非自己人都把他看透了,每一年的领导考评,他的考评成绩可想而知。大家把他定义为精致的利己主义者,缺乏最基本的职业素养。

(二)给心灵来一次大清扫

1.切勿自卑

自卑的人常常自己看不起自己,总觉得自己不如别人。我认为自卑的人大多数是过去在某些方面受到过伤害,没有从阴影中走出来。有的人认为自己父母太平凡,有的人原始家庭破裂,有的人恋爱婚姻失败,有的人没考上理想的大学,有的人认为自己工作不理想。自己给自己一个诊断吧,给心灵来一次彻底的大清扫,让自己成为一个自信的人,阳光的人,正能量满满的人,不再活在别人的评价中。去找一种能让你减轻压力、重拾信心的方法吧,比如运动,比如旅游,比如看书,比如找个心理咨询师。

2.反对排挤

如果你被排挤了,而且是无缘无故被排挤,那你就要大张旗鼓地、合理合法地反对排挤。谁排挤你,你就要去找谁,直截了当问清楚为什么要排挤你,你要讲清楚事实,他在哪些方面排挤你的,具体怎么排挤你的,问问是你有哪些地方做得不对或者不妥当,希望他能够给你一个明确的回答或者解释。无论他是你的同事还是领导,你有反对排挤的权力,你尊重每一个人,但也希望他们尊重你。

不要担心害怕,你是在维护你的正当权利。

十一、底线不可突破——在做人和做事之间如何学会平衡

俗话说,没有金刚钻就揽不下瓷器活,简单来说就是你干什么事情都要有相应的本事,否则你是不可能胜任的。在职场上无论是新人还是职场达人,你都要在做人和做事之间找到一种平衡。如果你仅仅埋头做事,忽略了人与人之间的关系处理,你照样是不可能取得成功的。因为任何一个岗位、一项工作都需要与他人协作。在分工的基础上必须要协作,在协作的同时必须要有分工,你是不可能独自做好工作的,因此做人与做事之间必须要平衡协调,这样你才能够在一种良好的氛围中发展自己、成就自己。

我们常常听到不少职场人士抱怨说做人比做事难。其实做人并不难,我们需要别人怎样对待自己,我们就应该怎样对待别人。需要别人尊重我们,我们就应该尊重别人;需要别人理解我们,我们就应该理解别人;我们希望得到别人的帮助,我们就应该帮助别人。这就是所谓的换个角度看世界,彼此之间换个角度,就可以处理好工作中、生活中的人际关系了,就容易做到做人和做事之间的协调平衡了。

能有一个友善、宽松的工作环境,工作效率自然就提高了;心理平衡了,我们的怨气就少了,有利于我们的心灵健康,也利于我们的身体健康;你会觉得身边充满了阳光,真的就是面朝大海,春暖花开。

由于年龄的不同、家庭背景的不同、成长环境的不同,大家的观念会有所差别,可能有时候还有不小的差别,这就会给大家造成一种错觉:好像做人很难。所以我们在职场上要不断去适应、去沟通、去理解、去磨合,去找到一种平衡。在我们不断思考、不断总结调整、不断换位思考的基础,慢慢我们就会学到做人与做事的艺术与方法,慢慢提高自己的职业素养,从容应对一些事情,慢慢让自己达到一定的高度。

(一)他的为人处世

他在行业里知名度不低,我与他接触的次数不超过三次,没有与他一起吃过饭、喝过茶,只是因为业务关系我们见过两三次,而且都是在办公区域,但每次见

面时间都在两小时左右,遗憾的是一直与他没有业务上的合作。

更加遗憾的是,我忘记了他的名字,甚至姓什么也忘记了。他给我留下了非常深的印象,气质不俗,朴实坦诚又直接。我向他请教了很多问题,包括市场、客户、定价机制、招投标策略等。他毫无保留地告诉我,提醒我应该注意哪些问题。

他没有自己的厂房,冷库和办公室也是租赁的,按照我这个俗人世俗的观点来看,他不是一个大老板,但他的生意也不小。他告诉我春节前后他批发出去的猪头每天在10000头以上,平常也在6000到8000头,当时我真的有点吃惊。

到了吃饭时间,我邀请他一起去用餐,他拒绝了。他告诉我:老哥,我从来不陪人吃饭,不管是甲方还是乙方。他还告诉我他从来不抽烟也不喝酒。

"不喝酒不抽烟,也不陪人吃饭,这样做生意能行吗?"我问他。他说这样的问题已经有很多人问过他。

最后他与我分享他做生意的秘密:让利。让生意链条上的各个环节都得到最大的利益,自己少赚点,让他人多赚点,这样的生意长久,这样别人才会长久与自己合作。

他举了个简单的例子说:如果我请别人吃饭要花10000元,双方耽误了时间不说还浪费了金钱。我如果给对方让利6000元,你说他愿意吃饭还是愿意多要6000元的利润?这样我还节约了4000元。

看到这个案例的你,是不是感觉直接、简单有时候更管用。

(二)底线不可突破

总有人认为做事容易做人难,我觉得做事的原则也是做人的原则,无论在什么时候,做事做人都有基本原则或者不可突破的底线,在这里我提出三个"不可缺少":

1.善良不可缺少

职场中我们做人做事都要心存善意,把善良贯穿始终。有人会反问我,不是有人说人善被人欺,马善被人骑吗?如果有人欺负你的善良、利用你的善良,这个人还能交往吗?善良与傻笨没有关系,谁不愿意与善良的人合作交往呢?我们自己一定也会愿意与善良的人合作交往吧。

2.诚信不可缺少

任何时候都要诚信,不要管别人是否诚信。当然,你如果发现有人不诚信,你就远离他好了,不管他是你的领导还是同事。自古以来诚信就是立身之本,工作能力强弱不是最重要的,你有诚信的良好素养,就不用担心没有岗位。诚信是一种很好的黏合剂,能够让你在职场上与他人更好地黏合。不诚信的人能够骗人一时,不可能骗人一世。你看看现在多少失信人员坐不了飞机坐不了高铁,出门都要受到限制。

3.让步不可缺少

有人是无理也要辩三分,我建议你有理也要让三分。"千里修书只为墙,让他三尺又何妨。万里长城今犹在,不见当年秦始皇。"这个历史典故我们很多人都知道。仔细想想职场上的矛盾、分歧甚至吵闹,很多时候是不是因为所谓的得理不饶人而造成呢?职场上的"理"有绝对的吗?我们的角度、岗位、专业、理解不一样,有可能我们的理在对方看来就不是理了。即便我们的理是真理,对方也有一个认识的过程、理解的过程。所以我们让一让,让对方有时间去理解去消化,毕竟来日方长嘛。

如果我们真正做到了三个"不可缺少",那么我们就不缺少人帮助,不缺少良好的人际关系。

十二、数字也是有大价值的——做重复的事情没有提升的空间该怎么办

我们知道滴水穿石的道理,滴水是那样的细小,石头又是那样的坚硬,石头不动,滴水不停,总有一天石头会被那细小的水滴穿透。大家知道,21天就可以养成一个习惯。比如读书,不论是集中在一起读书还是自己在家读书或者在图书馆读书,只要坚持21天就会养成习惯。比如跑步,我相信绝大多人都认为跑步对自己的身体和精神是有极大好处的,但很多人跑步都会三天打鱼两天晒网,半途而废最后放弃。那些在跑步中坚持了21天的跑友们基本上都形成了习惯。因此,只要你有足够的毅力,坚持21天,就可以形成一个习惯。正如那句名言:有志

者事竟成。有研究认为,在任何一个行业或一个专业领域,你只要专注10000小时,你就可能成为这个行业或者专业的专家。

(一)数字的价值

我一直坚信21天可以形成习惯,也形成了一些比较好的习惯,比如21天彻底戒酒了,21天彻底把每天看手机的时间控制在一小时之内了。遇上困难时我也告诉自己21天后就一定会过去。

坦率地说,10000个小时的坚持我做得不好,除了当年当老师的时间超过了10000个小时,后来的工作一直在更换。有时候是主动在换,很多时候是被动换,所以我从来不是什么专家,我一直都认为自己更多时候像个救火队员,不过我也乐在其中,因为我不喜欢一成不变。

数字告诉我们什么呢?只有在重复中才能形成习惯,只有在重复中才能成为专家,只有在重复中才能升华。

(二)也说重复

某工厂新上任的厂长以文凭不达标为由开除了一个57岁的车间师傅。新厂长要求车间所有员工都必须是大专及以上文凭,而整个车间只有赵师傅没有大专文凭,其他人哪怕自学也拿到了大专文凭。赵师傅30多年在车间就干一件事:设备维修,月薪10000元,而新来的大学生们月薪才3000多元。赵师傅被开除后第二天,一个大客户前来商谈业务并考察车间,而这时恰恰车间机器设备坏了,无人能修,客户只有遗憾地离开了。厂长无奈之下亲自打电话邀请赵师傅回厂上班,赵师傅最终又回来上班了。

是的,我们上了大学,读了研究生,甚至读了博士。我们读书这么多年,谁不希望干些所谓体面的活呢?学以致用也是我们教育的初衷。我们希望自己的价值得到最大程度的发挥。从小父母是这么教育我们的,在学校老师也是这样教育我们的,于是我们的内心也是这样认为的。

在实际工作中,大多数人都干着一些单调的重复性工作,日复一日,年复一年,创新成分不多,新鲜感也不强。

那么在工作中一直在做重复的事情而又没有了提升的空间该怎么办呢？这个问题可能很多职场人士都会遇到,然而如何解决呢？我想能不能从以下几个方面思考:

1.看看是不是自己的原因

看看你周边的人是不是多数都在这样重复还是只有你自己如此,如果说重复这样的工作不到4年,属于正常现象。如果重复这样的工作已经超过了4年（车间工人除外）,与你同期的同事都有不同层次的提升包括岗位、工资,而你还在原地踏步,可能的原因是你的工作能力和专业知识储备还没有达到企业的要求,或者是你的直接领导或者更上层的领导对你的认可度不高,再者可能是你不善于表达或者不喜欢给领导汇报。可以考虑与直接领导面对面沟通,坦率地谈谈你的想法。

2.看看回报是否值得

如果不是自己的原因,领导也没有否定你的能力,只是没有合适的职位给你,那么最值得考虑的就是这份薪水你是否基本满意,工作环境是否基本满意,人际关系是否基本满意。如果都能够让你基本满意,那就只能为了这份薪水而继续工作了。

3.看看能否内部换岗

一直重复同样的工作,而且你已经轻车熟路了,工作时间也在4年以上了,如果你内心已经开始厌倦这份工作,这是比较危险的信号。如果你没有调整好自己的心态,也没有其他兴趣爱好转移你的注意力,特别是一到工作环境你就会有厌烦情绪的话,这个时候就要考虑换岗了。看看内部有没有你相对喜欢的岗位,如果有,你就需要大胆地与人事部门的领导和直接领导沟通,交换意见。把你的想法直接、真诚地表达。

4.看看外部的机会

如果内部不能解决这个问题,你需要考虑离开你现在的岗位了。重复的事情不可怕,最怕的是产生了厌倦的心理,如果有了压抑的情绪,甚至为此而长期纠结,就需要换换环境了。换环境需要考虑:第一,自己到底在哪些方面不满意,仅仅是因为工作重复,还是没有提升空间;第二,自己是否有从头再来的勇气和准备,因为新环境也要有一个适应的过程;第三,你的年龄段是否在黄金时期。

我个人认为,一般来讲女性35岁为黄金年龄,超过42岁原则上不要再换环境了。男性黄金年龄为40岁,超过48岁原则上不再换环境了。当然在同一个体系内,领导需要换你的岗位的除外。

过度的郁闷会产生压抑情绪。想想如何转移除了工作之外的注意力吧,看看自己可以在哪些方面培养爱好,比如读书、运动、直播、交友等等。

赶快拿出你的笔记本来,把你的不满和苦闷全部写出来,越详细越好,把你的愿望写出来,越详细越好。一定坚持写21天,看看21天后你是否有大的改变。

十三、用心去抚摸文化的精髓——怎样才能快速了解企业文化及工作流程

企业文化,是个抽象而又具象的东西。抽象在什么地方呢?那就是很多人看不见摸不着,有不少职场人士认为企业文化就是那些张贴在墙上、写在纸上的所谓的口号而已,没有什么具体用处。

是的,有不少企业注重企业文化仅仅停留在表面,有很多不切实际的口号。似乎这些所谓的文化是给大家看的,特别是给客户和外界看的。这样落不了地的口号是不是企业的文化呢?有的老板告诉我如果不张贴在墙上大家怎么会知道?形式也是文化的一种表现方式。

珠海有一家企业,老板没有读过太多书但似乎十分注重企业文化建设,他的工厂中所有的墙壁上都贴满了各式各样的宣传口号。更有特色的是工厂及办公楼所有的台阶上也贴满了"心灵鸡汤"。不知道大家会怎样评价这样的文化建设形式。

我曾经回答了一些企业家关于什么是企业文化的问题,我个人认为企业文化就是企业鼓励什么、反对什么的总合,或者是肯定什么、否定什么的总合,这些东西长期积淀下来就是企业文化。比如企业鼓励按时上下班,反对迟到早退;肯定先进,否定落后。诸如此类的肯定和否定就是企业的具体文化表现。

企业文化在很多企业的《员工守则》中就有具体的描述和体现,所以了解一

个企业的文化并不难,不仅仅要看企业怎么说,关键要看怎么做。

对企业文化的理解每个人都不一样,你既要看看墙上贴了什么,也要看看企业在文化建设方面做了什么。独立于企业运营之外的不是企业文化,企业文化融入了企业的各个环节,贯穿于企业发展的过程中。文化是需要建设的,但我认为更是需要积累的。积累是一个长期的过程,也是一个不断优化的过程。文化建设不是搞运动,也不是喊喊口号而已。企业文化不仅仅能够看到,更多的是你能够感受到,在每一项工作中感受,在每一项制度中感受,在每一次会议中感受。

与其说学习和了解企业文化,不如说怎么去感受企业文化。文化博大精深,它存在于书本上,存在于老百姓的行为中,存在于千百年来的历史中。你需要去书本上学习文化,你需要到老百姓中去感受,也需要去抚摸历史长河中的文化精髓。

很多企业都有工作流程图,流程图也可以根据具体工作的需要而变化。你按照流程图去开展工作,不就很快了解部门的流程了吗?但不是每一项工作都有明确的流程图,有的流程虽然没有流程图来具体规定,但在长期的实践中大家已经约定俗成,那你就需要通过具体工作去了解或者请教职场上的老人了。

我常常说一个人读的书一定会体现在行为上,今天没体现明天就会体现,明天没体现,未来一定会体现的。一个企业的文化也是如此,一定会体现在企业的方方面面,体现在各个角落,体现在每一个环节。

(一)我以为

他有两个口头禅,讲话时总会说"啊啊啊"和"我以为",或连贯或停顿,我很不喜欢这样的口头禅。为什么会有这样的口头禅?是在讲话中需要思考一下,还是反应迟钝呢?他一直没有改掉这个口头禅。有可能他自己没有意识到,也有可能没有人给他提出过善意的建议,还有一种可能就是他认为这是自己的特色没有必要去改变。

当年他是被猎聘到公司的,据说他在原来的公司职位是总裁,后来有好事者一打听原来他的公司总裁一大堆,在他们那里管一个小工厂、一个小区域的也叫总裁。

"为什么我的餐饮发票不能报销呢?"当财务拒绝报销他的一大堆发票时,他这样质问财务部相关人员。

"你的发票没有总经理签字,不能报销。"财务人员按规章办事。

"我以为我自己签字可以了。"他以为的不管用。尽管他也是总经理,但他上面还有更大的总经理,他告诉财务人员在原来的公司他自己签字就可以了。

"为什么我要提拔的人员你们不批准呢?"他在人事部门又遇到了同样的问题。

"对不起,你的这个提拔还需要总经理批准。"

"我以为我批准就行了。"他以为的还是不管用。

这样的"我以为"让他碰了好几次钉子,也成了他的口头禅。

为了高薪他离开了工作20年的公司,以为工资翻倍了权力也会随之增加,所以不了解企业文化不了解企业流程碰钉子也就是正常现象了。

后来他制定了很多所谓的业务制度和政策,他的下属提醒他制定的政策也要报公司通过后才能执行,他认为他管辖的业务范围没必要报公司批准。他带着一批从上一家公司挖来的同事,坚持按照他制定的规则行事。

他以为他原来的公司是一家大公司,所以原来的企业文化和制度流程可以照搬照抄;他以为他原来的公司所有授权可以复制过来,他还有很多"我以为",也就是他的"我以为"最后让他带来的团队人员一个个离开了,他最后也不得不离开。

(二)用心去抚摸文化的精髓

一个企业无论大小,无论历史长短,都存在企业文化。有的企业用文字总结了企业文化,有的企业没有文字总结但它是客观存在的。

1.用心去感受企业文化

企业的文化无处不在。你可以学习企业的《员工手册》,里面有很多对企业文化的具体描述;你可以去感受那些墙上的企业文化;你可以用心去感受你周边的人的行为和处理工作的方式,里面都包含着企业文化。看看公司在鼓励什么,在肯定什么;在反对什么,在否定什么。

2.用心去抚摸企业文化

融入企业先要融入企业文化中去,去理解企业文化、去接受企业文化、去抚摸企业文化。如果你不接受一个企业的文化,你的内心就会处在压抑之中,你就很难在工作中应对自如。在压抑中是不可能干好工作的,只有你认同了企业文化,用心抚摸企业文化,你才能真正投入其中。

3.用心去学习关联流程

你的岗位和你的具体工作不是独立于流程之外,一定是在流程之中的。你要不断通过每一项具体的工作去知晓流程,去熟悉流程。最好的办法就是多做一些事情,亲自走一遍流程,你就会牢记在心。

用心了,你也会是企业文化的组成部分。

十四、由你的天赋决定——如何在专业路线和管理路线之间做判断

一个成功的职场人士,在他们成功之后无论讲些什么好像都是正确的,因为他们成功了。但是有多少与他们一样努力、一样奋斗的人最后没有成功,或者没有他们那样成功,难道就不值得肯定?

很多所谓的大师专家总是把那些成功的企业奉为经典,把他们的制度流程介绍给其他企业照抄照搬。我曾经告诉过很多企业领导,不要过于依赖向成功的企业家学习,向成功的企业学习,他们的成功与你的成功没有太多关系。要学就要学习他们背后那些你看不见的真正的东西。你和他们不一样,而且完全不一样,怎么可以照抄照搬呢。

因地制宜、因人制宜、因时制宜,这些可能就是你要思考的主要因素。世界上没有两片完全相同的树叶,世界上也没有完全一样的两个人,哪怕是孪生兄弟。所以在走专业路线还是管理路线这个问题上没有标准答案。

机会是给有准备的人的。一个人的成功或者一家企业的成功有必然因素,也有偶然因素。当然,必然与偶然不是绝对分离的,必然之中有偶然,偶然之中有必然,所以你只要努力了就顺其自然吧。

既然如此,一个职场人士是走专业路线还是管理路线,我想也有必然性,也有偶然性。这与你的早期规划和设想有关。而且我认为专业路线和管理路线并不一定是矛盾的,也不是对立的。

一个能工巧匠你说他是走专业路线还是管理路线呢？当然他在专业方面一定是非常出色的，否则很难成为工匠，但同时他也要将他的专业技术传给很多徒弟，也要对他们进行技术管理。但走管理路线的职场人士就可以不懂专业了吗？如果一点专业都不懂那就是外行管理内行了，如果管理者一点都不懂专业是管理不好专业人士的。

职场人士中存在一个是在专业上发展多一点还是在管理上发展多一点的问题。如果我们按占用时间精力的多少来划分专业路线还是管理路线，时间精力占70%的可以称为路线。比如在专业上占70%就可以称为专业路线，在管理上占70%就可以称为管理路线。

从这个角度来分析，一个职场人士确实存在走专业路线还是走管理路线的问题，这就可能与你的性格特征、兴趣爱好和机遇有直接关系了。客观上，专业路线需要有更多的钻研精神和对专业的爱好，在性格上偏重于内向和安静，喜欢在专业的世界里翱翔并寻找乐趣。走管理路线的人一般来讲性格偏外向，而且有较强的协调和沟通能力，更加懂得妥协的价值，更愿意与人打交道。

这样简单的二分法也不能涵盖所有，你是走专业路线还是走管理路线要因人而异，有时环境的因素也不可忽视。

(一)我们都很好

他告诉我，他在郊区有一套别墅，接近500平方米，对于在北京生活了多年的我来说，500平方米的别墅我见过，但是确实买不起。还有两年他就到了退休年龄，去年见面时他告诉我说，单位已经提前两年告诉他，到了退休年龄还不能让他退岗，办退休手续后单位还要和他续聘，希望他能指导指导年轻人，因为他是单位不可多得的专家，走了一辈子的专业路线。当年我与他毕业于同一所中学，最后他就读了工科专业，我读了农业经济管理专业，我俩高中都是学的理科，而且我的理科成绩比他还要好一点。

他毕业后到了设计院，从最初的设计员到现在的设计专家，在行业里有了不小的影响，办公地点一直未变，工作性质一直未变，工作岗位一直未变。他没有当过领导，专心致志搞他的设计工作。他疏于与人来往，见面也很少言语，喝酒时也是实实在在地喝,不讲究那么多的喝酒规矩。

而我呢,这么多年没有走什么专业路线,我也不知道我学的专业到底应该走什么样的专业路线。农业经济管理专业是不是应该回到农村、回到基层才是专业对口,可是我来到了北京。

当过大学老师,讲了一千多堂企业管理课程,那都是纸上谈兵。后来真正在企业干了20多年,才知道纸上谈兵与实际工作还是有不少区别的,所以再登讲台时,我只讲我自己总结的东西了。

带过团队,做过小业务,也做过大业务,人力资源、市场营销、行政后勤等岗位我都干过,当过所谓的领导,也被领导过。

我放弃了职称评定,我的大学同学们不少早就是博士生导师了,而我没有职称,职场上我多年都像一个救火队员,组织需要我到哪里,我就到哪里冲锋陷阵,就这样也熬到退居二线,心有不甘所以就到处耍耍嘴皮子,写写小文字。

我与他不常见,偶尔相见,我羡慕他,他羡慕我。我"不务正业",他专做事业,但我们都觉得对方过得不错。

(二)可以走自己的路

说实话,别人的路就是别人的路,你羡慕也好嫉妒也好,都与你无关。你阻挡不了别人的路,任何人也阻挡不了你的路。所以走专业路线还是管理路线都是你自己的事。

1. 由你的专业决定

你所学的专业很有可能是很小众的专业,有的是技术性很强的专业,适用的领域不广。你所学的专业也可能是很大众的专业,可能是很通用的专业,应用面很广。我认为,不同的专业对走哪条路线有一定的影响。

2. 由你的天赋决定

人是有天赋的,不管你我是否相信。你看看你的同班同学,有的非常用功可成绩平平,有些轻松就可以拿高分;你看看你身边的同事,有时候你认为很简单的事情他们就是搞不定。这是不是有天赋的差别呢? 一般来讲,搞科研的、搞学术的、搞技术的确实有一定的天赋,搞管理当然也需要天赋,只是天赋不同而已。

3.由你的性格、兴趣决定

你可以去观察那些走专业路线和走管理路线的人,在性格和兴趣上有哪些不同和相同处,你去比较自己的性格兴趣与他们在哪些方面相同,在哪些方面不同。可以给自己把把脉,根据自己的性格、兴趣来做选择。

4.由你的机遇决定

即便你明白了自己适合走哪条路线,还是要看你的机遇,当机遇来临时一定不可错过。

十五、既要交往也要交流——如何正确面对公司复杂的人际关系

你不复杂世界就很简单,你若复杂世界就不简单。你看见了公司的人际关系复杂,那说明并不复杂,真正的复杂你是看不出来的。平静的水面不等于水底下风平浪静,如果海面上已经是波涛汹涌,那你当然知道该怎么避险吧。

不管世界复杂不复杂,过了一夜又是天明,不管世界简单不简单,万物依然各自生长。然而职场上为什么很多人认为人际关系是很复杂的呢?总是有人认为自己什么都行,就是处理不好人际关系。总有人认为职场上很多人拉帮结派,钩心斗角,尔虞我诈,阳奉阴违,诸如此类很多,自己置身事外就是不合群的表现,自己参与其中又感到苦不堪言,力不从心。左思考、右纠结,难以解脱。

小隐隐于庙,大隐隐于市。真正的高手不是找一座庙宇把自己藏起来,封闭起来,而是处于繁华的闹市依然能够让自己安静下来。心不随风动,心不随它动,当然这需要你长期的修炼,这个修炼过程你也许会脱层皮。

一团乱糟糟的麻绳头绪万千,找不到头绪解不开之时,最好的办法就是一刀斩断。处理人际关系是否也如此呢?你想得到良好的人际关系,那你就要用良好的心态对待所有人,包括你的"敌人"。

种瓜得瓜,种豆得豆。这句话用在处理人际关系方面是再恰当不过了。你不参与其中,复杂又与你有什么关系呢?你如果参与怎么可能独善其身?职场上的你早已经不是孩子了,你已经是在天空中翱翔的雄鹰。天空怎么可能天天是万里无云、风和日丽呢?有风有雨那是常态,狂风暴雨也是少不了的,你是雄鹰就要面对,想躲避那是不可能的事情。

我也常常被年轻人问到怎么处理复杂的人际关系,我是这样回答的:你如果认为人际关系复杂,那就不要去处理,随它去。但是正常的人与人之间的往来,正常的人与人之间的交流沟通,正常的人与人之间的意见分歧,这些是与复杂没有关系的。

职场上的你如果缺乏沟通能力,那一定是你很大的短板。不敢坦然去交流去沟通,我一直认为这是你的私心在作祟,因为你害怕得不到满足,你害怕被拒绝。在很多时候我都强调坦诚的重要性,处理人际关系时尤其如此。或许你就要问了:有什么问题都可以直截了当告诉对方吗?我认为是可以的,但你也别忘了表达的艺术,你要面子,对方一样也要面子。

让对方感到舒服就是最好的处理人际关系的方法。这里的舒服当然不是拍马屁、阿谀奉承、阳奉阴违之类。好听的话都愿意听,不好听的话谁也不愿意听,但好听与不好听有一个准则和界限。

忠言逆耳利于行,但忠言不是不讲语言艺术,尤其是在职场上、在众人面前。批评人和表扬人一样需要语言艺术。这个语言艺术需要你学习,回避不是处理人际关系的方法。

(一)我不好意思

她,研究生毕业,毕业之后进了一家大型央企。说实话,她还是很有专业水平和能力的,当时与她一起到公司的同事,有的已经在相对独立的平台上带领团队了。在企业里,职务是与工资薪酬直接挂钩的,职务越高收入也越高,而且各方面待遇也有所差别。她同别人一样到基层锻炼过两年,同样在多岗位锻炼过,而且干工作也是特别认真负责,为什么这么多年她的进步会比别人慢呢?如今进入不惑之年的她又该如何看待这些问题呢?后来在聊天中她告诉我说,主要的原因是她不会处理人际关系,不知道怎么与领导相处,还说领导有点偏心。交流过程中她告诉我说周围的人际关系有点复杂,她不知道该怎么处理。我问了她几个问题:你会主动给领导汇报工作吗?你对工作的想法领导知道吗?你会主动与周边的同事交往或者交流吗?你会主动参加一些必要的活动吗?她回答说她不想面对那么复杂的人际关系,所以这些问题的答案都是否定的。原来她想远离所谓的复杂关系,最后也就慢慢远离了大家。为什么不愿意与领导和同事们更多来往和交流呢?她说她不好意思。

她毕业于一所著名的师范院校,据说她教书教得很好,她带的高三学生高考成绩都不错。她的很多同学如今都是不同教学岗位的栋梁了,她也不例外。多次的接触后我感觉她的书卷味很浓,一心一意教书育人。她这样很好,但教师职业也不是独立于世人之外的,也要面对学生、家长、同事、领导。她常常告诉我们,说她教书没问题,就是处理不好人际关系,也不愿意面对复杂的人际关系,特别不愿意与学校领导来往,看不惯那些领导。她不少同学或者同届校友都当了校长、副校长,虽然不能说校长、副校长的贡献就一定比她大。但有时候我在想,以她的能力如果在更高的职位上,是不是可以为更多的学生服务,做出更大的贡献呢。

她晋升很快,舞台越来越大。有人说是领导对她偏心,基于我对她的了解并不是完全如此。领导对她的认同和欣赏当然是她晋升必不可少的条件,但主要还是她自己的努力。她不去理会所谓的人际关系,不管是分内还是分外的工作,只要一到她的手里,她都会非常努力去干好干漂亮。工作中遇到困难该找谁就一定会找谁,包括找领导。工作中的她不管不顾,无论别人怎么议论怎么看待,她依然"我行我素"。就这样她把所谓复杂的人际关系简单化了,不受任何影响,从而为自己赢得了掌声。

都是优秀的研究生,都是优秀的职场人,面对职场上的人际关系各自认知不一样,态度也不一样,但谁也无法置身事外。没有一个人喜欢复杂的人际关系,没有一个人愿意把自己置身于复杂的人际关系中。

(二)既要交往,也要交流

1.我简单

记得有一次给集团汇报完工作后,董事长在点评时说你们对战略思考过多了,这是我第一次听到这样的评价。后来在思考周边的人际关系时,我想是不是我们思考得过多了呢,也许我们是在戴着有色眼镜看同事看领导呢。我观察到职场上那些整日郁闷的人大都有些思考过度的表现,如果他们不去想那么多问题,不去想那么多复杂的问题,可能就不会郁闷了。

2. 我放松

如果你认为确实存在复杂的人际关系,既然你已经看到了复杂的一面,而且你也知道为什么那么复杂,说明你有观察力和思考力,那么你就要知道该怎么和而不同了。复杂与不复杂既然都不是你能够决定的,那就顺其自然把自己放松一点,努力做到不参与,不远离。你如果做到了顺其自然,就能够让自己轻松一点了。

3. 我大胆

无欲则刚。敢于面对,这也是面对复杂人际关系的一剂良药。你无法避开与人来往,无论是工作上还是生活上,你都要与人交往才行。大胆一点,大胆与你的同事、领导交往吧,在交往的过程中还要进行交流,交流后你才会发现你和大家一样都是那样渴望良性的人际关系,你才会发现谁也不喜欢复杂。

十六、一切都有蛛丝马迹——如何知道自己是否有被提拔的可能性

虽然我们希望职场上的你对待一切都要有平常心,坦然对待一切。但谁都不可能从开始就能够做到,尤其是刚入职场的年轻人。年轻人是公司的未来,他们有朝气、有激情、有创造力,是推动企业向前发展的后备军、主力军。

一个现实的问题职场上的所有人都必须面对和承认:一个人的岗位职级高低在一定意义上代表了他的舞台大小。无论是什么性质的企业,要想更大程度地发挥自己的能力和才华,确实需要一个更大的舞台,这个舞台就是领导给你的。

重用和提拔是领导对你过去业绩和表现的肯定,也说明对你的未来给予了希望,相信你在更大更高的平台上能够发挥更大的潜力,做出更大的业绩和贡献。从这个角度来看,职场上的你争取职务上的提升是无可非议的,是你对自己的未来和对公司负责任的表现,是应该得到鼓励和肯定的。但是领导重用和提拔一个职场人士是有他的标准的。绝大多数职场人士都有希望进步、希望被重用和提拔的愿望。

也许你会说运气很重要,不可否认的是任何一个领导重用和提拔一个人会有偶然的因素,但那毕竟是少数情况。就像乘坐公交车,有时候你赶上了一辆有很多空座位的公交车,你不仅会有座位而且还可以选择座位。但是如果你赶上了一辆人满为患的公交车,也许你到终点都没有座位,也许你到中途正好有人下车,你就可以顺势坐下。然而无论是否有座位你都会到达目的地才下车,你也可以选择中途下车换乘一辆公交车,但还是要看你的运气了。

当然重用和提拔一个人与乘坐公交车是有区别的。有人说提拔有时候也要看重资历,资历深者优先考虑。有错吗?严格意义上来讲没有太大的错误,如果资历深者在各方面都不比你差,提拔他是没有问题的,毕竟人家资历更深,有功劳也有苦劳。

一个人要被重用和提拔前会不会有一些迹象呢?我认为是有的,而且有时候是很明显的,只是不同的企业和领导表现方式不一样。但只要你用心去观察,你都会发现蛛丝马迹的。这种蛛丝马迹就是你的境况可能与过去、与平常有些区别,你可以在这些区别中发现你或者你的同事有可能要被提拔和重用了。这没有什么秘密可言,也许与经验和经历有关。

如果领导对你说该给你压压担子了,那是一个信号;如果领导说你可以试试带一个团队,那也是一个信号;如果领导让你谈谈对管理的一些具体看法,那也可能是一个信号。

你业绩一直不错,口碑也不错,大会小会公开场合和私下里领导都会表扬你,那么重用和提拔你就不太遥远了。

(一)公示了

任职公示时,他的孩子刚刚出生三个月,被公司外派多年的他,回到北京不到半年,公司这次的公示是对他极大的肯定,只是他马上又要被派到冰天雪地的大东北,而且是偏僻的小县城。公司派他去当总经理,而且是一个大项目的总经理,这对于他来说是一次机会也是一次考验。领导能够把这样的重担交给他,绝不是偶然的。

他并不是所谓的体制内的元老,也是通过社会招聘进到这家企业的。他办事认真,原则性强,这与他的工作性质有关,也与他的性格有关。具体他是什么学校毕业,学的什么专业没有太多人关心。但他对质量把关严格,有时候到了不近人情的地步,原则性的问题绝对没有任何灵活性,大领导通融也不行,如果一定要让他违背原则的话,他就让大领导签字确认。大领导多次在大会上看似批评,实则表扬了他,说这样的人不是多了而是少了,于是他第一次被外派到下面公司全面负责质量管理,离开了北京。

两年后,一个新的项目来了,对于一个十几亿的食品类项目来说质量是第一位的。谁去负责质量管理呢?领导们认为必须派一个熟悉质量标准和原则性强的人去,而且这个人还必须让大家放心才行。领导们最终决定再请他一次。人力资源部门找他谈话时说公司安排你去一个新项目,职务不变、薪酬不变。他去了,到新项目部后,他一如既往坚持原则,一丝不苟,一年后他被提拔成了总经理助理,再后来被提拔为副总经理。然而新项目由于战略调整的需要,整体由另一家企业收购。

他认真负责的工作态度再一次为他迎来了机遇,领导再一次让他来担这个重担。这个担子确实很重,不能有任何损失,否则几千名员工可能会因此失业。而他不负众望又一次出色地完成了任务,交上了满意的答卷。

(二)快升职了

1.获得关键的培训机会

获得了由优秀人员或者先进个人才能参加的管理培训机会。公司为了长远发展会培养后备力量,如果你获得了各种商学院的培训机会,或许是到其他企业参观的机会,或许是参加企业内部管理人才后备力量培训班。总之,你获得了非常关键的少数人参加的培训机会,那么,你就离升职不远了。

2.获得关键的轮岗机会

很多企业把轮岗当成了提拔的关键环节,多岗位培养一个人是公司常见的方法。你只有在上一个岗位工作较为出色的情况下,公司才会给你下一个轮岗岗位。

3.获得关键的表扬机会

如果领导在一些关键的大会或者小会上表扬你,比如在一年一度的总结大会,比如在一年一度的人才盘点大会,比如在一年一度的战略大会等关键性大会上表扬你,那么你可能很快就会被提拔和重用了。

4.获得关键的谈心机会

领导可能在繁忙的工作中抽空与你谈心,听取你在一些问题上的意见,也想了解你的一些具体想法。谈心的方式可能很正式,也可能是很随意的。

5.获得关键信息的机会

你是否被提拔和重用总会有一些小道消息提前传出来,也可能是领导或者公司故意传出来看看大家有什么反应的,还会有人悄悄告诉你或者提前恭喜你。

十七、缺啥咱就主动补啥——如何赢取成长的机会

职场人的成长就像地里的庄稼生长,必须要有合适的水分、营养、阳光等,才能获得丰收。

职场上的你,希望自己快速成长是可以理解的。谁不希望自己有更多的成长机会?但是你一定要在心里明白什么是成长,成长的标准是什么。如果你认为成长就是为了出人头地、显赫一时,如果你认为成长就是在职务上不断提升,官职越来越大,那么你对成长的理解是片面的。

职场上的成长是多方面的,有心智上的成长,有专业上的成长,有业绩上的成长。其实自从你职业生涯的第一天起,你可能每一天都在成长,只是快慢的问题。也许有的人快一点,有的人慢一点,但成长也是有规律的,揠苗助长只会适得其反。不同作物有不同的生长规律,一样的农作物在不同的地方也有不同的生长规律。比如玉米在东北、华北、华东、西南地区播种的时间是不一样的,收割的时间当然也不一样,产量更是不一样。

农作物的生长规律对职场人士的成长有没有可以借鉴的意义呢?我想应该是有的。其实这种成长规律在你上学时就体现出来了。同样的老师讲同样的课,你班上的同学成绩是不同的,甚至区别很大。你大学的同学工作后五年、十年、二十年彼

此之间的区别就更大了。这是不是各自的成长速度决定了不同的结果呢？

你在职场上的成长不是等来的，也不是企业或者领导给你的，是你自己不断努力慢慢积累来的。但是就像庄稼在不同土壤中长出的果实是不一样的，你需要一个合适的环境。合适的外界因素包括企业的培养、领导给你不断锻炼的实践机会，同事对你的帮助，这样你可以快速地成长，从而达到你心中的目标。

职业成长，指个人在职业认知、职业决策、职业行动方面逐步成熟的过程。这个成熟的过程有人认为在四年左右，这样的时间范围是一个太狭义的概念，认为那些毕业后的学生在职场上四年左右的时间就可以成熟了，这可能仅仅是对工作熟悉程度的表面定义吧。我认为一个人的职业成长可能是伴随整个职业生涯的，无论你在职场上有多么丰富的经验，你依然有不断向上的空间，这是无止境的。

对于职业的认知也是随着时间的推移而逐步提高的，职业决策和职业行动是由你的独立思考能力和独立精神所决定的，独立的思考能力是人与人之间最大的不同。

有的人缺乏独立的人格，更没有独立的思考能力和独立精神，在工作中、在生活中人云亦云，完全丧失了自我。我判断一个人是否成熟常常就是观察他的独立思考能力如何，这也是一个职场人是否在不断成长的表现。

职场上的成长是否可以在某种程度上理解为心智上的逐步成熟呢？心智上的成熟一定与你的经历有关，工作有关，思考有关，学习有关，更是与你的领悟能力有关。悟透了你的心智就成熟了，成熟的具体表现就是你通过领悟有了具体的改变，这些改变就是你的成长过程。

（一）主动成就了他

我在当面试官时认识了他，虽然在同一单位但工作上交集不多。这个面试并非社会招聘的面试，而是企业内部竞聘的面试，也是企业内部市场化竞聘的第一次试验。报名者众多，两轮笔试、一轮面试之后就是最后这次面试了。面试官们对每一个竞聘者可以问两个问题，除了我大家都是负责人力资源工作的同事，他们问的问题都很专业，而我只问了一些非专业的问题，他的回答也很巧妙，最后他通过了。后来他告诉我本来这次他没有报名的资格，但他主动找到领导请求给予一次报名的机会,就算被淘汰也心甘情愿,这次的主动出击让他上了一个新的台阶。

他在新岗位上脚踏实地、任劳任怨,总是笑容满面,对待同事和领导一视同仁,领导对他评价很高,相关部门对他的评价也很高,他受到了大家的欢迎,一次一次被评为先进个人、优秀党员。

两年后,单位有一个外派的名额,我比他更早知道这个消息。我曾出差去这个外派地处理公务,前任外派同事老易两年外派即将到期,几天的接触中老易私下问我愿不愿意接替他,如果愿意他直接向公司推荐,我拒绝了。

我鼓励他主动申请,与他一同分析利弊。他担心自己不符合条件,我鼓励他直接找领导申请,最后他成功了。这一次的成功给予了他又一次锻炼的机会,他的工作性质完全变化了,但他的敬业精神没有变,他的服务意识没有变,他的笑脸没有变。两年后回到原单位,他又被提拔了。他的成长机会靠的是什么?当然主要靠他自身的能力,但与他积极主动的态度也很有关系。

(二)缺啥补啥

1. 补足专业的短板

你的工作岗位要求你有扎实的专业基础,如果你在专业上或多或少有短板,那你可以通过书本学习、向周边同事学习、业余时间去大学学习等方式,把你的专业短板好好补补。影响你发展的往往是你的短板,而你的长板可能会被你的短板平均化。

2. 补足认知的短板

认知的短板是很多职场新人的真正短板。职场人认知的自我化、片面化、短视化现象越来越多,要么对职场过于理想化,要么过于悲观化。所以我一直强调在职场上找个师傅来带你很重要。

3. 补足行动的短板

职场上只要你行动了,不断地行动,总会有收获。天天为自己规划,天天梦想着要干一番大事业,总觉得自己的舞台太小,能力没有得到发挥,怨天尤人是不可能有进步的。那些能够成就事业的人都是一些行动派。所以如果你想赢取成长的机会,那就成为一个行动派吧。

十八、抬头往高处走——知识、技能、资源均有积累,该如何赢取晋升的机会

工作十年以上了,如果还是在原地踏步,面对这样的状况,谁也不会满意。这也是很多职场人士面临的问题,尤其是在与他人比较中更容易让人郁闷。

我一直在思考,行业知识也罢,工作技能也罢,公司资源也罢,什么叫有积累?什么叫有提升?无论是自我认识的标准还是大家共识的标准,可能其中最重要的一个标准就是一个时间标准或者业绩标准吧。

(一)把牛当马骑

小时候,我生活在偏僻的农村,喜欢读书的我,除了语文课本和算术课本,没有太多的书可读。要是哪位小伙伴搞来了一本小人书,我们不把它读到滚瓜烂熟或者翻烂是决不罢休的,甚至连公社张贴的大字报也要看了又看,尽管还不能完全看懂。

除了读书,那时农村的孩子还要干些农活,比如割猪草、放牛。我选择当放牛娃,因为放牛不影响我看书,牛可以自己找草吃。

牛对于当年的生产队或者农家来说可是宝贝,因为牛在干农活方面是一把好手,尤其是在耕地时。耕地是一个苦活、累活,一头牛能代替不少人工呢,特别是在当年缺乏机械的情况下。

电影中英雄们骑着马飞奔的场景让我神往,没马可骑的我突发奇想,能不能把我家养的黄牛当马骑呢?农村的水牛是可以骑的,很多小伙伴就每天骑着水牛到处跑,而黄牛性子烈,还无人骑过。

脑子一动办法自来,我把牛鼻子上的绳子套在一棵树上,从侧面的大石头上强行骑到了黄牛背上。黄牛极不驯服,蹦蹦跳跳,三番五次把我摔下来,而我不肯罢休,一次又一次地重复。如此几次后黄牛终于服帖了,我再把黄牛赶到一米深的沟里面,前面由两头水牛带路,后面两头水牛堵住。几天时间,我的黄牛变成了我的马,我骑着它跑遍了村东村西的山山水水,很是得意,小伙伴们也羡慕不已。

我的黄牛也成了英雄,后来它也懂得了我的指令,时而慢跑、快跑,很听我的话。用今天时髦的话来讲:只有想不到,没有做不到。

(二)抬头往高处走

记得有一次去爬峨眉山,一个小伙子全程都在追赶着我。我们定的目标是爬上山再跑下山,全程不许借用交通工具。山下的百姓告诉我们,爬上去就要三天,而我们的目标是当天来回,最后我们做到了。一路追赶我的小伙子的腿一周以后才恢复了正常,而我一切如常,当然过程中的艰难不必说了。

为什么小伙子跑不过我呢?我想,一是他没有爬山的身体基础;二是他没有积累太多爬山的经验。

爬山时,我只管抬头往上跑,偶尔看看远处的路,呼吸节奏也随时调整。这一切源于我多年的积累。

爬山如此,而职业晋升又何尝不是如此呢?在行业知识、公司资源均积累到一定程度,工作技能也有了较大提升时,该如何赢取晋升的机会?以下"三主动"或许你可以参考:

1.主动加码

主动加码,也就是主动请求在可能的情况下承担更多的工作任务。在不影响本职工作的前提下,请领导给予自己更多的工作任务,或者加入其他工作团队中,分担一部分任务。利用你的知识为自己或者团队在完成任务方面加分,当然是你必须要具备扎实的行业知识。我经常说,如果是开一家小面馆,就不用去研究世界粮食情况,你只要看看周围一公里左右的消费人群就可以了。如果你是做世界粮食贸易的,那你还要研究世界各地的天气变化呢。当然主动加码不是盲目的,你要利用自己积累的专业知识。

2.主动展示

一个职业人士,无论你在什么性质的企业工作,能干是第一的,但只是能干事还是不行的,你还应该会总结。把经验上升到理论高度,这样可以让你的经验发扬光大,总结完了,还要善于表达。在该表达的场合不要推却,甚至应该主动去找一些可以表达的场合进行展示。当然主动展示时要谦虚、低调。

3.主动汇报

是金子总会发光的,如果长期把金子埋起来,当然还可以发光,那就只能照亮你自己了,所以主动汇报是让你的光芒照耀更多的人。什么是公司资源?是你认识的客户多,还是你吃饭喝酒的机会多,或是你的工作机会多?主动汇报绝对不是为自己邀功,而是让更多的人了解你、理解你、支持你,让你获得更多的公司资源。当然你要汇报什么、怎么汇报、跟谁汇报,那就需要你认真思考了。

做到了三主动,对于已经在行业知识、工作技能、公司资源方面均有积累的你来说,一定会有晋升的机会。

第四章　进阶

寻找展示自己的大舞台

经过积累、锤炼,此刻你已经懂得如何面对各种困难了,你已经能够做到临危不乱了,你已经能够应付千难万险了,对未来你已经不会恐慌和害怕了。

职场上的进阶是职场人发展的需要,也是职场的需要,是一种客观规律,也是自身不断努力的结果。

你已经懂得把自己放低一点,已经尝到职场中的协作之美,你已经德才兼备,也能够为团队带来阳光。

闪闪发光的你已经被同事需要、被职场需要了,你已用事实证明了自己,你已经开始收获辛勤劳动后的甘露,你已经开始攀登一个又一个新的台阶。

一、把自己放低点——如何站在行业的高度理解自己的角色和位置

无论你处在哪个行业,也许是你认为的很不起眼的行业,都会有很大的市场。如果你站在行业的角度看自己,可能真的很渺小,但渺小不代表可以缺少。

有时候一个行业因为一次波动就可能重新洗牌。这里有市场的原因,也有政策的原因。有的行业随着技术革新或者创新会重新组合,比如汽车行业、手机行业、互联网行业等。

你无论处在什么样的位置,领军人物也罢,普通员工也罢,你都可能成为行业里的创新者。对于行业中大多数的我们来说,干好本职工作,不落后于别人就是最大的愿望了。行业有行业的基本技能、基本技巧,行业有行业的平均管理水平、平均营销水平、平均工资水平。而你的首要任务是争取不被行业淘汰掉。平

均水平是动态的、是变化的,这就需要你跟着变化、不停前进。

你看清楚了行业,你就知道在行业里该怎么发展。可惜的是不少职场人士在某一行业工作了几十年,对行业还是一知半解,这样怎么可能有大的发展呢?

(一)干了四十年

小的时候,乡村还没有公路。老家有一个龙台乡,我们小的时候很多人把它叫作龙台市,我至今也没有搞明白。那时候跟着大人或者小孩子们自己去一趟龙台市是我们的梦想,我们以为龙台市就是全世界,就是最大的地方。后来,我们走遍了全国,也走出了国门,还是感觉龙台市就是记忆中的全世界。

他是我的小学同学,也是初中同学。初中毕业后是考上了高中没去读呢还是没有考上,我已不记得,但事实是他没有读高中。我的那些小学同学或者初中同学后来大多数去了珠三角打工。而他依然守着老家那一亩三分地,这个龙台市真的成了他的全世界。

他在龙台市的老街起步,慢慢发展,后来有了一点积蓄后就扩大经营。开始是一个人干,到现在还是一个人干。听说以前他天天到街上做生意,后来是赶集天才去。刚开始干的时候他是单身,现在几十年后还是单身。几年前他在自己的院子里盖了楼房,过着自己的小日子。他有我自愧不如的地方,他干自己的行业一干就是几十年。据说很多老客户赶集的日子专门去找他,要是他偶然不在也要等到下个赶集日再来找他。

他做生意价格公道合理,服务质量一流,任何一双有问题的鞋子到他手里都能被修好,十里八乡的百姓都叫他伍师傅。

这个伍师傅一只脚有点残疾,要靠一根棍子才能正常走路。小时候听大人们说好像是某次生病留下的后遗症。初中毕业的他,自食其力在龙台市做修鞋师傅长达四十年。后来也有同行抢他的生意,但一个一个都失败了。

不争,不吵,不抢,默默地在修鞋补鞋这个小小的行业干了几十年,服务了十里八乡的人们。他后来买了一辆车,去龙台市也就不用拐棍了。他在龙台市修鞋补鞋行业中目前还无人可以替代。

(二)把自己放低点

人们总是不喜欢太张扬的人,有时候的张扬可能是你本能的表现,但还是有人会说你太张扬了,需要低调。那么在一个行业里怎么来看待自己的角色和位置呢?

1.看自己是否专业

无论你在哪一个行业工作,无论你在什么岗位,无论你学的什么专业,你只有让行业人士或者专业人士认为你专业,你才是真的专业。如果你在技术岗位,那么你的技术水平是否达到了或超过了行业的平均水平;如果你在营销岗位,那么你的营销知识、营销技巧、服务水平是否被行业认可;你若在管理岗位,也要看你的管理水平能否达到行业的平均水平。

2.看自己是否敬业

我认为敬业是在专业的基础上的。有的人认为敬业只是单纯的工作努力、态度积极、吃苦耐劳,这些当然是敬业的具体表现。然而你的敬业不仅是为了自己,为了公司,也是为了给这个行业做出一点贡献。

3.看自己是否立业

如果你能在行业里立业,那么你的角色和位置就很重要了,甚至是不可替代的。你的立业不是你的职位有多高,而在于你在行业中是否有了领先的水平、有了领先的技能、有了领先的知识,那么你就有可能成为行业中的标杆人物、领军人物。

俗话说,干一行,爱一行。爱一行,就要专一行。

二、让自己被需要——如何建立自己在行业中的人脉

很多人都希望自己在职场上人脉广,这样有利于自己在职场上发展。这样的想法对不对呢?是不是在行业里认识的人越多越好呢?

你若被全世界需要,全世界都会主动来找你;你若被全行业需要,全行业也会来找你;你若被公司需要,公司一定会给你一个合适的岗位。

在行业中人脉的建立方式是不一样的,有的人脉是自然而然形成的,有的人脉需要你去主动建立。

如果你是从事营销工作的,无论是线上的还是线下的营销工作,你需要大力去拓展你的客户群体,因为酒香也怕巷子深。

人脉是由"人"与"脉"二字组成的,你无论如何努力也不可能与每一个人都认识,同时你认识的人无论数量多少,能否与你建立一种"脉"的关系呢？这个"脉"才是你想要的,才是你更要注重的,才是与你的事业发展或人生成长有关联的。否则认识再多的人,如果没有建起关联,与你也不会有益。

当然不是要你有一双势利眼,而是从职业的角度看,这个脉一定要与你有关联。有的人与你有共同的兴趣、爱好,有的人与你的工作直接相关,有的人与你间接相关,也有的人与你的职业没有任何关系。

单纯从行业或者职业发展的角度而言,当然要去建立一些与你有直接关联的行业人脉。要么你被别人需要,要么你需要别人。你被需要证明了你的价值所在,别人被你需要证明了别人的价值所在。需要或者被需要,有的是物质层面的,有的是精神层面的。比如你的知识被人需要、你的服务被人需要、你的才华被人需要、你的产品被人需要,这样多的被人需要,你就主动或者被动地建立了广泛的人脉。同样,你在职场上还有很多需要别人的地方,你就要寻找那些能够提供给你需要的人,与之建立相应的关系。

世界很大,世界也很小,小得就像一个小小的地球村。我们都是在需要与被需要中与世界产生联系,与他人和谐共处。职场上的你也不例外,只是每个人建立的人脉圈子有大有小,半径不一样而已。

任何人,尤其是职场人,都不可能独立于他人之外,我所鼓励和倡导的独立精神不是孤立自己。

(一)让时间证明一切

他是一个"80后",如今也到了不惑之年了。从大学毕业到今天20年的职业生涯中,他一直在销售岗位奋斗。从一个普普通通的基层业务员到今天的营销总监,带领团队开拓市场,打天下,他靠的是什么？是在行业里不断积累的各种资源,包括人脉资源、行业信息资源。从最初的职场新人到今天的资深经理人,他始终谦和、虚心好学、斗志昂扬。即使坐到了总监和集团副总的位子,他仍然花大量的时间与客户接触交流,参与行业各种会议论坛,长期在一线调研,在行业里积累了丰富的人脉资源,工作开展得如鱼得水。

当初他作为基层业务员时,也有过不少不理解,总是觉得自己辛辛苦苦跑来的业务,最后业绩都算在了上级主管的头上。做了5年红酒业务员后他跳槽到肉食品行业做业务员,到今天走上领导岗位,一干就是15年。

前不久与他聊天时,他告诉我现在他明白了一个道理,那就是职场上不能够被动等待公司给予自己舞台,而是要用自己的业绩证明自己是能干的,是被需要的。他告诉我这种被需要除了业绩外还包括在行业里积累的人脉资源。

他在肉食品行业做销售15年了,其间也换了三家公司,但从没离开过肉食品行业,从没离开过销售岗位。从第一家肉食品企业的部门经理到第二家肉食品企业的营销总监,再到第三家肉食品企业的副总并且成为股东,靠的是什么?他告诉我,还是靠的他在肉食品行业的人脉资源。他说行业的大客户与他从客户关系变成了朋友关系,而且客户在发展过程中制订发展规划、市场战略时还要请他去做参谋,请他提供战略思路与建议,因为他了解行业动态,能预判行业发展趋势。

他手里的行业资料库可谓一个行业客户的百科全书,里面每个客户的门店数量、营业状况、人员结构、架构调整等信息非常完整,而且一直处于动态更新中。

他总是被猎头关注,一直有新岗位、新公司在等待他。最后他告诉我:无论在哪个行业、哪个岗位,都要主动去积累行业人脉资源,让自己在丰富的人脉资源中不断成长。

(二)让自己被需要

人脉是职场的需要,也是自己的需要。你要实现自我价值,没有人脉怎么行呢?你被需要得越多,证明你的价值越大,也能为你建立更广泛的人脉。

正确理解人脉,建立有效的人脉,让自己的价值得到充分的认可,这也许是很多职场人奋斗的目标吧。

1. 积累被行业期望的需要

无论你从事哪个行业，都要有一个积累价值的过程。无论在技术上，还是在产品上、服务上，行业里都有一个分工协作的需要。你积累的价值一定要是行业需要的，这样你才有可能在行业里建立好的人脉。你所在的行业哪些是被需要的，我想你应该比我清楚。行业里众多的需要，你能够提供哪一方面的呢？哪怕是一个小小的方面。

2. 积累被行业看见的需要

你积累了不少能够满足别人需要的东西，你怎么才能让行业看得见呢？你可以一对一去宣传，你可以一对多去宣传，你可以多对多去宣传。你可以自己去宣传，也可以让别人去宣传。你要找到合适的机会、合适的时间地点、合适的对象不断扩大你的知名度。

3. 积累被行业交换的需要

你积累了很多被需要的价值，其他人也积累了很多被需要的价值，你和他之间是否可以互相交换呢？你们和他们之间是否可以互相交换呢？互相交换就是彼此价值的真正体现，交换得越多，建立的价值联盟就越大，人脉就越广。

一切在于积累，你积累了价值，行业自然就需要你。

三、聚沙也能成塔——如何有意识地积累相关的行业资源

我们总是仰望塔的高度和塔的伟岸，我们很多时候也梦想自己能够在职场上像一座塔一样，成为行业的标杆，成为别人的标杆，让我们自己在职场上如鱼得水、顺风顺水。

我们的美好向往需要我们不断去努力、去奋斗，因为天上不会掉馅饼。即使掉馅饼也不一定会砸到自己。从很多成功的案例中我们可以看到：一个人想要成功，想要取得一定的成就，必须要有主动意识。但我们往往能看到很多职场新人包括已经在职场上摸爬滚打多年的人，缺乏主动意识，工作不主动、思考不主动，更别说反省了，一旦失败，往往认为是客观原因造成的。

一个人如果长期在工作和生活中处于被动状态，被动地去工作、被动地去生

活,那么是不可能有所成就的,甚至可能连最基础的工作都很难完成。也许有人认为自己的运气不好,但是我们要知道运气是建立在实力的基础之上的,也就是人们常常说的运气或者成功是给有准备的人的。

职场上我们要做一个有准备的人,做一个有主动意识的人。在主动中完成工作,在主动中发现问题,在主动中总结经验与方法,在主动中积累行业资源。你是否主动别人是看得见的,是否主动自己是知道的,是否主动领导心里也是清楚的,一个主动的人不会害怕吃亏。

让我们培养主动的意识,从而形成主动的习惯。一旦习惯养成了,我们就会有不断的思想源泉,不断找到创新的方法,为自己创造一个轻松愉快的环境。

无数事实证明,有意识地建立和积累行业资源,能够为我们的职业舞台打下坚实的发展基础。要想成功,那就从有意识去积累行业资源做起吧。

(一)陌生来电

记不得是2020年末还是2021年初,一个不熟悉的电话打过来,我挂掉了。当这个电话第三次响起的时候,我按下了接听键,刚开始我以为不是诈骗电话就是骚扰电话。

原来是单位的一位分管行政工作的同事打来的,他告诉我说:"有一件事跟您商量一下,您办公室的电脑和办公用品我们准备帮您收回公司了,您有什么意见吗?"

这哪里是商量呢？这是制度规定。当时单位出台了一项可以提前退出领导岗位的政策,我的条件正好符合,再三考虑后我递交了申请书。接到这个电话,证明单位已经同意了我的申请。就这样我结束了职场生涯,按流程交接了工作后我正式成为"下岗职工"了。

(二)没有意外

"下岗"后,恰遇冬天来临,没有班可上了,也不用天天打卡,朝九晚五的生活结束了,可以睡到自然醒,我过上了自由自在的生活。离开工作岗位后的三个月,我的电话数量慢慢减少了,微信消息也慢慢减少了。除了自己原来在单位负责的项目还有一点点收尾工作需要我签个字,我与单位的工作联系就这样慢慢断了。

从前看过很多职场人从岗位上退下后种种不适应的例子,可能因为别人在位时位高权重,享受着权力带来的愉悦和威望,或者从忙忙碌碌的工作状态突然变得无所事事,他们在心理上、精神上、身体上还没有完全做好准备。而我从来没有位高权重,加上一直以来自己脑子里面好像缺根筋,所以离开了也就离开了,生活还要继续。爱看书、爱运动的习惯不会改变。其实,工作只是人生的一部分而已。

(三)也谈积累资源

闲下来后,工作上的朋友少了,日子更加从容了。这么多年还是有一些对自己比较认可的朋友和同事,他们对我的未来还是比较关心的。有关心我下一步的计划的,有邀请我一起干点事的,还有几家不大不小的企业老板通过朋友邀请我加盟他们的公司。他们让我很感动,也很感激,但是我都婉拒了他们。一方面制度上规定不能这样;另一方面,我自己有几斤几两还是有自知之明的,同时我也不希望自己好不容易轻松下来又重新戴上枷锁。

他们认为我这么多年积累了不少资源,就这样闲下来算是浪费了。我自己也没有意识到,在大家眼里我这么多年来认识的人、积累的各方面经验、在管理方面的心得等等都是资源。在经济学上所谓的资源,简单地说就是可以带来效益或者产生财富的生产要素吧。

在积累资源方面,我大致来谈一些我的经验吧。

1. 积累经验,脸皮要厚

回想这么多年自己得到的很多工作机会,当然是领导给予的,同时也是我的厚脸皮争取来的。记得当初我当老师的学校规定本科生毕业必须一年见习期后才有资格上讲堂。而我在听了几位老师的课之后,找到了系主任,系主任找到主管教学的院长,希望给我一次试讲的机会。当我试讲完后,主管教学的院长问我是不是以前讲过课,就这样我提前一年登上了讲台。

后来我在一家企业做董事总监,分管人力资源和行政工作,工作做得有声有色,但我一直缺乏全面管理营销的工作经验,仔细思考后我找到总经理和董事长,主动要求主管营销工作,全面阐述了我的宏观设想和具体措施。后来的实践证明我没有让领导失望,我自己也积累了更多的营销管理经验。

再后来我到了央企工作,我一直认为自己在人际交往方面具有较大的优势,我主动申请了项目拓展的工作,一年间我跑了近40个县,积累了与县级政府沟通、合作的经验。

2.拾遗补缺,甘当替补

很多企业或者单位都会开展一些不同类型的培训班,包括专业类和非专业类,领导安排我去参加培训我从不拒绝,不但不拒绝我还主动申请。有些培训,公司没有人愿意参加,我都愿意当替补。这样我得到了很多培训机会,参加培训的次数自己都记不清楚了。我参加的培训种类很多,包括专业类的培训,如管理类、营销类、人力资源类、财务类;还包括非专业类的培训,如安全类、技术类等。

一些行业还会有很多行业会议、行业展览、行业交流,我都会在时间允许的情况下去参加,哪怕自费也要去。参加这些活动可以了解不同企业的产品和运作模式、动态,是极其有意义的。

3.脚踏实地,勇于表现

干任何事情都没有捷径可走,但还是有方法的。我习惯在接受新工作新任务时先在笔记本上写出大致方案,然后才会开始行动。后来在给团队布置工作时,我都会列出行动或者工作的具体步骤供执行者参考。不仅自己要勇于表现,也要鼓励团队成员大胆表现。这里的勇于表现不是不知天高地厚,不是盲目张扬,而是要脚踏实地。分内事、分外事都干好,一定不会吃亏的。

你的工作做到位,领导自然会看得到,但善于表达、勇敢表达也是不可少的。单位组织的各种讨论会、头脑风暴会、学习会,有发言的机会时不要放弃。

总体而言就是积极主动争取机会,争取机会时脸皮要厚,因为你的争取是为了更好地完成任务,当然争取机会时一定要清楚自己的情况,确定自己有把握完成任务。

拾遗补缺,勇当替补,能让自己更全面地去接触、去了解、去积累。

脚踏实地是积累一切资源的基础,也是自己快速成长的基础,勇于表现自己是对自己的展示,但要记住表现不是张扬。

四、借势而为成大器——如何借助现有资源快速成长

包产到户后,粮食问题基本解决了。为什么?农民除了交足国家的,留够集体的,剩下的就是自己的了。农民的生产积极性空前高涨,干活是在给自己干了,他们会想方设法把产量搞上去。

我们的职场是否可以借鉴包产到户这样的做法呢?让职场人看得见自己的收获,也为自己干。其实包产到户之后,土地还是那些土地,劳动力还是那些劳动力,为什么产量就高了那么多呢?道理很简单,那就是把现有的土地资源与作物生产过程中的各种要素根据具体情况很好地结合起来,把庄稼当成自己的孩子一样精心照顾,这样产量自然而然就高了。其中最主要的原因在于农民能够看得见自己的劳动与自己的收获之间密切的关系,从而很好地利用各种资源,让资源合理使用、合理配比,从而达到最优化的结果。职场上的管理能否也借鉴这样的管理和分配模式,从而让职场人士也能在保证平台或者公司利益最大化的基础上,看得见自己的利益呢,我想是完全可以做到的。

(一)他找到了路径

他刚刚毕业时很幸运地被一家世界500强企业的三级公司录用了,他在学校期间担任过班干部,具有较强的沟通能力、组织能力和写作能力,于是他成功应聘到了办公室做文员。具体来讲他的工作有三方面:协助起草各种会议通知,帮助撰写领导的讲话稿,起草公司各种文件的初稿。一直自信满满的他,认为这些工作对他来说都是小菜一碟。但是当他一次次地碰壁之后,才认识到这些不是像在学校写作文和写论文那样顺利的。会议通知文稿看似十分简单,一旦自己动手起草时,总是会忽略掉一两个关键因素,脾气不太好的领导总是批评他,这样的小事都干不好还天天想着要干大事。原来他不知道要写好会议通知这样的事情,也是文秘工作的必要部分,而且里面还有大学问呢。

帮助领导起草讲话稿时更是一次又一次被打击,一次又一次被退稿要求重写,最后他对自己都失去了信心,起草的文件更是被批得"体无完肤"。怎么办?有时候一夜一夜失眠,最后他突然想到为什么不去请教那些前辈呢?他们在办

公室工作多年,一定会有成功的经验和好的办法。当他愁眉苦脸诉说完他的苦恼和纠结后,没想到前辈们哈哈大笑,以为是什么大不了的事情呢,原来是小事一桩。前辈说为什么不懂得合理利用现有资源,而要自己一个人不知所措地低头拉车呢。

前辈们告诉他:第一,可以查阅最近一年的所有会议通知,做好笔记,记下会议通知的所有要点,先从模仿开始,进而逐步完善,总结提高,在有些时候还可以拔高;第二,查看领导近三年的讲话稿,明白领导的一贯精神、习惯用语、系统性和逻辑性;第三,起草文件前要与相关人员充分沟通,记下方方面面的意见和要点,写出文件提纲,请直接上级审查后再动手开始写具体内容。

前辈们的建议和意见他听进去了,而且也有了实际行动。能够借阅的资料全都借阅,能够带回家的资料全都带回家。下班后在工位上阅读研究,回家后继续研读各种历史资料,在半年期间他记满了厚厚的三本笔记。后来他的进步大家有目共睹,领导时不时会表扬他。再后来他在起草会议通知、讲话稿、文件的过程中还融入了自己的思考,加入一些新的元素,他的文秘工作做得有声有色,三年后,他成长为独当一面的秘书主管了。

(二)积少成多,加快成长

我认为比较是痛苦的,当然职场上是不可能没有比较的。与谁去比呢?要与同年代同时期的职场人士去比。很多时候"60后"羡慕"70后","70后"羡慕"80后","80后"羡慕"90后"。这样的比较可能没有太大意义,只会给自己找理由,总是认为自己生不逢时,给自己平添许多烦恼。

积累资源,快速成长,对哪个年代的人都是一样的。那怎么利用现有资源快速成长呢?关键在于"三借":

1.借业绩

借业绩,我想一定有人不理解吧。借业绩不是去偷谁的业绩来变成自己的业绩,那样是职业道德不允许的,也是制度不允许的,还是法律不允许的。我们知道,企业一般都会有月度分析会、季度分析会、年度分析会,还有很多会议包括客户谈判会、战略会,这些会议可能与你有关也可能没有关系。我观察到很多人尤其是一些年轻的职业人对会议不感兴趣,在会场上不是心不在焉就是玩手机,其实任何一个汇报人在汇报时都会讲他们的业绩和工作中的一些措施。这是多好的机会,他们的好办法、他们的好措施,甚至他们的不足不都是给我们提供了参考吗?他们的业绩,要听、要思、要分析。看看他们的业务顶层逻辑是什么,底层逻辑是什么,这些不都是可以借来用的吗?如果你认为这些都与你不相关,那你怎么会快速成长呢?

2.借时间

时间可以借吗?借谁的时间?每个人的时间不是一样多吗?是的,每个人的时间都是一样的,所以我们要借自己的时间,也要借别人的时间。借时间来交换,交换你的知识,交换他的知识,探讨你的认知,也探讨他的认知,交流你的工作技巧,也交流他的工作技巧。关键是你要选好那个愿意借给你时间的人,借时间我建议要讲究"门当户对",也就是互相认可。可以向内部同事借时间,也可以向外界人士借时间。

3.借"味道"

味道是可以借的吗?味道不是用来闻的吗?是的,味道是来闻的,而且每个人对同样的味道还有不同的反应,比如同样的香水有人喜欢也有人不喜欢。当然,我不是让大家去借那些"闻得到"的味道,而是让大家去借"看得见"的味道。这里的"味道"可以理解为品味、风格、特点。别人穿衣的风格能不能借?别人工作的方式可不可以借?别人语言表达的方式能不能借?别人为人处世的方法可不可以借?诸如此类还有很多。

业绩、时间、味道是不是资源?当然是资源,而且就是你身边最近的资源,看得见的资源,就看你愿不愿意借了。

借来为你所用,就是借势而为,这样你的成长就容易多了。

五、有限资源中的无限——资源有限的情况下如何争取

职场中能称得上资源的东西很多,比如人际关系资源、信息资源、客户资源、资金资源、行业资源等等。但你的岗位和工作性质决定了你的资源是有限的。

从投入产出的角度看,你需要将最小的资源最大化,让资源发挥最大的作用。

职场实践的增加,还有岗位的晋升或变化,都会给你带来资源积累的变化。资源可以是企业掌握的资源,也可能是你自己掌握的资源。如何争取资源或者积累资源,是职场人士关心的一个话题,因为资源的多少有时候会决定你的工作业绩和工作效率。

如果手中一点资源都没有,怎么能够完成工作呢?除非你的工作完全是独立于外界的,否则一定会需要外界资源的支持。

刚刚毕业的你或者职场工作还不到5年的你,资源是十分有限的。这个时候你不用太着急,任何人的资源都是慢慢积累的,只是有的人积累快一点,有的人积累慢一点,有的人找到了更好的方法,有的人还在慢慢寻找方法,但无论如何你的资源都会随着时间的推移慢慢增加。

资源的积累有点像经验的积累,你不去总结、不去提高、不去反思,就很难获得好的经验、好的思路。我们在职场上常常看到有不少的人虽然工作时间不短了,有的甚至工作了十年八年,还是做事无章法,逻辑混乱,干啥啥不成。这样的职场人士即使身边有很多资源也不懂得去利用,不知道怎样去提高自己。

职场上有很多事情是不由自己决定的,但也有很多事情是自己可以决定的,比如你的工作态度、工作方法、思维方式、学习时间,有时候资源也要靠你自己去直接获取或者间接获取。有的资源是公共资源,对谁都是公开的,比如公司的内部刊物,你可以去分析里面的信息,去思考里面不易被看见的逻辑关系。

有很多的职场人士对内部刊物不关注,认为都是一些假大空的表面文章,其实并非完全如此。从内部刊物中能够看到公司的一些价值取向、发展思路,还有很多或明或暗的信息。你只要有透过现象看本质的能力,就能读出有用的信息,这些信息或许就是对你非常有用的资源。

资源有时候是抽象的,有时候又是具象的,它们往往就在你身边,就在你的工作中和交往中。获取资源为我所用,是一种学习能力也是一种特殊的工作能力。

(一)白手创业的她

在北京工作五六年后,她回了家乡,重新开始创业。

她在北京几年间除了在某贸易公司干了几个月,其他时间都在某知名的教育公司就职,专业不对口没关系,慢慢学习吧;业务不熟悉没关系,慢慢学习吧;资源没有没关系,慢慢积累吧。就这样她脚踏实地慢慢进步,工资年年涨、岗位年年升、业绩年年高。她的进步在我意料之中但进步的速度却在我意料之外,这种情况在职场上难得一见。

回到家乡后,她很快就注册了公司,招兵买马,说干就干。还是做的教育行业,第一次自己当老板,平台变了,视野也不同了。

她说之所以离开了北京,只是想让自己稳定些,之所以继续干教育行业,是因为在北京积累了不少资源,包括客户资源、全国各地的资讯等。之所以要自己当老板,她说她想在这个垂直领域做大做强。

为什么一定要回到家乡去做呢?她说家乡的水土更适合自己,有更多资源可以整合,也能够找到更多的愿意一起整合资源的人。

主动积累资源,为自己的未来积累资源,她明白得早、动手早。早起的鸟儿有虫吃。

有以前同事的鼎力相助,有行业人士的帮忙,有业务网络可用,她做得很顺利。她自己的努力,加上政府的支持、业界的认可,她的第一步成功了,相信她会越做越好。

(二)功夫不负有心人

有心的人,做什么做不成呢?积累资源也是如此,你只要有心了,还愁没有资源吗?

1.用心去分析

你首先要知道你需要什么样的资源,什么样的资源对你现在有用,什么样的资源对你未来有用。拿出笔记本,把你需要的资源一个一个列出来,然后用心分析。

2用心去获取

知道自己现在或者未来需要什么样的资源,那么你就要用心去获取了。看看你周围哪里有你需要的资源,看看公司内、行业里哪里有你需要的资源。你要用心去接近、去获取、去积累。慢慢地,你就找到了你需要的资源,你就会有了获取资源的经验。

3.用心去鉴别

今天资讯发达,很多资源扑面而来,较容易获得。你要学会去鉴别哪些是现在有用的,哪些是未来有用的,哪些对你现在和未来或许都没用。对你没有用的资源要果断放弃。

每一个职场人士需要的有效资源是不一样的,所以需要你用心去积累。

六、最好带来一片阳光——我能为团队带来什么

无论你在哪个领域都是团队的一员,哪怕你是独立工作者,你一个人在家独自工作,也要与外界联系,你需要把自己的产品、作品、服务通过市场交换的形式换成你自己需要的东西,包括金钱。任何一个人都不可能独立于这个世界之外。

我们在职场上当然也是团队中一员,有时候我们需要其他队员的帮助,有时候我们也可以帮助其他队员。我们是团队中的一员,占据团队中某个位置就需要为团队做点什么,而不是仅仅希望团队给予我们什么。

父母能暂时给予我们照顾,但不可能永远。团队里没有免费的午餐,天下也没有免费的午餐。你可以等价交换去获取你需要的午餐,但你要提供相应的价值。

毕业了,要离开你熟悉的同学和老师,走向工作岗位,人生开启了新的历程。要把多年学到的知识贡献给社会,要面对新的环境了。就像你长期在一片水域学会了游泳,毕业后你到了陌生的、更宽阔的海洋去游泳了。海里有时候风平浪静,但也有惊涛骇浪的时候。

学了那么多年不就是为了走向更宽阔的天空和大海吗?但你不会独自面对大海,也不会独自面向天空。你会融入一个与你一起对未来的团队,里面有你的兄弟姐妹,有你的人生导师,有你的合作伙伴。

要为团队做点事情、要为团队贡献点自己的力量,那么我能为团队做点什么呢?

既然已经加入了团队,团队就有了你的位置,你也就有了为团队做事情、做

贡献的机会,但不要急,从小事做起、从细节做起、从点滴做起,假以时日何愁无贡献呢?

(一)勤快的他

"林总,您好!有件事我想麻烦您一下。"他笑嘻嘻地说。我想他能有什么事麻烦我呢,我与他没有什么交集,而且当时我还不知道他的名字呢。他干净利落,勤勤恳恳,任劳任怨,也许你认为现在用这些词语去形容一个人很可笑,跟不上时代了,但我依然要用这些词来形容他,因为他就是这样的人,这是我从内心的夸奖。

"没关系,您说吧,有什么我可以帮到您的。"

"我想继续留在这里干,我在这里已经干了差不多6年了,已经习惯了,也与大家熟悉了。"

"继续留在这里干?您不是干得好好的,大家都很认同您,您与大家关系不是处得很好吗?谁要让您离开的?"我问道。

原来,他所在的保洁公司在最近的招投标中没有中标,所以他要离开。他被保洁公司派来我办公所在的楼层快6年了。每天上班前我的办公室、其他办公室包括所有的公共办公区,都被他打扫得干干净净。我的办公桌上各种办公用品每天他都能按照我的习惯归位,从来没有乱过,桌椅打扫得一尘不染,我自己也不能干得如此好。

让我感到吃惊的是他好几次都向我借书看,他说我书柜里的好几本书他都想看。我同意了,其中有几本书我都看了几遍了,就顺手送给他,告诉他不用还了。后来熟悉了,他便告诉我了他的经历。他从山东来到北京是为了离自己的孩子近点,可以一边打工一边照顾孩子,这就是天下父母心。

我注意到他不仅与我,还与公司很多人包括领导、员工都很熟悉,能够快速叫出本楼层大多数人的名字。年近60岁的他干净利落,满脸笑容,见了谁都主动打招呼。时不时他还送点自己亲手做的咸菜让大家品尝。记得有一次,我加班晚了他还给我送来一碗热气腾腾的泡面。

如果能够给予他帮助,我当然愿意。我请他把他的姓名、联系方式以及在本楼层近6年的服务经历,简单写了个材料给我。他是保洁公司派来的劳务工人,不是我们团队中的一员,但在我心里、在我们大家的心里他早已经是我们团队中的一员了。后来他如愿以偿留下来继续为大家服务了。

(二)带来一片阳光

很小的时候,家中的老人告诉我们吃亏是福,但是小小年纪哪里能够理解呢。多年后在职场上、在社会上经历了一些事情后才真正明白吃亏是福。

很多职场人士自我保护的意识、利己主义思想强烈,不能吃半点亏。团队也是一个大家庭,家庭就需要和睦相处。很多时候只要我们多做一点点,你就豁然开朗了。

1.工作多干一点点

你可能要问我了,我干好本职工作就可以了,为什么还要多干一点呢,那样我不就吃亏了。是的,首先你要干好本职工作,干好本职工作就是在为团队做贡献。我认为,任何组织的分工都不可能完美到没有缝隙的程度。多干一点可以弥补缝隙、多干一点可以互相补台、多干一点可以更加完美。分内的工作要多干一点点,分外的工作也要多干一点点,多干一点点当然不是去抢别人的工作,也不是去与别人抢饭碗。

2.困难多帮一点点

无论是资深职场人还是职场新人,总会遇上各种各样的、大大小小的困难。在工作上比如对任务不是特别理解,或者找不到好的工作办法,或者工作进度缓慢等等;在生活中也可能遇上一些困难,比如情绪低落,还有很多其他的困难。在力所能及的情况下,你为什么不可以帮一帮呢?帮不上大忙,小忙还是可以帮上的,谁都有遇上困难的时候。

3.任务多问一点点

在接受任务时我建议你可以多问一点点,把任务理解得更彻底更清楚,而不是一知半解,也不是按照自己的理解来做,否则你可能会出错。如果是你在布置任务也要多问一点点,让聆听者重复一下任务,让他们回答一下具体的措施,这样可以帮助他们少走弯路或者不走弯路。如果你还有与你有合作关系的同事,事前也可以多问一点,争取互相之间在理解上达成一致,措施上互相配合,这样团队就可以事半功倍了。

要想为团队做些事情,你还可以根据你周边的具体情况而决定。我想只要你愿意为团队做事情,那你一定会有办法的。

带来一片阳光,照亮别人也照亮自己!

七、德才配位让人服——作为一个小组的负责人,组员不服你该如何解决

在阳台上码字的我,一边享受着温暖的阳光,一边思考这个问题。记得当年在当老师时,管理课上有一个关于"管理是科学还是艺术"的讨论。分组讨论时,我把同学们按组分成了正反两方,正方坚持管理是科学而非艺术,反方认为管理是艺术而非科学。双方越讨论越激烈,谁也不服谁,最后都没有妥协。正是应了那句话:辩论只能使辩论双方越来越坚持自己的观点,而不是达成一致。

(一)就要让你服了我

作为一个"救火队员"的我,在职场上扮演过不少角色。苏北的宿迁是个好地方,有骆马湖,说实话,没去宿迁之前,我还真不知道骆马湖,我一见到骆马湖就非常喜欢,后来去了20多次,去跑步、去游玩。

第二次去宿迁,是去组织养鸡和管理养鸡。工厂建起来了产能总得上去吧,于是领导把毛鸡产能不足的难题交给了我。

宿迁的冬天很冷,这对习惯了北京暖气的我而言是一种考验。与天气的考验相比,抓鸡源才是重中之重,工厂不能等米下锅。

当地农户建设的养殖场规模对我们而言很合适,可研究出一套与农户合作的商业模式有些难度,还好有业界的模式可以借鉴,兼顾双方的利益或者我方让出一点利益,就基本上解决了。

分管公司内部的20多个养殖场,难度就比较大了。没有养过鸡,又不懂技术的我,只能听20多个场长的单方面介绍。我必须要懂点技术,怎么办?

去到养殖场里,同养殖工人们同吃同住,从零开始学习。好在养一批鸡的时间不算长,在封闭养殖期间电脑一样可用,不影响我正常办公,就这样说干就干。

转眼间,第一批鸡养成了,我也从养殖场里出来了。此时的我对养殖技术也有所了解,与20多个场长交流时顺畅多了,而且有些方面我可能比场长了解得更多,因为我是带着任务进去的,带着思考进去的。

后来我总结的经验是"让鸡睡好觉,让人吃好饭,为自己养鸡"。话虽然只有三句,但里面包含了技术问题,比如怎样才能让鸡睡好觉,学问很深,睡好了觉鸡就长得快;里面包含有人性的问题,比如让养殖工人吃好饭,他们吃好了,对工作的责任心更强;还包含了分配问题,让工人知道我们搭建平台是为了利益共享,相当于是在为自己养鸡,这样难道还没有积极性和责任心吗?

(二)德才配位,为什么不服

成为一个小组的负责人,那是你的幸运。担任小组负责人证明你专业能力强或者组织协调能力强或者兼而有之。

组织上应该给小组明确了任务、权限、职责。对一个任务或者项目而言,一定会有时间要求、任务完成的检验标准。组员可能是临时抽调的,在某个阶段集中力量攻克任务。小组成员在年龄结构、工龄长短、专业情况、工作习惯、性格特征等方面都有差异,所以一个小组的负责人是需要有较强的组织能力和协调能力的。无论是否是临时性任务小组,作为组长的你都要考虑以下几个因素,否则真有成员不服你。

1. 目标是否特别清晰

小组的具体目标是什么,是否有量化的标准。形成可量化、可检验、可拆分的文字化和数字化标准,形成目标清单。这个目标清单要让所有成员看得明白,得到大家的认同。所以作为小组负责人的你可以在工作开展之前,让大家反复讨论一下,争取把小组成员的意见充分体现在目标之中。事前得到大家的一致认同或者绝大多数认同,过程中就不会出现不服从的现象。

2. 分工是否特别明确

无论小组成员有多少,哪怕只有两三人,也存在一个分工的问题。最好的办法是每个人都有一个任务清单。包括每个人的具体任务、完成时限、每个人可获取的资源、每个人的权限、工作方式等等。清单需要每个人签字,存档留存,作为评估每个人是否完成业绩的衡量标准。

3. 机制是否特别完善

小组成员的任务有了明确的分工,但在完成的过程中小组长就要根据具体情况决定是对过程进行检查还是等到时间节点再看结果。经常有人问我,管理到底应该管结果还是管过程。这个问题我想包括任何一个管理学教授或者一个知名企业家也无法明确地告诉你,这是一个非常具体的问题。我给大家的参考通常分成四个方面:

成熟的事、成熟的人就管结果;成熟的事、不成熟的人辅导过程;成熟的人、不成熟的事关注结果;不成熟的人、不成熟的事管过程。

作为小组长,要把工作过程中遇到问题时的协调机制事先与大家沟通好,过程中可以随时或者定期开协调会。

4. 分配是否特别合理

完成任务后对成果的享有要有合理的标准,比如成果的著作权、奖金的分配比例、福利的奖赏等等。我常常讲,领导力的第一能力是分配能力,不仅仅是物质分配,也包括精神层面的分配,比如评先进、奖励学习的机会、奖励休假旅游的机会等等。

依我在职场上多年的经验,做到了以上四点,小组成员一般都会服从小组长的管理和协调的。

八、大爱才能拥抱世界——如何获取下属的信任和拥戴

有人说自由就是一个让人讨厌的东西,你的无约束的自由一定会在某种程度上影响别人的自由;你的无边界的自由一定会在某种程度上侵犯别人的边界;你的不考虑后果的自由怎么会得到别人的认可呢?

但凡有果一定是有因的,但凡有因一定会有果的。自然界如此,人类社会也是如此。种瓜得瓜,种豆得豆,这是规律。

什么时候你会感到高兴？那是别人对你微笑时，你的付出有了回报时，你被别人接受时。喜怒忧伤悲恐惊都是人正常的情绪，但任何一种不受控制的情绪，都会给自己带来伤害，带来不可预料的后果。

你对着镜子笑，镜子里的那个人也会对你笑；你对着镜子哭，镜子的那个人一定也是对你哭，这个道理非常简单。爱笑的你一定会收获更多的微笑。

被爱包围的时候，你一定会感到幸福；处在压抑的环境中，你就会垂头丧气。职场中的你我出门要有笑脸，回家更要有笑脸。一个常常微笑的人，内心一定是柔软善良的。坦坦荡荡做人，勤勤恳恳做事，这是职场上所有人都应该做到的。不单为了他人，更是为了自己。

（一）再说清洁工

我经常说清洁工，有人可能会问你怎么就喜欢说清洁工呢？清洁工有什么好说的，清洁工作谁都能干，没有什么技术含量。如果你这么认为，那你就错了。我以前也这么认为，但后来我改变了这个想法。你仔细观察马路上、小区内、单位办公区等地方的清洁工，你看看每个人的动作，每个人的表情，每个人的细节，真是区别太大了。

一个清瘦的老头，60岁左右，我几乎每天都能见到他多次，次次我都会与他招手打招呼，但至今还不知道他的姓名。两年前，突然有一段时间没见到他了，我以为他回老家或者生病了。

又见到他时大概是三个月后，我问他前一段时间怎么不见了，他告诉我说他到别的小区干活去了。不是干得挺好的吗，怎么去别的小区了呢？他以前一直负责我家所在楼栋的清洁，早上五点就开始工作了。楼栋走廊的每个角落他都不放过，每天用干干净净的环境早早地迎接大家去上班。

住户们对他非常信任，收到户主的纸箱等废品时他还要付费。后来我发现包括我家在内的越来越多的户主，无论给他多少纸箱等物品都不要他的钱了。他离开的那段时间里新来的清洁工总是有气无力的样子，我们楼栋的卫生明显不如以前了。

"物业公司给我的钱太少了，一个月才1500元。我新去的小区给我一个月3000元呢。"他告诉我。善良勤快的他以为我不相信他说的，特意把手机打开让我看他的工资收入。

我问他为什么又回来了,他说小区要实行垃圾分类,物业公司又把他请回来专门负责垃圾分类工作,工资一个月涨到了4000元。

见人时他总是主动打招呼,脸上挂满了微笑,后来他告诉我除了工资收入外,每天可回收的物资也能卖100元左右,他很满足了。

他为什么能得到小区住户的喜爱呢?我想是他把他的本职工作做到了极致,做到了让大家都满意的地步。

(二)无价的爱戴

你信任你的下属吗?你关心喜欢你的下属吗?作为一个管理者、领导者,如果只会讲大话、讲空话、讲假话,会有下属爱戴你拥护你吗?如果你只会命令下属、批评下属、训斥下属,会有下属爱戴你拥护你吗?如果你只会布置任务、高高在上、横眉冷对,会有人爱戴你拥护你吗?

反问下自己,也许你就知道该怎么带领团队和管理团队了。其实做普通员工也罢,做领导也罢,你需要别人怎么对待你,你就要怎么对待别人。

1.以诚相待

有的管理者以为打压就可以让下属服服帖帖。非也,那样的服服帖帖只是表面的,内心都是不服气的,因为你手握大权,下属们只是敢怒不敢言而已。人都有倾向性,都有喜欢与厌恶之分,但作为管理者和领导者,需要淡化倾向性,尽力做到公平。

如果你能够对你的下属以诚相待,你的下属也会对你以诚相待。无论你认为职场多么复杂,以诚相待是你赢得下属爱戴和拥护的第一要素。

2.以理服人

作为一个管理者,在职责分工上有别于下属,你有更重的担子、更多的任务和责任。你站在全局看问题和下属站在局部看问题的角度是不一样的,意见不一致是常有的。服从上级是组织内部的基本原则,但服从并不代表下属不可以给你提意见、提建议、提想法。如果你能够做到不强制、不强压、不强行,而是能够协商是最好的。实在协商不成,你也要以理服人,让下属了解你的思路和目的。

3.就事论事

大多数时候人们之间起争执都是因为双方话赶话,一言不合而让对方接受不了,于是就引起了纷争。我们作为管理者,在与下属谈事情时一定要就事论事,千万不要把无关的人和事带进来,这是一个管理者最基本的职业素养。

具体情况具体分析,既然你已经是一个管理者了,你应该具备了最基本的素养,而要让下属爱戴你拥护你还要注意更多的方法。

九、用事实证明自己——自己的职位提升得不到同事的认可怎么办

我常说职位不代表一切,但职场中人,谁不希望职位得到提升呢?当然有人一辈子在一个岗位上原地不动兢兢业业,也会取得辉煌的成绩。虽说职位不能代表一切,但不可否认的是,职位往往是对一个人的肯定,也是一个人的舞台,很多时候也是一个人价值的体现。从这个层面来讲希望职位得到提升,是无可厚非的。我也鼓励年轻的职场人为职位努力,但又不要做职位的奴隶,这是一个需要你自己把握的问题,谁都不能给你具体方法,但可以给你一些建议,需要你自己去悟,去思考。

一个人无论在什么样的岗位工作上,都需要体现自己的价值,贡献自己的价值。要体现价值,很多时候是需要一个合适的岗位的,从现实的角度看,可能岗位越重要、职务越高,任务越大、职责越重。你的岗位越高,就越容易按照自己的想法去做出决策,所以更有可能实现你的理想抱负。马斯洛的需求层次论认为人的最高需求就是自我价值的实现。

自我价值的实现,不是独立的事件,尤其是在职场上,没有一个团队,没有一个目标一致的团队,你怎么能实现自我价值呢?

要实现自我价值还要帮助别人也实现价值,在大家共同实现不同的自我价值的基础上才能实现团队共同的价值。

所以,如果你在一个更高的职位上,如果以前和你平级的同事变成了你的下属,而且还不认可你,你除了尽快证明自己是合格的,是能够带领大家一起向前走的,没有别的捷径了。

能够被提拔,有一定的偶然因素,但必然因素应该是占了主要成分。领导为什么要提升你的岗位呢？你要知道公司是有原则和考量标准的,领导也有领导的用人标准,也是会做到基本公正的。所以你应该把心放在肚子里,只要一门心思去思考你在新的岗位上如何带领团队完成任务就好了。

什么叫领导？我认为就是引导个人或组织去完成任务的人。从这个含义理解,不要把当领导理解为就是当官,就是管理别人指挥别人监督别人。要想想你除了运用权力去引导别人外,还有没有真本事、真能耐去引导别人。这是一个非权力威信的问题,一个人的威信如果建立在非权力基础上,那才能让人们心服口服的,否则那也就是一个昙花一现的权威。当你失去手中的权力时,你的假权威也就到头了。

(一)让人不放心的他

他脑子很聪明,鬼主意多。在很多事情上他都有一些点子和主意,但为什么他在职场上没有发挥太大的作用或得到更高的职位呢？

我与他认识多年,知道他主意多,在不同的公司、不同的行业有过不同的岗位,有时候还是很重要的岗位,曾经是某公司分管销售的副总。

按说他是可以有所发展的,但一直没有太大的进步。

为什么呢？我想他的聪明只是小聪明,而不是智慧。他在带领团队方面随心所欲,甚至放任不管,没有什么规矩,讲哥们儿义气,其实丢弃了原则。自以为仗义的他以为大家会对他感恩戴德,其实大家都觉得跟着他没有什么发展前途。有人给他起了一个"大嘴巴"的外号,该说不该说的,他不分场合都要说,尤其是那些不着边际的话都要说,这样的习惯他多年也没有改变。

久而久之,他的部下纷纷要求调换到别的部门,别的岗位,公司对他越来越不放心。下属也觉得跟着他很没面子,也学不到什么本事。

每到一个新岗位,他的部下都不认可他,他还能让谁放心呢？谁还能给他更重的担子呢？

(二)用事实证明自己

在晋升的路上,很多岗位对年龄都有一定的要求,当然,文化知识也是不可缺少的,除此之外还要有能力。很多能力是显性和隐性的结合,不是可以完全称出重量的,最后还要与上下左右协调好关系,让大家都认可你。

1. 变换角色

如果你到了新的岗位,尤其是岗位晋升了,而且还是在原来部门的晋升。首先要快速适应和改变的是你,而不是别人。管理岗位考虑事情的方法与一般岗位是有很大区别的,你要有通盘考虑的意识,要有平衡的意识,要有相对公正合理的意识。所以,凡事思考在先、平衡在先、方案在先。

2. 变换方式

与同事相处的方式是不是随着岗位的变化而变化呢?我想是应该变化的。这个变化不是说要与大家拉开距离,彻底变成领导与被领导的关系。你是一个领航者,你是一个管理者,你是一个队长,你想想,是不是关系有所变化呢?你的领航速度要让团队跟得上,同时不要有掉队者;你是一个管理者,你要关心团队的工作进度、质量;你是一个团队的队长,不是某一个某两个人的队长。

3. 变换目标

从你一个人完成目标,到带领整个团队完成目标,这是一个很大的转换。你首先要规划整体目标,还要分解目标。把目标分解到每一个队员,分解方式要合理。合理不是搞平均主义,而是要根据每一个人的特点、能力大小来合理分配。建议你分别与每个人事先沟通,基本达成一致后再形成整体方案。单独沟通时你可以把话说得更透些、更明白些、更具体些,争取到每一个人对你的支持。

团队的困难就是你的困难,你要带头想办法来解决;团队的措施你一定要清楚明白;团队的分歧你要协调解决。在解决问题中树立你的威信,在行动中树立你的威信,用事实去证明自己。

十、职场中需要多点静气——如何面对团队中的负面情绪

在职场中不可能一点怨气也没有,但是如果一直让怨气伴随着你,总是不断

地产生负面情绪不仅解决不了任何问题,反而会影响你的身心健康,久而久之你就会在精神上和身体上出现问题。

当你的自动思维出现偏差时,你的焦虑情绪会无缘无故地增加,抱怨和负面情绪也随之增加。自动思维是指大脑自动产生的想法、画面、联想、回忆等等。人们通常未经思考和评估就对自动思维信以为真。

揽责思维也就是无论事件是否与自己有关,都将自己作为消极事件的原因,责备自己,如果长期存在这种思想,总是活在自我责备、自我埋怨之中,将终日郁郁寡欢。

贬损思维就是职场上的你总是对一些积极的细节进行贬损,使自己在思维中变成消极的存在。总是对自己做出不利的判断,从而对自己失望,从此对工作失去兴趣,然后就会产生抱怨等负面情绪。

过滤思维就是在你的思维中有意无意地将有的东西过滤掉,有的东西保留下来。你在工作中得到的表扬很多时候被过滤掉了,而受到的批评和指责被你保留下来,久久不能忘怀。这样的心灵过滤会使你经历的任何事情都变得一团糟,人的情绪自然容易低落。

以偏概全的思维会让你把一个独立的事件看成一个永恒的模式,比如你在工作中寻求某人的帮助时被拒绝了,有可能你就认为你永远会被拒绝,从此不敢再寻求帮助了,以为所有人都会拒绝你,这是一种以偏概全的错觉。

妄下结论的思维就是你在看到一点点表面现象时,就匆忙得出结论。比如某个男同事和女同事悄悄说了几句话,你就认为他与她的关系不正常了;比如领导与你碰面时没有注意到你,没有与你打招呼,你就认为领导对你不待见了,对你有看法了;比如你在汇报工作时某领导在看手机,你就认为某领导对你有意见了。诸如此类的现象,你如果妄下结论就会让你产生过多的负面情绪。

对别人的缺点和不足过分夸大,对自己的优点和成功过分夸大,两相对比产生一种认知错觉,别人被提拔或者被表扬时,你就会感到不公平不合理,也会产生负面情绪。

如果总是给别人或者自己贴标签,你就很难走出标签的怪圈。比如你总是给别人贴上不是好人、职业道德有问题、利己主义者等标签,对方无论如何对你,你都会按照标签思维模式去衡量对方,对对方的厌恶情绪会越来越强烈。

所有负面情绪的产生都是你在职场上完全按照自己心中的标准去衡量周边的同事和领导而造成的,一旦觉得他们不符合自己的标准或不符合自己的心理预期,没有满足自己的物质利益和精神利益,你就会对周围的人与事看不惯,从而产生抵触和对抗的心态,甚至仇视周边的一切,总是觉得这个世界这也不公平那也不公平,全世界都对不起你。所以负面情绪就是你的家常便饭了。

如果你所在的团队中有负面情绪的人太多,也许真是团队有问题了;如果有负面情绪的人是极个别的,那可能就是个别人的职场认知出现了问题。你远离他们的负面情绪是唯一正确的选择,起码你要做到不受他们的负面情绪影响。如果你有能力和办法积极引导他们,从而改变他们,那就太好了。

(一)没有怨言的她

说实话,她的进步之快出乎了大家的意料,也出乎了她本人的意料,尽管她的优秀是大家看得见的。她15年间从一个职场新人成长为重要岗位的领导大家认为她最大的特点就是身上有很多人缺乏的静气。这个"静"是对她最完美的诠释,也是最大的肯定。

机会给了有"静气"的她,知名大学博士毕业的她没有考公务员,也没有去高校当老师,据说当年她是她们地级市的高考状元。毕业后她选择到企业集团总部战略部工作,两年之后集团新成立了一家子公司,她被新公司一把手点名邀请到新公司的战略部。从总部战略部到新公司战略部,她得到了战略部总经理助理的职务,而且以助理的身份全面主持部门工作。她默默带领战略部的同事们外出调研,拜访一个又一个专家,为新公司的发展策划和制订一个又一个的战略方案,供大家讨论研究。她一半的时间在文案工作中,一半的时间在调查研究中。一次又一次方案被否决,她重新再来。看不出她有什么怨言和不满,她一如既往、按部就班地开展计划内的各项工作,脸上总是那样平静如水,内心总是那样波澜不惊。是性格原因还是她的个人修养不得而知。但在工作中她表现出来的平静、淡定是大家都认同的。我相信她也会有委屈,也会遇上不公正的时候,但她的平心静气能够让她快速消化、快速转化、快速化解。

一年一度的规划,一年一度的三年滚动战略不仅仅需要对行业的动态进行把握,更需要自己和团队的深刻分析、研判、总结。因为战略要引领公司发展的方向,关系到企业的生死存亡。她用自己的努力带领团队攻下了一个又一个难题,并且总能够灵活地调整战略方案。她总是面带微笑无数遍去讲解各种方案,不论对股东会、对董事会、对经营班子,还是对全体职工。

同事们说没有看到过她发火,没有看到她批评过人,没有看到她与谁争吵过。别人发火她听着,别人批评她虚心接受,别人不理解她耐心解释。就这样她和她的团队越来越专业,越来越敬业,战略方案越来越被认同。这些年,她进步了,她带领的团队也进步了。

难怪领导和同事们都说她身上没有怨气,只有静气。

(二)多点静气

1.职场中需要多点正能量

一个被负面情绪包围的团体不是一个好团体,长期被负面情绪包围的你,一定不会有好日子过。一个职场人士的抱怨虽然有一定的客观因素,但主要原因一定在自己身上。认知错误是其产生负面情绪的主要原因,解决自己的认知问题要靠自己,也可以寻求外界帮助。正能量满满的团体才能做出成绩。

2.职场上需要多一点友好

埋怨伤自己。你仔细观察职场上的人,谁的埋怨能够伤到别人呢?只能伤害到自己。对人友善是最起码的职业素养和做人准则。你友好地对待别人,别人是否友好地对待你,那就是别人的事了。但友好一定会给你带来好运气的,这一点不要有任何怀疑。

3.职场上需要多一点静气

办大事需要静气,我认为小事也需要静气。如果你平心静气,面对别人的负面情绪时,你可以从容去应对。你看那些整日抱怨的人,哪一个是心平气和的呢?他们火气冲天,愤愤不平,心中像长了草一样。你的情绪很有可能被带入他们的情绪中,那说明你的定力还不够,还需要修炼。当你足够平静,你就能够从容面对工作中的一切人和事。

十一、和而不同，彼此成就——该怎么与团队一起成长

人的一生最难得的是独立，我的微信名是"独立林"。独立并不是我与世隔绝，不与他人有任何来往。这是我做不到的，也是不可能做到的。回想自己35年的职业生涯，我认为最需要的是有独立的精神、独立的思考、独立的人格。恰恰很多时候，我们放弃了独立，混迹于这个大千世界。完全放弃独立，就会让我们失去立身之本，失去自己存在的价值。

古人说的"和而不同"我用了很多年才体会到这句话的真正含义。当我们真正做到了独立，做到了和而不同，你就不会那么纠结、那么郁闷、那么心生埋怨了。你会感觉到轻松、自然、愉快，就能够理解他人也理解自己了，也就会融入团队中，在融入中快速成长。

（一）小楠的故事

三年前小楠独自承担起办公室的工作，办公室是小楠刚入职时的工作部门。与她同期入职的，也同为研究生毕业的几位同事，如果单纯从岗位或者职位上来比较，小楠比他们高了好几个行政级别。

她所在的单位工资是与行政级别挂钩的。有人说是她的运气好，也有人说是领导特别欣赏她。这两点我不完全否认，但我认为这绝不是她能够快速成长的唯一因素，甚至也不是关键因素。

小楠有独立的精神，也有快速融入团队的优势。她是新闻专业研究生毕业，从专业角度看，到办公室工作并不对口。工作上我们本无交集，只是她在办公室的工作是为大家服务，偶尔有些事我会麻烦她。那些年公司每年都要举行晚会，临时会成立一个筹备小组。我与她都很"荣幸"地被邀请到晚会组委会。她研究生毕业刚入职不久，而我也是刚来这个单位。小楠主要负责，我担当主持人。老带少，我作为总主持人，要带两组年轻的主持人，对我来说不是很难，但也不是很轻松，幸好有小楠。

只有不到一个月的筹备时间，一场较大规模的晚会头绪不少，她事无巨细，忙前忙后，协调上上下下，里里外外。集团大领导要亲临晚会，晚会要办得既严肃又要活泼，要照顾到方方面面。

最终这场晚会很成功,小楠通过这场晚会融入了公司的大家庭,她的谦卑、认真、好学、努力得到了大家的认同。后来又有了第二年的晚会,依然很成功。

办公室的工作繁杂,更多的是小事、杂事,要把大事办好不容易,要把小事杂事办好更不容易。细心、认真、周到是必不可少的,还得有耐心和毅力,而她做到了。

参与进去,多做事,任劳任怨,什么时候都是融入团队的基础。

(二)共同承担

经常有职场人在背后议论:某某没什么本事,还提拔那么快。我认为领导提拔一个人或者对一个人委以重任,绝不是如个别人议论的那样随意,领导一定有他的考虑。我以前在职场上犯了不少认识上的错误,从而让自己在融入团队方面很缓慢,以至于错过了很多机会。回顾职场生涯,想让自己与团队一起成长,要做到四懂得:

1.懂得吃苦

有人会说,现在还讲吃苦精神,是不是过时了。我认为任何时代任何人懂得吃苦绝对不会过时。吃苦是一种精神,不是一种蛮干;吃苦能让你尝到苦中的甜,能够让你找到捷径,能够让你知道更多你不知道的东西。我常常告诫职场人士,取巧可以,但不能投机。想挣大钱可以,但天上不会掉馅饼。要吃学习的苦、要吃工作的苦、要吃反省的苦、要吃改变的苦。

2.懂得多干

你会说有职责,有岗位,有分工,凭什么要我多干？是的,现在的公司流程、分工、任务清单都会把每个岗位界定得清清楚楚、明明白白。很多人跟我说,干好我自己的事就行了,干吗还要多干。你确实需要把自己分内的事情干完干好,才有多干的机会或者资格。但工作上的分工界限有时并非那样分明。有些工作可以分,有些无法像楚河汉界那样分明呢？你不干、他不干,谁来填补这个间隙呢？这个时候就需要你往前迈一步,多干一点。多干点不是给别人看的,但别人一定看得见。

3.懂得请教

职场上没有一个人是十全十美的。在工作中总会遇上我们不会的或者不完全明白的事情。请教不分年龄,不分资历,不分职位,自己不懂就要大胆谦虚去请教。我原来也经常请教年轻人,在使用电脑时他们比我懂。工作上我也常常与他们商量,听取他们的意见。有机会我也会向行业内外的专家请教。请教是黏合剂,会让你与团队更紧密。放下面子,不要担心被拒绝,学会了请教,你就会进入更新的天地。

4.懂得思考

思考谁不会呀? 很多人会这样回答。其实很多人不懂得思考,或者不懂得正确思考。我常常说学而不习等于没有学;知而不识等于不知;悟而不变与原地踏步有什么两样呢? 你也许会说,现在网络很发达了,用手机搜索也很方便,不懂就去网上搜索吧,还费劲思考干吗? 这是现代病,也是不少职场新人多年还无法进步的原因。如果你没有养成思考的习惯,那你几年后落后于时代是必然的,融入团队也就很难了。你要融入团队,把自己真正当成团队中的一员,与团队一起成长。

"团队"两个字拆开来看:去掉偏旁,"团队"就是"人才"两字。双耳旁就是要听话,"团"的偏旁是一个方框,也就是要有规矩。所以"团队"是不是可以理解为:有规矩守方圆、听指挥的人才队伍呢?

十二、彼此尊重,和谐共处——如何处理好新人与老同事之间的关系

长江后浪推前浪,一浪高过一浪。万事万物总是在新老更替中成长,吐故纳新方能生生不息,永续发展。春生夏长秋收冬藏,自然界如此循环往复。职场上也不例外,新同事不断补充进来,老同事不断完成职业生涯。新旧循环,方兴未艾。

新人看老同事,老同事已老;老同事看新人,新人还嫩。为什么一个企业不能完全是老员工,也不能完全是新人呢? 从生命科学的角度看,无论男性还是女

性在一定年龄阶段身体状态和思维方式都会发生变化,也可以说是退化。这是生命的规律,但不是所有人都在同一生命点开始退化。每个人的退化速度是不一样的,有的人快,有的人相对慢一些。一般来说35岁到40岁是人生的顶峰时期,这个年龄段是一个分水岭。也就是职场上人们常常说的中年危机可能会在这个阶段出现了。

职场新人可以理解为加入职场3年之内的职场人士,还可以理解为虽然刚刚来到一家公司,但已经有职场经验了,只是从上一家公司离职了。所以我们暂时可以把新人理解为没有职场经验或者职场经验不超过3年的人。老同事我们定义为职场经验10年及以上的职场人。

有一个普遍的现象:负能量比较多的往往不是新人,而恰恰是那些老同事。负面情绪或者负能量就像传染病,而且传染速度还很快。对付传染病最好的办法当然是远离了。但一个单位或者一家公司在重要岗位上担当重任的往往是老同事,他们从经验、能力、职业素养等方面来说是相对全面的。他们已经经历了多次风雨,在成熟度上是新人暂时不可及的。你刚大学毕业,你在象牙塔里学到的知识还需要在实践中去检验,从书本到实践是一个重大转变。所以无论你在学校里多么优秀,到了职场你都会经历一个蜕变的过程。谦虚谨慎做人,大大方方做事,为自己争取更多的实践机会;向老同事请教,找到一条更适合你的职业之路,让自己发光发热。青春不负韶华,未来一定可期。

(一)我努力

他是一个"90后","90后"普遍聪明好学,他们思想禁锢少,有自己独立的思考,愿意接受一切新鲜事物。有人说他们这一代是被宠坏了的一代,非也。我们已经能够看到在关键的时候他们勇于担当,敢于作为。他们有独特的行为模式,他们的韧性比我们想象中要强。

他能够来公司,确实出乎了大多数人的意料。一个男生在最后一关的集体面试中热泪盈眶。有人说他太脆弱,我认为不是。他的热泪是一种真诚的流露,他希望得到这份工作,内心的渴望到了顶点,最终流下了眼泪。

公司只有一个录取名额而他排名第三,虽然我极力主张录取他,但我毕竟不是最终拍板的人,我以为他没戏了。有一天,我的一个同事突然给我说:"林总,你猜最后录用谁了?"

"谁呀?"

"就是当初你力争的那个人。"原来排在前两位的毕业生另谋他职了,他幸运地被录用了。工作解决了,北京户口也解决了,而且巧的是他也成了我的属下。

"你看看这些资料,三天后整理成文档,没问题吧?"

"好的,我努力。"他回答。还没有正式办入职手续时,他就来到单位实习了。每天他早早地来到办公室,中午有时间我们都会一起出去遛弯。

新人免不了打杂,免不了端茶递水,免不了被老同事呼来唤去。但他从来没有怨言。入职后出差的机会多了,老同事带着他出差,后来自己独自出差,"好的,我努力"已经成了他的口头禅。我们知道,业务单位也知道,这句口头禅为他赢得一次又一次机会。

"明天上午我有别的安排,原定明天上午我登台的讲课培训由你替我吧,有没有问题?"

"好的,林总,我努力。"课件是在我指导下做的,他已经听了几次我的课。所以我把机会给他,是对他的一种培养。他的培训课讲得不错,就这样业务线上都知道了这个新人。

(二)彼此尊重

经常听到一些年轻的职场人士抱怨不知道怎样与人打交道。尤其是见了领导特别是大领导都不知道怎么说话了。从我多年的经验来看,越是领导越容易沟通,越是大领导越是好接触。

新人与老同事相处也是这样,老同事谁不是从新人阶段过来的呢。他们一般是能够理解新人,包容新人的。那么,新人具体要怎么做呢?

1.观察老同事

老同事更了解公司,他们更了解规章制度,更懂得人际关系,更懂得工作方法。多与老同事接触,近距离观察他们,一定能发现值得你学习的地方,然后可以去学习他们为人处世的方法。

2.请教老同事

无论是与工作有关还是与人际关系有关,甚至是与生活有关的问题,我们新人都可以谦虚地请教老同事,尤其是那些你从心里佩服的老同事,无论你们是否在同一个部门。他们说不定还会把以前的工作记录、资料文档给你借阅。

3.尊重老同事

在职场上和在社会上、家庭中都是一样的,你尊重了别人,才能得到别人的尊重。有的单位或者公司极个别的老同事倚老卖老,没关系的,他怎么做是他的事,作为新人你一定要尊重他们。他们或许能够在某些不经意的时候助你一臂之力。

4.熟悉老同事

接触才能熟悉,交流才会熟悉,分享才会熟悉。工作上我们会有很多机会接触,业余爱好上我们会有很多经验分享。这样我们彼此就会熟悉。熟悉是一种润滑剂,能够把彼此的分歧、摩擦减小。

十三、放松自己才能明确表达——如何学会跨部门沟通协调

沟通这个话题已经是老生常谈了,似乎是非常简单的话题,为什么总是困扰着很多职场人士,特别是一些新入职的人?我们在职场上常常会听到一些人说:我就是这样,别人爱听不听,就是要我行我素。看起来好像非常有个性,有特点。

然而长期这样下去,你就会丧失很多机会。沟通是一种润滑剂,汽车发动机里面没有润滑剂能行吗?

我们从小到大学习的过程,从某种意义上讲也是一个沟通的过程。老师讲课就是在与你沟通,老师要用你能够听得懂的语言和表达方式来讲课,你同样也要慢慢学会用同样的语言和方法,这样你就学会了,掌握了知识。其实我们在解答各种问题时就是在用不同的语言解答。数学有数学的语言,物理有物理的语言,化学有化学的语言,这一切难吗?无论多难老师不是都让我们学会了,明白了。

小时候,你的哭闹就是一种沟通语言,那是幼儿的表达方式。从幼儿园到大

学,到研究生,你的同学不少吧,你与同学之间的友好相处也一定有值得总结的经验。也许你会告诉我,同学之间大家都是平等的,没有什么隔阂,谁也不防着谁,所以没有什么交流困难。

你到了谈恋爱的阶段,你懂得了怎么去追求对方,无论是在行动上还是在语言上,你好像具有沟通的天赋了,不追到手誓不罢休。看来你不缺沟通的天赋,不缺沟通的语言,也不缺沟通的技巧和艺术。

但为什么到了职场上,很多人就觉得沟通很难了,不会了呢?人在什么情况下动作会变形,会失去原来的自己?一定是在紧张的情况下。

大家听说过白大褂血压吧,就是说有些人见到穿白大褂的医生和护士就紧张,血压就不正常了。我自己就有这个毛病,明明在家里多次测量血压都很正常,但到医院后护士量血压时就不正常了。这时护士会让我休息一会儿再去量,然后血压就基本正常了。分析原因就是我自己总害怕血压不正常,所以就有点紧张。

心里担心什么,患得患失,就容易紧张,一旦紧张就可能连正常的语言都不会了。职场上沟通有障碍会不会是你有点害怕、担心呢?

担心领导批评你,担心同事拒绝你,担心对方不赞同你,种种担心让自己紧张、害怕,这样你就不会沟通了。

(一)沟通的案例

"明天上午你代表我去一趟马总办公室吧,把我们双方的业务好好沟通一下。"我把他叫到办公室对他说。

"林总,是我一个人去吗?"他问。

"是的,就你自己。我明天上午有个会议要开。"我答。

"我有点不敢去呀,以前都是您带着我去的。如果我去了对方不理我怎么办?而且级别还不对等啊。"

我们双方的业务量较大,他也没有独自去找过马总,所以他有点担心。但是,既然让他代表我去与对方接触,我事先怎么会不与对方沟通好,解释清楚呢。级别问题重要,但如果你代表谁去,就是代表了谁的身份而不是你自己,所以这个问题也不重要了。最重要的是他应该问我具体去谈哪些事情,我们的策略是什么,遇到什么问题该怎么回答,给他授予什么样的权限等,而担心让他忘记了主要问题。也许这是一个经验的问题,也是一个思考的方式问题。

记得当年有一个刚毕业的新同事到我办公室汇报工作,一进门他就开始紧张,语无伦次。我请他坐下来,倒杯水给他。他的手在抖脚在抖,一会儿就满头大汗,看起来太紧张了。

我让他坐下来,和他聊他在学校的情况,聊他的喜好,得知他还当过学生干部,我问他当学生干部时有什么具体工作,都怎么和大家沟通。他慢慢放松了,不那么拘谨了。后来他告诉说,他来我办公室之前他的直接领导告诉他,说我很严肃,要求很严格,让他一定好好准备。

原来他事先给自己制造了紧张心理,给自己制造了压力。我的严肃是用在工作上,对工作不能够马马虎虎,既然要汇报工作就必须经得起我的询问。如果一问三不知那是一定要挨批评的。

同样,我在布置工作时也非常明确,我的一切要求、目标都是清清楚楚的,绝不会让别人去猜测,去琢磨。比如让别人写材料,我会列出提纲,每一部分要表达什么意思也会明明白白告诉他的。

放松是沟通的必要条件,无论是与同事沟通,还是与领导沟通,或者跨部门沟通。

(二)放松自己

一个有底气的人,是可以放松自己的;一个没有压力的人是可以放松自己的;一个没有过分忧虑的人是可以放松自己的。但是与不同的人、不同群体沟通时还是有一些细微的区别。

你与同事尤其是年龄相近级别相同的同事沟通时,很容易放松自己,沟通就无任何障碍了。你与领导沟通时,你可能会有各种担心,尤其是不同领导有不同的风格,有的领导一脸严肃,有的和蔼可亲,没有太多经验的你就可能不知道该怎么应对了。

跨部门沟通时,你不仅仅代表个人,还代表了部门。你表现得如何可能会影响对方对你们部门的判断,你重视也是必要的,但基本的原则还是放松自己。

1.明确要沟通的主题

部门与部门之间的沟通,一般来讲是某项工作需要双方共同完成,各自承担一部分任务;或者是需要部门之间配合,在某件事情上达成一致。所以明确双方或者多方要沟通的主题至关重要。可以事先通过电话、邮件、微信等方法让对方明确并认同要沟通的主题。

2.坦诚协商双方分歧

双方在沟通上出现分歧是正常的现象,这才是双方沟通的必要性。无论你认为分歧是由什么原因造成的,都要坦诚地把自己的理解、想法讲出来。在态度上不要过激,不要抬高调门,用词上不要刺激任何一方。

3.平等对待所有人员

尊重所有人员,既是我们做人的底线,也是职业素养的要求。无论你职务高低,无论对方职务高低,你要平等地对待所有人,尊重所有人。至于对方是否平等地对待你,那是对方的事情,尽量不要受到对方情绪的影响。

4.拒绝不合理要求

如果对方的要求已经超出了你的底线,违背了相关制度流程,你认为是非常过分的要求,那么就要当面果断地拒绝。如果你碍于面子不懂得拒绝对方的不合理要求,你就会给自己、给部门带来后患。

5.保留部分无解之题

个别不在双方授权范围内的问题或者是没有预料到的问题,而且暂时又无法达成一致意见或者双方都没有好的解决办法时,那就要保留意见。各自回去在内部探讨,下次再沟通。

十四、风景好坏在角度——部门与部门之间产生矛盾该如何协调

运动场上跑步时大家都习惯按逆时针方向跑,如果有人顺时针方向跑,你就会认为他们不守规矩,有可能会与大家撞上。有一次我尝试着顺时针跑一下,发

现周边的房屋、树给我带来的感觉完全变了,不仅感觉画面变了,而且跑步的节奏、速度也不一样了。为什么呢?

后来我豁然明白了,这是个角度的问题,困扰我多年的职场问题也迎刃而解了。原来职场上的很多摩擦、分歧,还有所谓的矛盾,竟是角度不同而引起的。为什么自己没有更早意识到这一点呢?如果早早意识到了,是不是职场生涯会更完美些呢?

(一)争吵就这样停止了

一座工厂坐落在小河的北岸。现代化的生产设备让工人们的劳动强度大大减少了,但前后两端依然需要手工作业,工人们起早贪黑,很是辛苦。行业特点决定了他们的劳动时间相对较长,早班不到6点就开工了,晚班到晚上10点也是常见现象。工人的流失率居高不下,不仅让生产总监焦头烂额,而且也影响公司整体效益。严格的考核体系更是让生产总监头痛不已,这样下去不仅影响产量,完不成任务工人们的收入也会大大降低。人事部门费了九牛二虎之力招来的工人一批接一批地离职了。生产总监的脾气也越来越大,每周一次的总经理例会上,生产总监与采购总监甚至到了拍桌子的地步。

生产是按照时间排班的,必须细化到每20分钟一班,所以要求采购毛鸡的车辆必须每20分钟一趟,不能间隔时间太长。只能让运送毛鸡的车辆等待,不能让生产部门等车辆,否则就会出现暂时性停产。而采购部门负责采购的毛鸡不同于一般的货物,计划性非常强,而且又不可能提前一天采购,所以必须考虑到道路状况等多种因素。两个部门之间的矛盾层出不穷。不解决好这个矛盾,将会影响整个公司的运转和效益。

问题一时难以解决,双方一次比一次吵得厉害,员工的情绪受到了极大的影响。对于一个新公司而言,员工的精神面貌是决定未来的。除了少量管理人员是从总部派来的,大多数管理人员和工人都是当地招聘来的,人员不稳,公司就不稳定,何谈投资效益。

到了非解决不可的时候了,问题摆在了简先生的面前,怎么解决呢?蛮干显然不行,一时半会儿他也没有好办法,彻夜难眠、苦思冥想后他只好试试了。

一大早,简先生把两位总监请到了办公室,开门见山地告诉他俩:"有两个方案供你选择,后天向我汇报你们的决定。"

第一个方案:双方交换做工作计划。也就是生产总监帮采购总监做工作计划,采购总监帮生产总监做计划。给双方一天时间,如果不行就执行第二个方案。

第二个方案:双方互换工作岗位。也就是生产总监改任采购总监,采购总监改任生产总监。

第三天一早,他们来到了简先生的办公室,笑嘻嘻地告诉简先生他们基本把问题解决了。简先生似乎什么也没有做,又似乎做了点什么,问题就这样解决了。

(二)找到解决矛盾的良药

人们常常与矛盾相伴,在矛盾中纠结也在矛盾中前行,矛盾似乎成了家常便饭。日常工作中解决一个矛盾又会有新的矛盾。问题是在矛盾中解决的,矛盾又是在问题中产生的。

是不是可以理解为职场人是在解决一个接一个的矛盾中前进的呢?对于资深的职场人士而言,矛盾不可怕。在职业生涯中他们已经解决了一个又一个矛盾,早就找到了解决矛盾的路径和办法。然而职场新手们有时候面对一个次要矛盾都束手无策,最后次要矛盾变成主要矛盾,最终陷入泥潭中。职场达人们也无法给出一个可以一劳永逸的解决办法,但矛盾总是有规律可循的,尤其在职场中矛盾的产生往往是有规律的,要么是外界原因,要么是内部原因。找到了原因还怕解决不了矛盾吗?至于部门与部门之间的矛盾,做到三清晰三协调,也许就找到了解决矛盾的良药。

1.清晰任务,协调责任

一般来说,部门与部门之间只有在承担同一任务或者各自承担大任务之中的子任务,而子任务又是相关联的时候才有可能产生摩擦甚至矛盾。因此要在任务开始前就把两个部门的具体任务清晰化、数字化、表格化。让任务没有重叠、没有交叉。然后大家各自为自己的任务而努力工作。同时要事先制定出协调机制,包括双方具体的协调人、具体的协调制度、协调方式。

2.清晰边界,协调权限

分工就要有具体的边界之分,边界清晰了双方就知道了各自的衔接点在什么地方、任务要完成到哪个程度。双方都不能越过边界,在各自的范围内明确各自的权力,各自解决好边界内的问题,不把问题溢出边界外。各自的权限包括财权、人权、事务处理权等,不要去干涉边界外的事情。

3.清晰标准,协调措施

标准不清晰就容易产生矛盾,标准包括定性标准和定量标准。标准是两个部门合作的前提条件,也是决定部门间合作是否顺利的基础。标准要具体,最好可量化,也要通俗化,让所有人都能看明白。把专业术语变成大众化语言,避免在理解上产生分歧。同时,工作过程中意料之外的情况产生时,就需要用事先定好的协调措施来协调、来解决、来商量,避免新问题无人问津的情况出现。

部门之间矛盾出现了,都要各自多担当一点、多为对方考虑一点、多做些让步。换个角度,如果能够互相站在对方的角度来思考,那么埋怨就少了,措施就多了。

十五、步调一致才能得胜利——如何与职能部门进行沟通以保障业务高效开展

职场上很多从事具体业务工作的人员比如销售人员、市场人员很多时候总不理解职能部门为什么总是要给业务部门设关卡,让他们时时被掣肘,处处受制约。要想增加几个人员吧,人力资源部不同意,其理由有编制限制、岗位已满等;要想涨工资调薪也要通过人力资源部,职务晋升还是要经过人力资源部。自己在销售一线辛辛苦苦跑业务,可就是得不到人力资源部的支持。于是自己或者自己所在的业务部门与这些职能部门之间久而久之就产生了矛盾。

人力资源部的人员主要的工作是什么呢?对人事编制的管理、薪酬管理、职务晋升管理都是他们的日常工作,他们也经常代表公司制定或者执行相关制度,站在他们的角度来看他们并没有难为你或者故意给你或给你所在的部门制造困难,他们只是在做职责范围内的工作。但为什么很多公司业务部门与人力资源部之间不是特别和谐呢?

财务部门,可能让做具体业务的你更加头疼吧。你与财务部打交道的频率要远远大于人力资源部,每一笔业务、每一单付款或者回款都要通过财务部,也许是你亲自与财务部打交道,也许是你们的内勤人员与财务部打交道。你希望每一笔付款都要及时,否则你给上游供应商或者客户不好交差。而每一笔货款需要按时回款,否则财务部按制度会罚款,还有可能通知相关部门暂停你的业务。无论是付款还是回款都是做业务的你的日常工作,或许你常常感觉按住了葫芦浮起了瓢,是不是常常有头大的感觉?

财务部门是干什么的呢?你也许更清楚,对账算账结账是人家的日常工作,人家也是代表公司在执行相关的财务制度,从而保证公司在财务方面正常运转。

做业务千辛万苦的你,开发客户很不容易了,还要面对内部职能部门的常规管理。这时候你理解做业务的不容易了吧。特别是当你的服务或者产品不那么紧俏的时候,你要在市场上分一杯羹是多么不容易。

有人认为,销售工作不就是跑跑腿动动嘴而已,这么容易的事谁不能干呢。事实与你看到的可能不一致或者完全相反,如果你统计过他们的成功率和辛苦程度,你就知道他们是多么不容易。

当然,不同的公司人力资源部和财务部与业务部之间的关系是不同的,但都是为了公司整体利益,只是各自角度不同而已。

(一)他的不容易

他是某公司西部大区负责人,对外就是大区总经理,但他的业务总量不算大。一是由他所在的行业特性决定的,二是他所在的公司在西部有很强的竞争对手而且不止一家。

这几年他们公司的业务受到了很多内因外因的影响,他们片区的业务更是每况愈下。

他说财务部天天打电话催款,因为公司财务账上青黄不接了,不催款不行。他的一个客户以前从来没有在回款上让他头疼过,目前货款也无法按时交付。中断这家客户的业务吧,这又是个大客户,中断后想再恢复就难了;不中断吧,客户的超期款项太多,公司已经不能承受了。

财务部不仅要扣罚他们的奖金,再这样下去有可能还要暂停工资。怎么办?骂财务部恨财务部管用骂?财务部有错吗?

日子越艰难麻烦事越多,在没有效益的情况下,人力资源部精简机构和裁员的通知下达给了他,让他无条件精简机构,裁员一半。至于怎么精简怎么裁员那是他的事,而且要求他不能影响到业务。

回款与裁员都是难啃的硬骨头,再难啃也必须要啃,久经沙场的他告诉我想辞职了。"这个时候辞职不是显示你无能吗?不能辞职,熬过去,今后对你来说就没有什么难事了。"我这样告诉他。

后来他说想请我帮忙出主意,时间充足的我与他见了一面,一起去拜访了他的客户。

时间过去大半年了,他没有辞职,他的回款也慢慢正常了,裁员工作也比较顺利,他终于渡过了难关。

(二)心往一处想

客观地说,人力资源部和财务部与业务部之间是没有矛盾的。从根本利益上看大家是一致的。业务部可以看作是业务具体执行部门,人力资源部和财务部是业务支持部门,它们两个部门在人力上和财务上为业务部做好保障和支持,同时也有监督和管理的职能。

1.通力协商

凡是牵涉到规章制度,特别是一些特殊政策,比如特殊的架构调整、特殊的人才引进、岗位临时调整、人员晋升、奖金制度、付款回款等方面,如果遇上了特殊情况需要微调或者要大调整,就需要你或者业务部门在拿出基本意见或者方案的前提下,与人力资源部、财务部协商,让他们充分了解你们的意见,大家好好商量,而不是强行要求改变。在没有形成新的制度前,原来的制度必须继续执行,这是公司管理的基本原则。

2.共同决定

一致性原则在重大业务制度要调整或者需要改变时尤为重要,不能因为你认为业务很重要就要求他们必须改变或者听从业务部门的。道理讲清楚了,事实摆明白了,他们理解了,双方达成一致就好办了。可以请他们参与到一些业务当中,可以请他们接触一些客户,可以请他们到市场上看看,了解下业务,这样他们可能更容易理解你们的想法,所以共同决定吧。

3.求同存异

毕竟各自的角度不同,各自的职能有差异,完全达成一致也是有困难的。我的经验告诉我,只要大的方向基本一致就可以了,对业务没有太大影响就可以了。

人力资源部也罢,财务部也罢,只要你与他们多交流多商量,没有什么不可以解决的。

十六、己所不欲,勿施于人——被提拔后如何管理他人

我在职业生涯中很少使用"管理他人"这样的说法,我从来不认为人是靠管理才能出业绩的。但是在管理学中确实有管理他人这一说法。很多大学学管理专业的学生,理所当然认为毕业后就应该寻找管理岗位,还有个别人认为管理就是高人一等,有点高高在上的感觉。

可不可以把管理看成是引导或者引领大家完成任务的过程呢？如果可以,那么关键就在一个"引"字上。引导也罢,引领也罢,你拿什么去引呢？靠手中的权力还是靠你的专业能力和协调能力呢？如果你对团队的业务完全不了解,仅仅靠手中的权力,那很难达到预期效果,也很难取得成绩。

从普通岗位走上了管理岗位,就是要从原来的自己完成任务到带领大家一起完成任务,既是岗位的转变,也是工作重心的转变。你需要提高认知,也要改变自己的工作方法,要从原来的一人吃饱全家不饿的状态转变为让全家的每一个成员都要吃饱,达到团队吃饱的状态。

当初自己还在一个普通岗位时,自己对团队领导有什么不满意的地方,自己与同事们议论领导有哪些问题。今天这些问题在你的身上是否存在呢？正所谓己所不欲,勿施于人。你以前不希望领导存在的问题,今天在你身上就不应该存在了。

你可以观察周边很多在管理岗位的领导者,他们的专业不尽相同,他们的成长背景也不尽相同,分析一下他们为什么会走上管理岗位,他们是怎样进行管理

的。我想一定会有些共同点，同时还有很多不同点，他们的管理特色往往体现了个人的专长。对任何一个管理岗位，企业都会有一套相对完善的制度和流程，执行这些制度和流程便是大家的共同点，但具体的执行过程则是各有千秋，体现了他们的灵活性。

（一）十年磨一剑

服从领导，向领导学习。从服从领导的过程中了解组织原则，了解组织发展的逻辑；向领导学习的过程中了解领导的管理艺术和人格魅力，了解领导的用人技巧和管理技巧。埋怨和议论领导是职场中很多人常常犯的错误，因为负面的情绪往往更容易得到群体的附和，所以具有一定的传染性。

"85后"的他终于走上了领导岗位，虽然不是单位最高的领导岗位，但也是某业务线上的负责人了，与他同期进入公司的人有的还成了他的部下。偶然的机会与他聊天，他也说出了自己的苦闷，他原来以为很简单的事情却一直搞不定。一方面，他认为他的上级对他的很多指示都不合理；另一方面他的下属对他的工作布置也不满意，而且任务完成得又不好，因此他问我该如何解决。

他曾经在H的分管下工作了两年。H的直接领导把他安排在H分管下，而他又是H的直接领导把他从别的部门请过来的。他很有能力，思维活跃、写作能力强，执行能力也不错。可是H的直接领导常常不通过H就直接给他布置工作，让他非常为难。他认为H的直接领导在很多方面可能不如H，包括在业务方面、为人处世方面。就这样在夹缝中工作几年后，他选择离开了他工作了近10年的企业。

他为人正直，做事光明磊落，一身正气。到另一家企业不久，他又到了第三家大企业，看来他还真是个人才。本科、硕士研究生都就读于知名大学的他，在第三家企业得到了快速成长，三年内连升两次，再次证明了他的实力。有本事总会有机会等待你的。

（二）己所不欲，勿施于人

多年前某家地方企业请来了一个新团队接管公司原来的管理团队，这个新团队来自某知名外企。我们曾经对外企的管理团队崇拜有加，认为外企才懂得什么叫市场,什么叫管理。一年后这个新团队离开了,因为他们照搬了外企的三板斧:全套的所谓品牌策略,铺天盖地的广告走在最前面;全套的组织架构改变,不考虑实际情况照抄照搬外企的组织架构;全套的薪酬体系调整,完全采取高薪制度。大家认为他们才是真正懂市场的专家,但这些专家一年时间就败下阵来。

看来管理确实是一个大问题,我们从实际工作中来聊聊如何管理企业吧。

1.做好常规工作

明确自己管理团队的任务,不仅自己要明确,而且要让团队所有成员都明确,做到任务透明化,这样大家才有集体责任感。

明确每个队员的具体工作,根据你所在团队的具体情况,下发年度或者季度甚至月度任务清单,做好任务的分解工作,争取做到无缝分解,无缝衔接。

明确过程中出现问题的处理机制,对成熟的事和成熟的人可以只等待结果,其他情况要特别注意管理过程,把问题解决在萌芽状态。

2.做好协调工作

管理者决策能力重要但协调能力更不能少,决策是深思熟虑之后的结果。任务之间的脱节情况、过程中出现的分歧和矛盾、各种资源的分配、任务完成后的奖励、队员之间的搭配及配合问题要协调好。

3.做好榜样工作

无论什么样的团队,队员之间都不可能完全平衡,大家的能力差距是客观存在的。一个团队是需要榜样的,一个人也是需要榜样的。绝大多数人对榜样还是有敬佩之心的。但你树立榜样时要做到相对公正,同时榜样是多方面的,每个人都可作为某一方面的榜样。

4.做好示范工作

作为一个管理者,你怎么样团队就会怎么样。你自己不遵守规章制度却要求队员遵守,可能吗?你自己假公济私却要求队员大公无私,可能吗?有些管理者自己就是一个精致的利己主义者。管理者的多方面示范作用,会潜移默化影响整个团队的发展。

用理去管、用心去管、用情去管,我相信没有管不好的团队。

十七、无惧中勇敢逐梦——如何调解组员之间的矛盾

很多职场人士认为职场中会经常面临各种各样的矛盾,这些矛盾一个接一个,不断出现,不断困扰着自己和他人。

组员之间一般情况下是平等的关系,在职务上、在岗位上差不多,平级之间既是一种合作关系也是一种竞争关系,尤其是在面对岗位晋升、评选先进、薪酬调整等这些有直接利益的关系时,很容易产生矛盾。其主要原因是在名额有限的情况下,无法照顾到每个人,矛盾的产生最主要的就是物质利益的冲突。

那么在一个工作小组为什么组员之间也会产生矛盾呢?一般来讲小组可能是一个临时任务工作小组,可能是一个跨部门的课题小组,也可能是一个业务小组,这与公司中相对固定的小组有点区别,这种小组的人员是临时的,工作分配也是阶段性的,任务完成后就可能解散了。

一般来讲,临时性的工作小组内不会有根本性利益的冲突。其矛盾主要会表现在几个方面:时间的冲突、工作方式的矛盾、性格之间的冲突、任务之间的矛盾、理解问题的矛盾。

作为组长的你,由于小组是临时性的,领导赋予你的权限是十分有限的,你的作用很有可能是在协调和组织开展工作方面,组员的工作主要靠其自觉性,因此管理难度更大。

固定岗位的员工,其工作内容相对比较固定,制度流程也比较明确,奖惩机制、任务清单也较为明晰,他们的工作稳定性较强,自我计划性也要强一些。跨部门、跨岗位、跨职责的小组组长一般是需要具有威信的管理者来担当,这样更加便于协调。

(一)我也当过小组长

那一年,我被一家公司聘请过去,帮公司办成了一件董事长亲自出面都没有办成的事,而且还为老板节约了一半的费用。

公司成立了攻关小组,老板让我担任小组长,组员有副总裁、办公室主任、部门的负责人,还有不少工作人员。

接这个任务还是不接？霸道的总裁事先并没有征求我的意见，就公布了文件。不接不是我的性格，我的职业素养也不允许我不接，接就必须干好，后来事实证明老板没有看错我。工作期间老板赋予了我极大的权限，人财物全力配合。

第一次小组会议上，我开诚布公地告诉大家：我对这个行业来说是个外行，大家都是专家和资深人士了，所以我想请大家支持我的工作，支持我的工作也是你们的分内工作，也是为了大家工作了多年的公司，也是为了大家的饭碗和未来，我只是一个组织者，更多的是需要我们一起努力把工作做好。

听听小组成员的发言，每个人不分岗位不分职位必须发言，而且必须充分发言，我不懂的就当场请教，直到你让我明白了，才轮到下一个人发言。我明确告诉所有成员，我将按照发言的情况将大家分成几个工作小组，工作小组组长与现有的职位没有直接关系。大家争先恐后发言，会议的氛围比我预想的好多了。

会后，五个工作小组立马成立，我简单讲了每个工作小组的大体任务和分工，给每个小组长两天时间，两天后召开小组长会议，让小组长介绍自己小组的详细工作清单和具体工作安排，其他小组长来点评提意见。有冲突的地方、有重叠的地方、有矛盾的地方当场协调解决，就这样形成了总体行动方案。

一周一次协调会议，工作过程中有问题有困难可以随时来找我，期间我也要随机参与到每个小组的行动中去。协调会上有问题必须当面提出，当面解决。绝对不允许遮遮掩掩，有矛盾也要充分暴露。不扣帽子、不打棍子，只谈解决办法，把问题摆在桌面上。

良好的协调机制和工作氛围为半年后顺利完成任务提供了有力保障。半年后，任务圆满完成，论功行赏，客观评价每个组员的工作表现，为公司最高决策层提供了一份完整的报告。

(二)要有组长的样子

你是组长，不管是大组长还是小组长你就要有个组长的样子。一个利己主义者是不可能当好组长的。

1.做人要正

做人要正，干工作更要正。作为小组长的你，有倾向性可以理解，但为了工作不管你喜欢谁,不喜欢谁,要尽量抛开个人因素,对待所有组员一视同仁,不分亲近远疏。这一点可能有点难,但你要努力做到。你正了组员也会正,用你的正去要求组员正。

2. 思路要清

思路清晰是对组长最基本的要求,你的思路不清晰,怎么去要求别人思路清晰呢?你一天变三次,组员就无所适从。厘清你自己的思路,记在笔记本上,记在心中,记在脑海里,清晰的思路才会有成熟的结果。

3. 任务要明

总体任务明确吗?每个组员的任务明确吗?任务与任务之间怎么衔接怎么合理搭配,明确吗?明确的任务需要落实在文字上,每个组员不仅要明确还要记下来。一切都明确了,会有那么多矛盾吗?

4. 分配要均

这里的分配不是任务的分配,是物质利益和精神利益的分配。这里的均不是平均主义。掌握着分配权的你,如果在事先就有明确的分配原则,透明的分配原则,大家比较认可的分配原则,那么事后出现矛盾的机会要少很多。

5. 协调要准

协调什么,当然是协调问题、协调分歧、协调矛盾、协调进度。协调要及时、要迅速,要敢于面对矛盾,要畅所欲言。在协调中要找到解决问题的办法,不要回避不要拖延,但可以妥协。

十八、让制度更接地气——被要求做违反制度流程的事情时如何处理

制度流程是干什么用的,当然是用来遵守的,无论你是领导还是普通员工,遵守公司制度流程是最基本的要求和职业素养。

但是有的公司制度流程过于烦琐,也有不少公司为了制度而制定制度,为了流程而设置流程。如果严格执行制度流程在某种程度上又会影响具体业务的开展,不遵守制度流程又违反了公司基本法。

制度流程到底应该怎么制定,各个公司不完全一样,有的微小民营企业制度流程可能没有那么烦琐,执行起来也比较灵活。也有不少企业是被自己的制度流程拖垮的,制定制度的职能部门追求无责任的正确。所谓的无责任也就是说制定制度的部门制定全范围无死角的制度,你不执行如果出了问题,他们能够在制度层面远离责任,而责任出在不执行的人身上。

比如有些大型企业追求制度的完美,要求把风险控制在无风险或者零风险状态。

财务部门有财务部门的规定,法律部门有法律部门的规定,风控部门有风控部门的规定,监察部门有监察部门的规定,审计部门有审计部门的规定,这么多的规定你不执行能行吗?如果你完全按照制度来执行很有可能寸步难行了。

如果你在业务部门,哪一条制度你都不敢不执行,否则出了问题你担当不起。所以有时候业务部门的领导就会提醒你,不用完全遵守那些制度流程,但又不会给你具体的指示只是让你看着办。这个看着办你就不知道该怎么办了。

职场上我也曾经遇上过这样的问题。有时候能够化险为夷,有时候还必须挨处分。但有时候稍微违背点制度流程反而业务做起来更顺畅。所以,按照流程执行制度这个问题既复杂又简单。复杂是因为可能对你在进度上、在业绩上或多或少都有点影响,说简单就是你照章执行就好了。这需要你在复杂与简单之间找到平衡,这种平衡不是管理艺术,可能更多与你的经验有关系了。

(一)没有管理的管理

一家企业如果说没有管理而且每年还很赚钱,你会相信吗?我刚开始听到的时候我也不相信,但后来我明白了没有管理的管理的意思了。

认识她是很偶然的机会,在一次朋友主办的农业企业家管理班上认识了她。她看上去很富态,见人总是笑嘻嘻的,给人感觉十分和蔼可亲。据说她每周总会与同行打几次麻将,不为输赢只为乐趣。有人说麻将中有很多为人处世的道理,也有不少情绪管理的学问,还有控制风险的艺术,看来麻将里还有人生哲学。

作为老板的她,已经60多岁了,而且她公司所有的业务她还要亲自负责当总管。当请她上台给大家讲她的企业、她的管理经验时,她的第一句话就是"我不懂管理,也不知道什么叫战略,我的企业也没有什么组织架构,都是我们两口子说了算,我负责对外,我老公负责对内。"你不感觉到奇怪吗?我也感觉这个老板确实不一样。是她过分谦虚呢,还是真如她所说?

一家企业没有管理是不可能的,一家企业没有组织架构是不可能的,一家企业没有制度流程也是不可能的,职场上的你我都会这样想。但后来她告诉我确实如此,而且还邀请我亲自去考察。为了证实她所说的我后来真的去了,不是怀疑她在说假话,而是想去看看这样的企业是怎样发展起来的。

慢慢熟悉了以后,她给我介绍了她的企业情况,很巧的是她的不少朋友我也很熟悉。她的生意从小作坊到今天的规模化,也确实不容易,她说她的运气很好,一直有贵人帮助。如今两口子早已过了花甲之年,还战斗在企业一线,而她们的两个孩子目前并没有要接班的意思,大学毕业后都在北京发展。

去曹妃甸办事,突然想起了她的企业在同一个市区,准备去看看她,去看看她的工厂。回北京的路上打电话联系她,她不在公司,这也正是检验真假的一个机会。

她安排的车辆早早就在曹妃甸等着我了,大概一小时车程后抵达了她的公司。她老公负责公司的研发工作,知道我要来,他在办公室早已泡好了茶,客套地说早就盼望我来指导工作了。

在办公室和会议室转了一圈,墙上没看见任何一张制度流程图。我心想哪怕有几句口号或者心灵鸡汤之类的语句也行,但是没有。我想知道她们公司的组织架构,她老公说除了会计以外,没有什么组织架构。

参观了一圈,听完她老公的介绍后我慢慢明白了:不到40人的公司,车间固定工人不到15人,季节工有15人左右。生产什么完全由她老公临时安排,研发工作也是他一人负责,客户就在公司方圆100公里以内,而采购、市场等对外事项完全由她负责。工人们就住在工厂里,她们两口也住在工厂。住在一起,吃在一起,工作在一起。她们说还要那么多制度流程干什么。

(二)让制度更接地气

1.执行制度是天职

制度没有改变之前那就执行吧,这是铁的纪律。没有规矩不成方圆,制度流程是公司运转的基本保障。违反规章制度流程的事不要做,否则出了问题你就要承担责任,无论领导有没有允许你违反。

2. 灵活处理事先要报备

不可否认,有时候严格遵照制度流程办事可能会阻碍工作和业务的开展,不排除紧急情况下需要违背制度流程,但作为执行者你需要通过邮件或者其他文字方式说明情况,包括主要原因和主要事实,报备给你的直接领导和更上一级的领导,这也是制度流程的需要,也是保护自己的需要。

3. 让制度更加接地气

如果制度流程确实过时了或者必须要修改了,我想你可以依据事实,有理有据地提出修改意见。你可以向领导提出建议,也可以向相关部门提出建议,这样也许可以让不合理的制度流程更加完善,对你的工作也更有益。

十九、平衡才是风向标——考核绩效应该着重考虑哪些问题

很多公司很注重考核,把考核当成重要的管理手段,而且有年度考核、季度考核、月度考核,但有的公司没有太多的考核,只看几个指标就可以。考核作为一种手段,作为一种管理和提升企业业绩的手段是很有必要的,而且绝大多数公司运用得很好。

但确实也有不少公司把考核指标和体系搞得过于复杂,让那些被考核者终日汇报数据,准备考核汇报。甚至个别公司还有周考核,天天汇报,搞得大家筋疲力尽,到头来对业务也没有什么帮助,反而影响了大家的积极性。

一个公司的考核标准体现了公司在鼓励什么,体现了企业发展的关键因素。一旦考核的具体指标完成了,公司就达到了阶段目标,这样不断递进公司就可以完成战略目标。所以考核指标和体系的制定也要体现客观和主观因素,但过高的目标或者显然完不成的目标对被考核者没有任何激励的作用,反而可能导致员工的积极性更低。这好比给你制定了一个跑100米的时间目标,这个目标即便你经过长期训练也是无法达到的,你还有信心去训练吗?如果目标过低,你的成绩早已经超过了制定的目标,你当然也不会有兴趣,对你还是没有激励作用。

所以考核这种管理手段也要讲艺术,考核既要全面体现公司的目标想法,又不能过于复杂,让人看不懂。

考核既要参考过去的做法也要考虑到未来;既要鼓励先进,也要看到大多数情况。通常,超额完成任务的只占少数,完不成的也只占少数,80%以上的人都可以正常完成。

我们强调考核尽量数量化、标准化,但又不能完全数量化。是不是可以把那些质的指标尽量数据化,把那些量的指标在数字化的基础上定性化、质量化,也就是把大家认为不能或者不太好进行数字化的指标数字化,如学习指标、协同指标、管理水平指标、客户拜访质量指标;同样把那些销售指标加上一些质量标准,如客户的具体评价、市场上的口碑等等。

考核既要鼓励先进,还要帮助相对落后的后进者,让他们在考核中得到成长,得到提高,不能把他们考核出局。我很不赞同末位淘汰制,这个末位要看是什么样的末位,在全体都完成考核业绩的情况下依然会有末位。也许这个末位取得的成绩并不差,其中既有主观因素也有客观因素,所以简单用末位淘汰的方法过于简单粗暴了。末位淘汰一定是要在一定前提条件下的淘汰,而不是不分青红皂白的末位淘汰。

考核中各项指标的占比权重是很有学问和艺术的,同一和统一的考核指标表面上看很合理公平,有时候又是很不公平的。老员工和新员工能够完全一样吗?存量和增量能够完全一样吗?成熟的市场与新开发的市场能完全一样吗?当然不能,否则就是绝对的不公平了。

有的组织或者公司利用考核这种手段来淘汰一些他们认为不合格的员工,也有心术不正的极个别管理者利用所谓的考核报私仇、泄私愤,这种恶劣的现象是一定要杜绝的。

(一)焦头烂额的考核

有一家公司我很熟悉,不仅仅是与他们老板熟悉,而且与他们很多管理层、员工都很熟悉。他们的高层管理人员和中层管理人员对于考核的问题个个都有一肚子苦水,人人都牢骚满腹,甚至到了苦不堪言的地步。但是奇怪的是离职的都是那些基层员工,为什么呢?因为一旦没有完成考核指标都会认为是员工的问题,好像与管理者没有任何关系,因为老板担心管理层会离职。

他们的考核体系对销售队伍的考核具体到了每一个员工。但基层员工频繁地离职对业务没有影响吗?当然有影响,不仅有影响而且有很大的影响。他们公司业务的特点决定了业绩完全来自一线员工,而他们的管理层基本上不与客户见面沟通,你可以想象一下新的员工为了与老客户接触而开展业务会付出什么样的代价。他们只能不断地牺牲公司的利益来迎合客户,最后就是公司的业务越来越差,客户越来越少。

公司的老板读书不多,企业起步和发展过程中,主要业务要靠自己的哥们儿,那时没有太多的考核制度,大家一起埋头苦干,业绩还是很不错的。但一心要想上市的老板,在融资成功后按照上市公司的制度流程制定了很多考核制度。一批又一批的新人带来了不同的企业文化,带来了不同的考核体系,后来的人否认前面人的做法。组织架构改了又改,人员结构变了又变,那些老员工不仅工资收入远远低于新人,而且次次考核都不合格,他们还能继续干下去吗?

他们的业务员要天天汇报业务情况,周周汇报业务情况,月月汇报,季季汇报。有人给我说做梦都在想怎么汇报,怎么找到没有完成指标的理由,一个理由接一个理由,自己都觉得过意不去了。

更让我不理解的是,他们的职能部门个个都是权力部门,个个都可以对业务部门指手画脚,都说这是考核的需要,是制度的需要,而且职能部门的数量远远多于业务部门的数量。也许是我认识尚浅,看不懂他们的一次又一次变革。

后来离职的老员工们成立了一家新的公司,管理上继续简单化,考核上继续简单化,业务上更加灵活,最后成了以前老板的竞争对手。

(二)平衡才是风向标

我在这里说的平衡,不是指考核要搞平均主义,实行大锅饭,那样就失去了考核的意义。

1.定量体系与定性体系的平衡

完全数字化的定量指标体系考核容易执行、容易被大家理解,但很可能忽视了那些比定量还重要的定性指标,量化指标可以反映当前的业绩,能够很容易让被考核组织或者被考核员工看懂,也便于操作。但定性的体系更是决定企业未来发展的基础和关键,能够更多地体现企业文化和价值观,也能够更多地体现企业的战略目标和愿景。所以考核时二者要兼顾,努力做到平衡。

2. 鼓励先进和帮助后进的平衡

考核从某种意义上讲是鼓励企业内部员工竞争的一种方式,如果能够形成良性竞争那就达到了考核的目的。但考核不应该完全是对先进的鼓励和肯定,先进者带着后进者一起努力,一起完成任务,才是考核的终极目标。但这种平衡绝不能搞成平均主义。

3. 短期目标与长远目标的平衡

不少考核者在追求短期考核目标时往往以牺牲长远利益为代价,因为短期目标与自己的奖金收入挂钩,与自己的职务晋升挂钩,与自己的话语权挂钩,所以长远利益被放在了次要的位置。不注重长远利益的考核是失败的考核,也就不可能有长远利益。

4. 业务一线与职能一线的平衡

业务一线直接体现了数量指标和利益指标,所以很多公司考核的重心放在业务一线,忽视了职能一线的重要性,有的公司甚至认为职能部门对业务没有太大的作用,这是非常错误的想法。职能一线对业务发展起到巨大的协助作用。

具体考核指标体系的制定就要考虑不同公司的具体情况了。

二十、都说客户是上帝——客户利益和公司利益发生矛盾时如何处理

一个公司想要存活下去,绝对是不可以离开客户的,客户是衣食父母。公司为社会、为市场提供的产品或者服务不就是为了满足客户的需要吗?

一个公司业务员的职责就是寻找让公司和客户同时满意的那条平衡线。如果只有公司利益没有客户利益那就没有客户了,没有客户了公司怎么生存呢?如果只有客户利益没有公司利益,公司照常不能够生存。

这条平衡线就是既能满足客户利益也能满足公司的利益,二者要兼顾。在某一时间点或者某一时间段,客户的利益可能偏重一点,但从长远来看,二者的利益必须保持平衡。

可能你的产品或者服务在短期内是不可替代的,短期内你可以获取高额利润,但替代产品或者服务一定会在某个时间点出现,那时你的客户就可能被竞争对手抢走了。

只考虑公司或者只考虑客户的策略都是不长久的,产品策略、市场策略、价格策略、竞争策略、服务策略等都要考虑公司和客户,二者必须兼顾。市场竞争激烈的今天,不仅仅要考虑公司和客户之间的利益,而且还要考虑到产业链条上所有环节的利益。如果某一环节的利益长期被忽略,那么最终这个链条将不复存在。

公司希望产品或者服务的价格越高越好,客户希望产品或服务的价格越低越好;公司希望无账期销售,而客户希望账期越长越好;质量上公司希望能够满足需要就好,而客户希望得到超值的服务。作为业务一线人员的你或者销售负责人的你怎么处理这些矛盾呢?

曾经有一个领导刚刚上任时与某部门班子成员见面,他问各位班子成员:几十年来,客户的需求有变化没有?

这个问题似乎很简单,但五个班子成员的答案不一样,有人说有变化,有人说没有变化。

有人喜欢琢磨领导的意图,怎么刚一见面就问这个问题,领导到底是什么意思?为什么不问问各位的简历,每个人负责哪方面的工作?

你回答有变化,领导一定要问你变化在哪里;你如果回答没有变化,领导一定要问你哪些方面没有变化。五个班子成员各自回答后领导开始总结:回答没有变化的是正确的,但在哪些方面没有变化你们没有回答上来。他接着说,没变化就是说消费者追求物美价廉的本心没有变化。

消费者是不是公司的客户? 当然是。消费者要求的物美价廉与公司的追求有没有矛盾呢? 我想会有的,很多公司希望自己的产品物有所值就可以了。

(一)他被开除了

上班时间找他签字或者汇报工作,上午11点之前他都不在办公室,甚至很多时候下午他也不在办公室。有时候北京的领导或者相关部门去检查工作他依然如此。他认为一个管销售的领导天天坐在办公室是不可能搞好销售的。

那个时候他不到30岁,年轻帅气的他是销售的好手,很多人签不下来的客户他都可以拿下,能够轻松完成销售任务。但为什么总部对他不满意呢?很明显的问题就是,他销售的产品的平均售价总是低于行业平均价格,有时候还低很多。总部派去一批又一批销售管理人员,试图扭转局面,但他依然我行我素。

总部领导批评派去的人员,说他们监督不力,换了一批又一批,但是因为各种原因还是没办法处理他的问题。

他依旧每天晚上喝酒唱歌到深夜,第二天不能按时上班。财务对他有意见,因为他每个月报销的餐饮发票占据了公司的三分之二以上,他的部下对他有意见,因为上班时间经常找不到他,晚上还要被他拉去陪客户喝酒。客户摸透了他的脾气,三天两头就请他去喝酒唱歌,所以他的时间总是不够用,有的时候一晚上好几个酒局。

俗话说拿人家的手短,吃人家的嘴软。低价销售成了他利用手中权力照顾客户的常用手段,尽管他自己认为做得很隐秘。他故意抬高库存,该出库不出库,当库存明显超过警戒线的时候,才美其名曰为公司解决库存,找那些经常与他吃喝的客户帮助解决,拿的是低得不能再低的价格。

最后,他被公司开除了,大好前途就这样被他自己断送了。习惯了如此操作的他,后来换了两家公司都混不下去。

做销售负责人的他,为客户考虑没有错,但长期以牺牲公司利益来维护所谓的客户关系,满足自己的吃喝玩乐,已经突破了职业底线。

(二)三物原则

如果公司与客户之间能坚持三物原则,那么两者之间就不会存在大的矛盾。

1.物有所值

如果公司为客户提供的产品或者服务与客户的付出包括金钱、时间等是基本一致的,那么就是一种等价交换,是不应该存在矛盾的。这个物有所值可以从市场层面来比较、来分析。就是说同样质量的产品或者服务客户付出了与社会平均价格大致相等的价格。

2.物超所值

物超所值既是公司竞争的一种手段,也是客户比较的结果。如果让客户感觉到他占了便宜或者超出了心理预期,就说明物超所值了。很多时候企业采取的促销手段就是让客户感觉物超所值。

3.物美价廉

物美价廉有可能做到吗？品质好、服务好而又价格低廉,这有点不符合商业逻辑或者经济学逻辑吧。但消费者或者客户总是喜欢物美价廉,这种心态是一直存在的。满足了客户物美价廉的心理预期,客户与公司的矛盾就会少很多。

遵循三物原则,在此基础上处理客户与公司矛盾时,还要掌握客户利益有限原则,公司利益与客户利益平衡原则,长期利益与短期利益兼顾的原则。

二十一、在讨论中无缝衔接——多部门配合时如何做好规划与有效协调

很多职场上人士经常抱怨说,职场上人际关系很复杂,尤其是在部门与部门合作时更复杂。在遇上困难或者出现问题时往往互相推诿,相互扯皮,甚至是互相告状。到底是责任不清还是互相不能理解呢？如果长期出现这种状况,工作效率低下那是肯定的了,有时还会导致任务根本无法完成,影响了大局。多部门配合有时会有一个总协调人,会形成协调机制和问题解决机制。

(一)警察帮了大忙

"请马上停下！请马上停下！"警车的警报声不断响起,喇叭里不停传来广播声。在高速公路应急车道上跑步的我,以为出了什么大事,赶紧停了下来。警察对我说:"你怎么回事？在高速公路上跑步,不要命了吗!"

十几年前的一个假期,我和朋友三家人相约去河北自驾游,不巧的是我夫人

有事不能一起去了,于是大家决定三家人开两辆车,我和我的儿子分坐在两辆车上。

高速路上时不时堵车,走走停停。服务区到了,我们停车解决内急。

当我从厕所来到停车场时,奇怪的一幕发生了,我还在,两辆车却不见了踪影。我赶紧打电话,第一个电话打通,朋友告诉我说他在前面,让我们后面的车慢慢开。第二个电话打通,另外一个朋友告诉我说他在后面,让我们开慢点,他马上就追上来了。原来他们各自以为我坐上了对方的车。再打电话问,他们已经开上高速大约五公里了。赶快告诉他们停车,在应急车道等我。

就这样,应急车道上出现了我跑步的身影,当时只顾追车,完全不管危险不危险。跑了不到两公里时,警车追上了我。一五一十向警察汇报了情况,警察又气又觉得好笑,严厉批评了我,说这样太危险了。

警察同志让我告诉前面的两辆车继续往前开,开到前面最近的服务区去。警察同志说,要不是从高速路监控中看见我,就会出大问题。

前面的服务区里,警察同志把开车的两人也严厉地批评了一顿。原来他们俩都以为我坐上了对方的车,相互之间也没有沟通。

仅仅只有两辆车,也一共只有8个人,互相间的沟通还出了问题。职场上这样的事情也一定会有。

(二)大事不大,小事不小

职场上什么是大事?大事如果我们能够从容应对,大事也就不大了。职场上什么是小事?小事我们不认真对待,那就可能变成大事了。任何一个机构、一家企业,人与人之间的合作,部门与部门之间的合作那是常见的事情。一个人独自做事都有可能考虑不周全,何况又是部门与部门之间呢。

项目运作涉及多部门配合时,如何提前做好规划?执行过程中如何有效协调?世界上的事情解决办法没有完全一样的,因人而异,因时而异,因事而异。但是还是有一些共性的。若是项目参与的部门多,有三个或者三个以上部门参与,确定三总原则是一个好办法。

1.确定总任务

总任务的确定是第一位的,每个参与的部门、每个参与的人都要参与到总任务的制定过程中,对总任务要有总体认知。总任务是分任务制定的前提,也是分任务的总和,也就是总系统与子系统的关系,只有在了解了总系统之后,所有的子系统才会构成一个整体。总任务既要有总则也要有细则。细到什么程度呢?当然是细到不可再分解的程度。否则很多人只知道总则,不了解细则,各自在执行中就会出现偏差。

2.确定总指挥

总指挥可以是行政岗位领导,也可以是项目总负责人。总指挥要对任务、时间、进度、质量进行把控,而不是仅仅把任务分解了就万事大吉高枕无忧了。总指挥必须要站在全局的高度,要具有一定的专业性,而且要敢于担当,勇于面对问题和矛盾,同时还应该有调动资源的权力、分配资源的权力,还要有奖惩处罚的权力。

3.确定总机制

确定总机制,就是确定项目过程的总运行机制,包括联席会议机制、协调会议机制、进度通报机制、问题解决机制等等。这样就可以把问题解决在过程中,而不是到了最后无法挽救。总机制的确定是非常重要的。要形成协商一致、充分讨论的制度,让问题及早暴露在萌芽状态,同时也可以避免互相推诿、互相埋怨、互相指责的状况发生。

无论事先规划多么完善,难免百密一疏。这时候需要我们具有职场人该有的职业道德、职业素养、职业精神。各自退一步,很多问题就可以迎刃而解了。

有人说吃亏是福,吃一次亏你就会前进一步,对问题的理解就会更深入一点。

二十二、让大家看到旗帜——工作中如何更好更快地统一大家的意见

旗帜是前进的目标,前进的方向,前进的精神源泉。有了它,就有了中心,就有了核心,就有了动力。

职场上也是一样的，任何团队，不论大小，都必须有面旗帜，否则就没有了凝聚力，没有了核心，行动步伐就会乱七八糟。

要统一大家的意见而且要快速统一。我们要思考一下在什么样的情况下，具备什么样的条件，大家才会统一意见。意见的不统一，是认知的偏差，是信息的偏差，是目标的偏差还是权责利的偏差呢？

靠权力能够快速统一意见吗？靠奖惩能够快速统一意见吗？靠压制能够快速统一意见吗？靠这些方式统一的意见只会给执行带来各种麻烦。

快速统一意见，以便更好地做一件事情。这个快速是在兼顾质量的前提下，是在没有太多分歧的情况下的快速，是在认知基本一致情况下的快速。

统一意见是一个协商的过程，是一个沟通的过程，是一个大家反复交换想法的过程。围绕什么协商、沟通、交换意见呢？当然是目标。只有大家看到了目标、清楚了目标，知道目标意义所在，才会意见统一。

（一）一次聚会

我曾经组织了一场大聚会，那次大聚会不仅我忘不了，而且所有参加聚会的人都忘不了。刚开始老母亲还反对我组织这次聚会，但聚会时最高兴的也是她们那一代人。她们那一代人有更多的回忆，有更多的乡土情结，对人生有更多的感悟。几十年不见面的人见面了，能不高兴吗？

一起长大的小伙伴天各一方，他们有的考学离开了家乡，有的当兵离开了家乡，有的外出打工离开了家乡。三十多年没有见面的人太多了，在外边的日子，他们无时无刻不思念家乡的土地。

由我来牵头搞个大聚会，这是大家的愿望。我是当年村里第一个考上大学的，在村里还算是个知名人物吧。

大家分散在各地如何组织呢？找关键人物，"60后、70后、80后、90后"中各选出三个人，成立组委会。好在现在的通信发达，视频会议随时可以开。

组委会组织架构问题、聚会的时间安排问题、费用问题、演出节目问题、交通食宿问题、聚会申请问题、意外情况处理问题等等，如何快速统一意见呢？

组委会为聚会最高指挥机构,在考虑年代、家庭、影响力的前提下,成立六个小组。小组长提出各自小组的具体工作设想,由组委会全体成员讨论三遍,意见统一后将方案放在微信群里让所有人审阅、提意见,几次后最终形成执行方案。

不搞平均主义,赞助费用设上限和下限,上限和下限之间各自根据自己的情况自由赞助,特殊情况免除赞助。演出节目自由报名,但要通过视频进行审核。

多次公开透明地进行讨论,征求所有人的意见,让大家知道我们的每一个目标、每一个步骤、每一分钱的预算,还要公布聚会时的菜品。一切步骤都在透明公开中进行,得到了大多数人的支持,后面的行动也就顺畅了。

当然分歧也是存在的,把分歧压缩到最小,直到小得对整体不会有太大影响,你还有什么担心的呢?

(二)学会正确地思考

职场中不少人总想强行统一意见,有个别领导所谓征求意见,实际上是在看谁有不同的意见。个别职业素养不够的领导还会给提意见的人穿小鞋,认为给他提意见是不尊重他,不给他面子,如果遇上这样的领导你要么离开,要么从此盲从,随波逐流。

如果你是一个开明的领导,而且确实想听听大家的意见,那你就认认真真听取大家的意见,多听听是对自己的补充,而且绝不会有人认为你无能。因为谁都愿意被尊重、被重视,听取他人意见就是最大的尊重和重视,当然是真心的而不是做表面文章。表面文章谁都能看出来,不要以为你的下级就比你傻。

1.让大家知晓目标

知晓目标是统一意见的前提,要把目标完全告知所有人,你可以详细做一个说明,说清楚每个人在具体工作中的角色和作用,包括大家如何协调配合。

2.让大家充分讨论

让大家充分讨论,各自发表意见。不要随意去打断他们,不管你认为他说得正确与否。充分表达是一种权利也是对工作负责任的表现,还是一种民主的管理模式。这样你才可以知道每个人的具体想法,想想他们的角度、听听他们的思考,对你最后做决定是有帮助的。

3.让大家赞成方案

吸纳大家的意见,完善具体的方案。包括每个人的具体任务、时间节点、检验标准、问题协调机制等等。在大多数人同意的基础上对方案进行最后的确认,可以让大家口头确认或者签字确认。如果真有个别人就是要与你对着干,无论如何就是不同意方案、不执行决定,那你还把他留在团队中干什么呢?

你把大家看成一个团队、一个整体,大家是能够感觉到的,他们会愿意为自己所在的团队而努力的。

二十三、发现协同之美——新老团队成员如何形成良性竞争

理论上讲,竞争是个体或者群体间力图胜过或压倒对方的心理需要和行为活动,每个参与者都可能牺牲他人或者对方的利益,最大限度地获得个人或者己方的利益,他们的目的在于追求更有吸引力的目标。

竞争至少有两方或者多方参与,是一方要胜过另一方的对抗性行为。竞争一定会有输赢,难道要像狼群之间争夺地盘,不是你死就是我活吗?

客观上同一行业不同的企业之间确实存在着竞争的关系,有良性竞争和恶性竞争两种。前者是在友好、公平、公正的前提下开展市场化竞争,或者叫人性化的竞争,这样的竞争会促进社会生产力不断提高,技术水平不断更新,社会也会在良性竞争的态势下不断进步。这样的竞争我们是鼓励的,也是受到法律保护的。

而恶性的竞争,就是不择手段把对方置于死地的竞争,是法律不允许社会不鼓励的竞争。恶性竞争不顾社会公平秩序,违背社会公序良俗,也违背了起码的道德底线。

新老团队成员之间存在互相竞争吗?成员之间的业绩比赛是不是属于竞争的范畴?内部的竞赛与竞争我认为还是有很大的区别的。成员之间的比学赶超是一种竞赛,不是竞争。我们常常看到很多公司对内部业务开展竞赛活动。开展个人与个人之间的竞赛,团队与团队之间的竞赛,有的每一个月都要张榜公布,看看谁的业绩领先,看看谁的排名在前,这也是一种鼓励先进、鞭策后进的企业文化,这是良性的竞赛,与竞争是有区别的。

团队中有新成员也有老成员,他们的岗位也许彼此不同,也有可能彼此有相同的岗位。岗位不同相对来说工作内容也是不同的,不同岗位之间更多是一种协作关系。那么同一岗位的工作内容就可能相同了,考核标准、任务指标、工作性质都有可能差不多,但我相信即便如此他们的工作区域还是有区别的。比如同样是一线的业务人员,一定会在渠道上、业务区域上、客户群体上不同,也就是在范围方面也有不同,同样是开展客户,但客户群体是不同的。否则这个企业就会陷入恶性竞争中,最会一定会给公司带来麻烦。

(一)共同进步

一家企业的老板曾与我聊天,他说他有一个很大的困惑。这个老板是早期的清华大学毕业生,什么问题能够难倒他呢?

既然他找到了我,我也就只好洗耳恭听了。原来是一个销售团队成员之间恶性竞争的问题。他的公司在全国各地开设有分公司,而北京只设立了一个销售部,原来问题就出在这个销售部上。

老板说销售部有些业务员月月都能超额完成任务,拿到超额奖金,而有一半的业务员根本完不成基本任务更别说超额任务了。超额完成任务的都是那些老业务员,完不成任务的都是新来的大学生。这些大学生都是老板计划培养的未来之星。这样下去别说培养了,这些大学生是否能够留下来都是一个问题。老板告诉我说老的业务员文化层次不高,但与客户都很熟悉了,他们对公司的政策也很了解,不但有时候钻政策的空子,还暗地里帮助竞争对手卖产品。公司拿这几个老业务员没办法,他们还联手欺负新来的大学生。

这是不是一个典型的恶性竞争事例?如果是你面对这个老板,你会怎样帮他解决困难呢?最后我们共同商议形成了一个极其简单的方案,后来的事实证明这个方案虽然简单但效果很好。

老业务员担心老板会在时机成熟时用新来的大学生替换他们,今后可能连饭碗都成问题,所以他们联手与新来的大学生之间筑起了一道高高的围墙。初来乍到的大学生别说开展业务了,连客户的门在哪里都不知道,他们公司业务员的收入直接与业绩挂钩。

我认为老业务员这样做,站在个人的角度看没有问题,公司怀疑他们替竞争对手卖产品也没有事实依据,况且他们也没有公然违背公司的政策。所以我建议老板不要责怪老业务员,还是想想办法吧。

解除老业务员的顾虑是首要问题,要肯定他们的能力和贡献,要让老业务员认识到新来的大学生是为了公司长远发展的需要,可以给老业务员委以重任请他们培养新来的大学生。

改变直接考核业务员的方案,把一对一考核改为小组考核,成立由老业务员为组长的作战团队,每个团队配备两名大学生。组长的业绩直接与团队挂钩,而不再与具体客户挂钩,对大学生的考核直接与每个客户挂钩,老客户与新客户的考核权重不一样。以前个人之间的竞争变成各小组之间的竞争,老业务员直接晋升为团队负责人,对小组负责。

同时公司对大学生年底考评的分数也与小组长的考评直接挂钩,在小组长的年底考评中占50%的比例。老业务员们得到了提拔加强了责任心,同时小组之间也开展了合理的良性竞争,新老团队成员之间可以共同进步了。

(二)发现协同之美

我们在职场上曾经都是一个新成员,我们也都会成为一个老成员。当我们是新成员时多么希望老成员能够带我们一下,当我们成为老成员时又希望新成员多干一点,希望新成员听话一点,希望新成员能吃苦一点。我们从自身的职业生涯中就能感受到不同阶段人们的心态,那么如何协调新老成员之间的关系呢?

1. 发现帮助之美

如果你是一个老成员,帮助那些新成员也许不是你的职责范围,也不是你的义务,但帮助别人所获得的快感、满足感会让你精神愉悦,被帮助的人也会一直感恩于你。

2. 发现请教之美

新成员为什么不可以多请教老成员呢?学习是让你成长的路径,请教更是让你快速成长的路径。请教是一种态度,也是一种品德,还是一种职业素养。不要不好意思,你请教老成员多数时候他们会教你,会帮助你的。

3.发现协同之美

新成员也罢,老成员也罢,有竞争也罢,无竞争也罢,别人都有值得你学习的地方,都有一些闪闪发光的地方。在协同中我们能感受到人性之美,能够成就彼此。

在互相帮助中进入良性竞争,在互相请教中进入良性竞争,在互相协同之中进入良性竞争,不管你是新成员还是老成员。

二十四、打破砂锅问到底——如何判断一个求职者是否具备胜任岗位的潜质

公司招聘的方式有很多,现在常见的有校招和社招两种方式。校招也罢,社招也罢,一般的流程都会通过第三方公司进行,包括通过第三方公司对外发布招聘信息,收集应聘者的简历等相关资料,根据招聘方列出的条件筛选简历、笔试、面试,最后录取。这样常规的流程常常能够招聘到基本符合公司需求的人才,但少数时候也有不符合预期目标的。无论是书面材料还是笔试与面试,哪怕多次笔试多次面试也不能完全排除失败的可能。

同一岗位不同的公司对应聘者的要求也会有所不同。比如文秘这个岗位,每家公司的要求有共性也有个性化的要求;比如一线销售人员这个岗位,不同的公司不同的产品也对销售人员有不同的要求。而同一个应聘者可能符合这家公司的招聘要求,但不一定符合另一家公司的要求。

同样,面对同一应聘者的应聘材料,有的公司可能直接就筛选掉了,有的公司可能如获至宝。人力资源部的工作人员所关注的角度和具体用人部门所关注的角度也有不一样的地方。所以,很多公司人力资源部门更多是从基本要求方面去面试筛选,而具体用人部门则主要从业务能力、专业能力等方面去考虑。

现在还有一些公司专门培训应届毕业生如何写简历,如何参加笔试、面试,包括应聘者的服装、语言、发型等方面都会告诉毕业生。这些共性化的培训往往忽视了个性化的东西。在实际工作中我们常常会看到千篇一律的应聘材料、千篇一律的着装,有时候感觉是一个流水线上生产出来的。

我曾经问过一些学生,你们毕业于同一所大学,学习的同一个专业,甚至在同一个班级,假如你们去应聘同一家公司同一个岗位,怎么才能让公司不在简历这一关就把你筛掉呢?你们学习的课程基本一致,除了分数上的差别,你们之间还有哪些差别呢?假如你适合某家公司某个岗位,是不是你的同学都适合呢?

社会招聘同样存在这样的问题,应聘者的过去能够说明一些问题,也能够证明应聘者的某些能力,但是否适合用人单位还有不确定性。对应聘者潜质的判断既要有理论上的判断,也要有一些实践层面的判断;既要有相对客观的判断,也会有一些主观的判断。

(一)他被问蒙了

他本科毕业于某理工大学,就读于计算机专业,大四的时候他的父亲找到我,希望我帮忙给他找一份工作。大学生不都是自主就业吗,怎么还要找人帮忙呢?原来他的学校和专业不占太多优势,于是我建议他最好考研究生。经过努力,他考上了研究生。但研究生毕业找工作时他又遇到了与本科毕业找工作时一样的困惑,投出了100多份简历,却很少得到回应,虽然有三家公司通知了他面试,但不善言辞的他面试时基本上停留在第一关,就没有了下文。他的父亲再次找到我希望我帮帮忙,由于是发小的关系,我推辞不掉到处帮他找人,寻找可能的就业机会。在仔细研究了他的简历后,我发现如果我是负责筛选简历的人也会毫不犹豫地淘汰掉他。他的简历实在太一般了,而且简历中自己的优点和相对优势一点也不突出。自己的专业介绍和实习经历也是平铺直叙,缺乏吸引力。在与他多次沟通后,我帮他完善了简历格式,并请计算机专业人士帮他整理了简历中的专业介绍和实习经历总结。再次投放了10份简历,很快有5家用人单位通知他参加笔试。由于他的专业知识过硬,他得到了3家单位的面试机会,并且在我的指导下成功进入最终面试。在他最希望被录用的单位面试中,他被问了17个问题。对于一个没有职场经验的学生来说,这17个问题问蒙了他。这也就是我们常常说的打破砂锅问到底吧,这也是一种考验一个人真实功底的方法。

他被问到的17个问题中除了几个面试常规问题,其他的问题都是在专业问题的基础上,一层层撕开、追问到底。他告诉我其中有四个问题他一点儿都不会,有三个问题一知半解,其他问题比较简单。

最终他被录取了。

后来面试的专业老师告诉他：很多学生在被问到这么多问题的时候，已经在情绪上失控了，完全失去了方向；他虽然有几个问题完全不知道如何回答，但他的冷静、清楚的思维逻辑让面试老师决定录用了他。

(二)从显性看潜质

谁会没有看走眼的时候呢？无论是经验丰富的面试官还是新任面试官都会有判断不准确的时候，但还是有一些经验可以总结的。

1.打破砂锅问到底

你可以对求职者简历中的任何一个问题，包括他的优势和不足进行详细询问。你需要仔细去判断他回答问题的方式、逻辑、清晰度、态度以及他的忍耐度等，看看是否符合你的要求。

2.透过眼睛看内心

都说眼睛是心灵之窗。是的，通过求职者的眼睛能够看出他的内心是否具有稳定性，是否具有坚韧的品质。人在说谎或者慌乱的时候，眼神一般会游离。你可以在不失礼貌的前提下，适当和应聘者对视，尤其是你问到你认为很重要的一些问题的时候。

3.讨论案例见功力

你可以拿出一个真实的案例或者你假设的案例，可以与对方的专业有关也可以无关，可以与应聘的岗位有关也可以无关，可以是对方熟悉的领域也可以是陌生的领域，和他一起来讨论一下，作为主考官的你要用平等的态度、温和的语气与求职者讨论，从而去观察求职者的表现。

试试上面三种方法，它们也许可以助你一臂之力。

第五章　他悟

悟出精彩人生

困了,累了,停一停再出发。

职场上没有人能一帆风顺,没有人没有跌倒过、困惑过、痛苦过。有的梦能记住,有的人已忘记,有的事总也忙不完,有的困难解决了一个又来一个,当我们困了、累了的时候也该歇一歇了。

遇到困难的时候停一停,看看有没有好办法;遇到问题了停一停,看看有没有好思路;遇到走不通的路停一停,看看有没有新去处。

职业生涯中一定会有瓶颈期。眼睛疲劳了,闭一闭,看看远方,也许会有新发现。职业生涯遇上瓶颈了,让自己深呼吸,呼吸通畅了,心情就轻松。装满水的瓶子,要想让水顺畅地流出,需要有空隙,马不停蹄的你也要给自己找个空隙。

一、是否有足够的满足感——怎么判断工作岗位是否适合自己

跑步时所有人都希望给自己找到一双特别合脚的跑鞋,合适的跑鞋可以让自己受伤的概率减少,让自己的跑步成绩提高。然而要想找到合适的跑鞋就要去试试脚,有时候还要订制,特别是那些专业的运动员,往往都要依照自己的脚形去找人订制。

职场人士想要找到适合自己的岗位也是不容易的。有的职场人直到退休,也不知道干了一辈子的工作是否就是最适合自己的工作。如果时光能倒流,我的职场生涯也会重新书写。

每个人认为的适合自己的标准不一样,有的认为要与自己的兴趣爱好一致,有的希望与自己所学的专业一致,有的认为要有不断上升的空间。如果我们去调查

100个在职场上摸爬滚打20年或者30年以上的职场人士,问他们如果能重新选择或者规划,你还会选择现有的职业或者岗位吗？大约有90人回答会重新选择或者规划。但是并不代表这近90人在职场上没有取得成就,有的还取得了相当大的成就,这是为什么？大概是走过的路只有回头看时才能知道是曲是直吧,没有谁在职场上能够完全不走弯路,一直顺下去。但我们都希望找到最适合自己的岗位。尤其是对那些职场新人来讲,规划自己,找到适合自己的岗位是一种愿望。

(一)他找到了方向

他在大学期间利用寒暑假找到了三家单位去实习。他找的这三家单位企业性质、实习岗位完全不一样,他想看看自己到底更适合什么样的岗位,更喜欢什么样的工作,为自己今后毕业寻找工作单位奠定基础。

第一家为他提供了大型活动组委会外联工作的岗位,也就是负责对外联络、报送各种材料、邀请各方人士,简单来说就是跑跑腿,但也是在学校没有经历过的。这对他的公关和社交能力是一个考验。

第二家单位是一家纸质媒体,他协助编辑处理一些稿件,编辑一些文字类的来稿,偶尔自己也写写小文章。这份工作需要细心、严谨,对他的文字能力也是综合考验。

负责接待、参与讲解,是他的第三份实习工作。这份工作表面上很简单,其实需要自己对所在公司的历史、文化、背景、技术、市场等方面都有全面的了解。在接待外国朋友和接待小学生参观时,需要根据参观者的语言背景和年龄结构来组织语言,还要熟练掌握英语,这些对他来说是一种综合能力的考验。

通过三份实习工作,他找到了自己的兴趣和优势,为读研以后找工作奠定了基础、确立了方向,同时也为他读研选择课题提供了帮助。

研究生毕业时他不盲目投递简历,完全知道了自己的兴趣,明白了自己适合什么样的岗位,精准投放简历,精准对应岗位,最终他投放的15份简历每份都有了回应。认真思考后,学新闻传播的他终于找到了自己心仪的岗位,到岗后他很快就适应了,感到非常满意。

(二)什么样的岗位适合自己

这个问题很难回答,教科书上没有标准答案。一万个人可能就有一万个答案。客观地说,很多事情只有经历后才知道什么最适合。

想要找到适合自己的工作岗位,需要天时地利人和,也许真是可遇而不可求的。与职业人士就这个问题交流后,我得出下面几点参考意见:

1.是否感觉轻松

在这个岗位上工作,所有的任务你大多数时候都能够轻松完成,你觉得完全没有压力,更不会有压抑感。你每次都能够找到较好的办法去完成新的任务,而且不用长时间加班加点,同时你的业绩还能得到周围人的认可,那么这就达到了理想的状态,这就是适合你的工作岗位。

2.是否比较喜欢

看看你的兴趣点与你的工作有没有交叉点、重合度。比如你喜欢写作,而你的岗位正好又是文秘、编辑、新闻类;比如你喜欢美术,而你的岗位又是设计、制图、美术编辑类;比如你喜欢人际交往,而你的岗位就是营销、市场、演讲类;如果你喜欢管理,你的岗位又是教练、组织者等等。

3.是否有满足感

如果你在这个岗位上常常能得到表扬,如果你在岗位上能够得到晋升,如果你在岗位能够取得进步,你就会有一种满足感。你能一次次达到预期的目标,甚至超越预期目标,自我价值就能得到充分体现。

4.是否有提升空间

职场中的你,空间就是你的舞台。有空间才有舞台,有了舞台你才有展示才华的机会。否则一身才华的你,只会淹没在人群中。空间是立体的,是多维度的,需要你一点点去努力编织。如果你的岗位能给你提供更多更大的舞台,那么它就是适合你的。

5.是否有相应的回报

付出总是需要回报的,因为我们也需要生活,也需要养家糊口,也需要社会活动。回报主要包括薪酬、奖金、福利,也包括得到学习的机会、岗位晋升与轮换的机会,还包括休假、特殊奖励,等等。你的回报既要在企业内部比较,也要在行业中比较,与社会平均水平比较。

评价一个岗位是否适合自己有很多方面的参照,如果我们能够在每个方面客观地给自己打分,总分在70分以上我认为就比较适合自己了。

二、在肯定和否定中完善自己——如何处理自己的职业规划与公司发展规划之间的冲突

个人的职业规划和公司发展规划发生冲突时怎么做出选择?这个问题非常简单,要么调整你的职业规划,以适应公司整体发展规划;要么你就离开这里,去找能够满足你职业规划的公司。公司的发展规划不可能或者很难为了你而进行改变。

个人的职业规划与公司发展规划到底冲突在什么地方?是完全相反的两个方向,还是大方向一致只是不能百分之百满足你呢?从职场的角度看,一个人的职业规划有可能随着时间、环境和自我认知的变化而变化。

谈职业规划最多的大概是准备参加工作的学生,或者是参加工作不久的职场新人,而工作10年以上的人往往很少谈论职业规划了。

你的职业规划是依据什么做出的呢?是什么时候做出的呢?是根据自己的专业做出来的吗?是因为自己的爱好吗?是根据某个行业未来发展的前景吗?当职场新人们与我谈职业规划时,我总会反问他们这些问题,我希望他们认真思考后再来探讨。我知道任何时候我都没有权力去帮助任何人做出应该是他自己做的决定,甚至很多时候连参考意见都不能提供给他们,但我愿意与他们探讨一些具体问题,分析具体原因,一起去思考。

该不该做出职业规划?我想还是应该的。职业规划至少可以给自己一个努力的方向、努力的目标以及对未来的设想。职业规划也是我们的职业蓝图,有时候需要微调,有时候需要大调,有时候甚至要重新来画。你的职业规划要不要调整,这需要你自己去判断,任何人不能越俎代庖,但你的朋友、同事、老师可以给你一些参考意见。所以长期以来判断一个职业人士是否有未来,我更多地关注他是否有独立的精神,当然包括独立的思考能力。

(一)名牌大学毕业的他

我与他认识的时候他大概30岁出头,毕业于北京某重点大学,那个时候他已经是个处长了。

我与他曾经因为工作有过多次联系,他给我留下了深刻的印象。他的思维很活跃,为人朴实,我和我的团队在与他接触后对他评价极高。与他沟通时不需要拐弯抹角,完全可以直截了当,大家都没有思想负担,不需要猜来猜去。

我不知道他的工作是否符合他大学时代的职业规划,但我知道自从认识他以来他一直在这个机关工作,只是在内部换了几次岗位,他担负的责任越来越重要,工作任务也越来越多。

他学的专业与他从事多年的工作算不上完全对口,他的第一份工作与他的专业也不是完全对口,当初他希望当老师的愿望至今没有实现。

(二)在肯定和否定中完善自己

懂得思考的人才能有进步,无论在什么行业、什么岗位。大学毕业时我们的规划需要时间与实践去检验。学生毕业后可以双向选择,做自己的职业规划是必要的也是应该的,能够把自己的专业、兴趣爱好、性格特点、才能等与职业规划结合起来考虑,对自己来说也更负责任。

但是找工作时参照职业规划按图索骥,符合条件的就去,我不知道成功率有多高。不符合自己规划的工作就不考虑了吗？我一直想去做一个职业规划调查,看看职场上有多少人目前的工作与自己当初的规划基本一致,这个比例到底有多大。如果不一致怎么办。从我接触到的职场人士来看,这个比例不高。什么时候可以适当修改自己的职业规划或者重新来做职业规划呢？

1.检讨自己的职业规划

"检讨"在这里可以理解为对自己的职业规划再次推演。看看你做的职业规划是在什么条件下、什么逻辑中做的、是在什么样的环境和背景中做的。经过一段时间后,看看当初的职业规划是否太过理想化,是不是结合了行业现状、社会现实,参考了哪些指标。再次推演我想也许会有所收获,在条件变化的情况下,是否要完善或者修改你的职业规划。

2.检讨自己的职业匹配度

有些人职业规划时不考虑自己与职业的匹配度。要么只看这份工作能挣多少钱,要么只看到工作光鲜体面。匹配不光是你是否喜欢的问题,你喜欢对方而对方不喜欢你,你规划再好有什么用?要么根据你自己来选择对方,要么对方来选择你,要么就是双方互相选择,匹配度合适了,双方就可以长长久久了。

3.检讨自己的职业需求

职业需求不复杂,就是你希望在职业中得到什么,这是可以列出一个长长的清单的。建议你按照自己对职业的期待列出十个以上的需求清单,越详细越好。比如专业对口度、自己的喜欢度、工资满意度、人际关系满意度、组织认可度等。排列顺序按照你自己的重视程度来,根据自己目前的状况打分,一般来讲70分以上就很不错了。如果你给自己的分数不到40分,那确实要重新考虑你的职业了。

三、频繁换工作伤害的是自己——可以频繁换工作吗

稍有跑步基础的人都知道,跑步的速度有快有慢,不必强求快或慢,但在团队训练时就需要按速度快慢分组了,步幅与步频的协调结合是最重要的,步幅过大过小、步频过快过慢都会影响跑步成绩。那么,跑步的经验对于工作是否有借鉴意义呢?

(一)他的故事

他因为学习刻苦,成为村里第一个大学生,后来考上了西南农大(后合并为西南大学)。毕业后,他到北京一打拼就是20年。

身在北京,他却一直惦记着家乡。每当看到老乡群里大家发的家乡快速发展、乡亲脱贫致富的信息时他就很高兴,同时他也在想,如何尽自己的一份微薄之力帮助家乡。

2021年,他的事业发展面临转型,这一次他下定决心:反正要再创业,不如返乡创业、造福乡亲!而做什么好呢?他也犯了难。

一次聚会给了他灵感。朋友说起家里先后换了十来个家政人员都不尽如人

意,最后一个重庆的阿姨让全家特别满意。多年在北京打拼,他深知北京很多家庭有家政服务的需求,而家乡人在北京从事家政行业的口碑也不错。家乡每年有十几万人外出务工,这些务工人员的工作强度大收入却不高,尤其是很多农村女性文化程度不高、技能有限,更是难找工作。

他去年开始创业了,而且开始了他未曾干过的家政行业,并且做得风生水起。

在北京工作了近20年的他,换了几次工作我不十分清楚,但某段时间内也很频繁。是不是丰富的工作经历给他的创业奠定了良好的基础?他的勇气和信心值得我学习。

(二)也谈频繁换工作

在我职业生涯的某段时间里,我也频繁换过工作。有些工作我做了三天就辞去了,有的干了一个月就离开了。仔细反思后,我找出了其中的原因。最主要的原因是那段时间我的内心不够平静,虚荣心在作祟,只是看到对方给了我较高的职位,而对行业、对公司知之甚少。一旦坐在办公室才发现,任职前没有充分沟通对开展工作极为不利,好在我果断地做出离开的决定,对自己和公司都没有造成什么损失,这或许叫及时止损吧。

1. 频繁换工作伤害的是自己

频繁换工作大概是指两三年内换三四家以上单位吧,或者在一家单位工作时间不满一年或者更短。不管你是主动辞职还是被动辞职,频繁换工作对你的感情和情绪都有或多或少的影响。从一个工作到下一个工作你肯定要付出精力和时间去寻找,久而久之会让你产生厌倦,你可能会怀疑自己对工作和对单位的判断力了。

2. 频繁换工作会打击自己的信心

频繁换工作,你内心的煎熬会加倍增加,你原来的自信也会逐渐消失。我一直以为自信心是在工作中建立的,是在一次又一次被肯定中建立的,是在你一次一次取得成绩中强大的。频繁换工作不是单位不肯定你就是你自己不肯定你自己。

3.频繁换工作会影响你个人品牌的建立

我曾经在面试时要求人事部门把那些频繁换工作的人直接筛掉,不管简历做得多么漂亮。或许我这样做比较偏激,但后来我听说很多单位都这样要求。如果有一个单位不在乎你频繁换工作的经历,我认为不一定是一个理想的单位,你去了很有可能再次被动离职。久而久之,你个人的品牌也就没有了。

换工作可以,频繁就不好了;换工作可以,但要找到相对满意的工作;换工作可以,但最好不要偏离你的专业太多。

但愿频繁换工作的你,勇气还在、信心还在、努力还在。但我更愿意你稳定些,再稳定些,在一个领域把根扎深。

如果能做到精准匹配那将是一种十分理想的状态。

四、想办法让自己喜欢起来——很喜欢自己的工作单位,但不喜欢自己的工作怎么办

谁不想找到一个好单位?刚刚毕业的大学生和已经在职多年的职场人士都希望自己所在的单位好。一个单位好与不好有很多标准,最直观的就是自己的感觉。这个感觉包含了很多方面,单位在行业里的知名度、工资收入在行业里的排名、工作环境及人文精神、价值观、发展前途等方面。

评价一个单位的好与坏,既有社会共性的判断,也有你自己的研判。有时候个人的标准千差万别,这个差别就来自每个人所在的不同阶段对工作的需求不一样。一个刚刚毕业的大学生希望找到一家名气大的公司,他们只能从知名度来简单判断公司的好与坏;而在职场上工作多年的人,可能会从公司的文化、发展前途,以及是否能够发挥自己的才能等方面来判断公司的好与坏;那些资深的职场人士可能会从公司的稳定性、收入的稳定性、工作的稳定性来判断公司的好与坏。

如果大家普遍认为一个单位好,更多的是看它在行业里的知名度,而对这个单位的真正判断就需要身在其中的人亲自感受了。可能这样的判断会有一些偏差,但可信度还是比较高的。

很少有人从自己是否喜欢的角度去评价一个公司的好与坏。如果你找到一家大家公认的好单位,而且你自己也认为它是一个好单位,可是你不喜欢现在所从事的工作,怎么办?为什么不喜欢你现在的工作呢?是专业不对口?是满足不了你的兴趣点?是与你的性格不合?比如你喜欢安静但你的工作是销售;比如你喜欢出去跑跑,但你的工作是技术研发;比如你喜欢财务工作但你在审计岗位;或者是你所在的单位与你学的专业完全不是一个行业,你只是不得已而来工作。面对这个问题可能只有很简单的选择,看看单位内部有没有你喜欢的工作,争取换岗位;要么就是重新认识你现在的工作,培养你对现在工作的兴趣,也许你就慢慢喜欢了。马上离开不是一个好的选择,除非你实在厌倦了现在的工作,现在的工作已经让你产生了心理抗拒,让你产生了很严重的抵触情绪,而单位内部也没有你喜欢的工作可以调整。

我没有单纯从喜欢的角度研究过职场上有多少刚毕业的大学生一开始就找到了喜欢的工作,或者是按照自己喜欢的方向去找工作;我也不知道职场上喜欢自己工作或者不喜欢自己工作的人占比分别有多少。但从直观感觉似乎不喜欢自己工作的人占比要高些。有人说工作就是谋生的手段,哪里来那么多喜欢不喜欢。但是如果你的谋生手段与自己的兴趣能够结合在一起,那么你就是最幸福的人了。

很少听到资深职场人谈论自己是否喜欢自己的工作,可能会谈到自己的工作好干不好干,也许岁月已经让他们忘记了什么是喜欢。

有人说喜欢是离不开,爱是不离开,看来要找到自己离不开的工作也是不容易的。

(一)你到底喜欢什么

那一年他拿到了国家二级足球运动员的证书,对于文化课成绩一般的他来说,有了这个证书,就有了上大学的可能性。

高考后他焦急地等待分数,体育专业文化课分数是有最低分数线要求的,对高考成绩没底的他心里焦急万分,一分之差就可能与大学失之交臂,如果没有大学可上,他能干什么呢?

也许是一种幸运,他最后被某体育学院录取了,并且是足球运动专业。这个专业毕业后当时是可以直接到中学或者小学当体育老师的。他的家人和亲戚都希望他考虑去学校当老师,但他说自己不喜欢教师这个职业。

最后他来到一家公司的地方销售办事处,集团总部还安排他到北京进行了半个月的封闭培训。但一年后他离开了,据说是不习惯办事处领导的管理风格,他周围同事的负面情绪影响了他。没有职场经验且没有独立思考能力和判断力的他,缺乏自己的判断,在众多负面情绪的影响下,和几个同事离开了。

再后来他去了一个代理商那里。这个时候他才发现原来企业的优势和好处,最后又离开了,说是不喜欢老板的工作作风。

后来平均不到半年他就换一家单位,总认为自己不喜欢,用自己所谓的不喜欢炒老板的鱿鱼,但老板依然在,企业依然在,而他却在不停地漂流。

最近两年他到了一所中学做足球教练,据说他很喜欢足球教练这个工作。可是要想成为正式教师首先要考教师职业资格证书,这个对他来说不比当年高考的难度小。有了资格证书还要参加国家公务员考试,这又是一道难关。

(二)让自己喜欢起来

你感觉自己的单位不错,但不喜欢自己的工作,怎么办?

1. 到底哪里不喜欢

为什么不喜欢你现在的工作,你知道具体原因吗?建议你冷静下来,认认真真思考一下,或者暂时停下来外出旅游几天,给自己的身心放个假,看看你的不喜欢到底是什么原因造成的。是你不感兴趣,还是你的专业不对口?或者是你认为你的岗位没有社会地位、收入不高、不受人尊重、不是公司的关键部门等。冷静下来好好想想,弄清楚自己为什么不喜欢。

2. 让自己喜欢起来

如果你对现在的工作并没有厌倦情绪和抗拒心理,你可以先抛去"不喜欢"这个概念,把自己投入到工作中去,干好每一件具体的事情,总结一下工作中的各种收获,发现一些工作中的逻辑和乐趣,看看与你干同样工作的人是怎么看待他的工作的,与他们多交流,也许慢慢你会喜欢你现在的工作呢。

3.寻找自己的真爱

如果你现在的工作已经让你痛苦不堪了,那就去找份你真正喜欢的工作吧。先在公司内部看看有没有你真正喜欢的工作或者相对喜欢的工作,如果有,你要大胆给领导说明你的具体想法和愿望,也许领导会给你一个机会。还可以到外部去寻找。但你要分清楚喜欢和理想化的本质区别,否则你会让自己陷入孤独的状态。

五、塑造不可或缺的你——年龄偏大但在团队中找不到自己的定位该怎么办

年龄偏大,多大是偏大呢?可能在不同人眼里有不同标准吧。当年我21岁大学毕业参加工作时,看单位好多领导都是"老同志",当时我还在想这么多"老同志"怎么能够有新的思想和新的观念,怎么能够带出好的学生呢。其实他们当年都在30岁到40岁之间,都是正当年啊。后来我自己40多岁时在刚毕业的年轻人眼中似乎也是老同志了,但在自己心中感觉自己还很年轻呢。

很多企业在招聘时,年龄上限都控制在35岁。是不是可以以35岁这个年龄界限来认定年龄偏大呢?如果以35岁为界限,那么很多博士才刚刚毕业几年。

(一)真有那么老吗

我坐火车时常常会在火车站买一本书,供自己欣赏沿途美景之余消遣时光。

记得有一次坐火车,那时候我30多岁。途中一位小伙子与我闲聊中问道:请问您快要退休了吧?那时我才30多岁呀。虽然可能因为工作劳累显得有点沧桑,加上有点小胡子,也不至于显得那么老吧。

我回答:我都退休好几年了。他说:您不像啊。

我心想我是不像,不是为了让你高兴嘛。原来年龄偏大偏小是在别人眼里,而不是在自己心中。

时隔20年后的今天,有人问我:今年有50岁了吗?难道我冻龄了吗?当幼儿园的小朋友叫我爷爷时,或者小学生不知道该叫我爷爷还是叔叔时,都不会对

我产生任何心理负担了,这是某种意义上的成熟吧,我该干什么依然快快乐乐去干。

自己的年龄重要吗?当然重要。我们要在什么样的年龄段干什么样的事。

自己的年龄重要吗?也可以说不那么重要,任何时候我们都有学习和进步的机会。

(二)不可或缺

定位问题在团队中是很重要的,如果在职场中的你认为自己的年龄偏大或者真的是年龄偏大,而在团队中还没找到定位,当然是一件十分遗憾的事情,而且会让你在团队中得不到太多的认可,对自己的职业生涯是十分不利的。

造成这种情况要么是自己的原因,要么是外在的因素,要么兼而有之。不论具体是什么原因,对你自己来说都是一种遗憾。那么你该怎么做呢?

1.痛定思痛,反省自己

多年的职业生涯告诉我:在团队中找不到自己的定位而且年龄偏大,这种情况主要的原因在于自己。可能你会认为是公司不公平,或者领导对你不认可。按常理来看,一个优秀的员工,一个业务能力强的员工,一个积极主动的员工,身边的人不会看不见的,所以我认为自己的原因占了大部分。

第一,或许是你对这份工作一直不太喜欢,提不起兴趣,可能还在心底有一些抵触情绪,有一种强烈的失落感,形成了自己不易察觉的厌倦感和疲劳感。

第二,可能与你的专业不对口,你一直喜欢干一些与专业对口的事情。这样你就不会主动去学习新的知识,把现在的工作当成新的专业。这样一来在工作中应付的时候就会多一些,周而复始,恶性循环。

第三,或许你主动性不够。职场中能够做与自己的专业有关,又是自己喜欢的工作,这样的机会少之又少,所以我们每个人要去适应工作。如果能够把工作当成兴趣,努力学习新的知识,让自己能适应现在的工作,你就不存在定位的问题了,年龄大点又有何妨。

2.借鉴过去,重新分析

这句话说起来比较容易,做起来确实比较难。没找到定位有可能是自己的一种主观认知,而公司或者领导可能认为对你的定位还是比较准的。那么这种认知偏差就需要你自己分析一下了。在无法改变工作现状的情况下,我们需要重新来分析了。看看能不能在工作中发现新的兴趣点,试试你的专业知识能不能与你现在的工作结合,或许你就能找到一些创新点。看看你周边的同事对你的定位有没有建议。

3.诉说衷肠,寻求改变

不排除你的定位不准是外因造成的,或者即便是自己的原因造成的,而年龄偏大的你在冷静思考和分析后,已经明确了自己到底想要什么,如果单位内部还有你相对喜欢的岗位,你可以考虑找一个恰当的机会把你在工作中的苦闷和想法向领导诉说,我相信对你是有帮助的,可能这就是一个改变你现状的机会。

六、发现自己的智慧——如何破解中年的窘迫感

现在一些刚刚35岁或者还不到35岁的人常常调侃自己已人到中年,遇到了中年危机,在职场上会有一种窘迫感。35岁是多好的年华,怎么又是危机又是窘迫感,我真的不敢苟同。难道职场上的竞争和压力让职场上这些正当年的中流砥柱也感到力不从心,有很强的疲惫感和无力感了吗?

职场上的你如果40岁或者45岁以上,那么对职场的新鲜感早已经过去了,工作上你早已轻车熟路了,很多事很多人你一眼就能够看透看穿了,对于那些场面上的假大空你已经厌倦了,所以你相对来说已经成熟了。很多人到了这个年龄段进入了迷茫阶段,甚至对什么事情都提不起兴趣了。

40岁或45岁的职场人士大多都已经有了20年左右的职场经历,一般情况下孩子也上高中或者大学了。这个时候很容易进入人生的疲劳期,会发现以前自己的很多梦想距离现实可能越来越远了。如果这个时候还没有走上管理岗位或者领导岗位,还要去与那些20多岁、30多岁的职场人士竞争,对大多数人而言都有点吃不消了,并且会感到自己的观念也没有年轻人的新了。

虽然我不太认同中年危机的说法,因为我当年就没有中年危机的感觉,那可能是我迟钝或者我不在乎,或者我也没有感觉到我在精力和能力上与年轻人有多少差距,但是客观上职场上的中年危机确实存在。

人到中年,在职务晋升上没有年龄优势了,如果你又在专业上、业绩上、能力上没有过人之处,那你安分地做好手中的工作,不给团队或者公司拖后腿就是最好的防守了。

有的中年人喜欢倚老卖老,躺在功劳簿上吃老本,这样做迟早会被淘汰的。

中年人在创新能力上可能不如年轻人了,但难道就没有职业价值了吗?中年职业人的经验、积累和智慧很多时候是企业的稳定器,是企业的航行标,他们的价值是不可以否认的。

如果你是一个爱学习爱思考爱反省的职场人,怎么会存在中年危机感和窘迫感呢?

(一)中年的他们

他大学时学的是会计专业。他就读的大学会计专业很强,他的几个学长们已经在他现在就职的集团财务系统中不同的领导岗位上,而他还是一个基层财务干部,他也到了中年,有了中年危机感、窘迫感。放弃还是等待合适的机会再出发?深思熟虑后他选择了继续努力,决定考注册会计师。已经40岁的他,考注册会计师的难度可想而知。为了破解所谓的危机感,为了不被淘汰,他白天工作晚上学习,真是功夫不负有心人,他最终顺利通过了考试。不久公司决定提拔他,他从此走上了职场上一个新的驿站。

另一个他,计算机专业毕业,在他43岁的时候公司决定提拔他,要把他调到一个十分重要的创新业务部门。这个部门已经成立6年了,部门之前的负责人是在44岁左右调到这个部门的,据说是一个资历很深的职业经理人。这个人自以为资历无人能比,可是6年过去了,这个人在创新部门领导岗位上无任何创新。公司最后决定让他来接替。没有干过具体业务的他,为什么得到了这个机会?缘由是他在负责另一个部门时表现出了一定的领导和组织能力。他爱学习爱思考,为人低调,尊重领导和同事。据说到了新的岗位后,他用半年时间进行了多项创新,业务上也突飞猛进。

另外一个他,却被淘汰了。45岁后他满世界找工作,但一直没有找到合适的。他认为自己在销售一线干了20多年,也可以称得上销售方面的专家了,20多年他换了不少于20个公司。他最早在一家知名的果汁公司任销售总监,后来换到了几家饮品企业担任副总分管销售。他确实有一套,但他的那一套没有与时俱进,没有跟上时代的步伐。每次与他见面他总是牢骚满腹,总是认为出资人不懂销售,不懂管理,不懂市场,总是埋怨出资人不听他的,迟早要失败。但是他离开一家又一家企业,而那些企业至今依然活得好好的。为什么不去多学习多思考,多反省自己呢?

中年是一个坎,这个坎你必须要面对,必须要正确面对。无论你处在哪个年龄段,吃老本是不行的,倚老卖老也是不行的。你的经验、你的智慧、你的职业操守都是你跨过中年危机和避免窘迫感的有力武器,中年的你依然有价值而且是有很大的价值,相信自己。

(二)发现自己的智慧

中年的你依然要自信,相信你依然魅力不减,牛气冲天。

1. 发现自己的优势

到了中年,你要拼的不是体力,不是精力,也许你开始秃顶了,也许开始力不从心了。在职场上这么多年你的优势到底在哪里,你总结过吗?现在该是用你自己的优势战胜劣势的时候了。要把你的优势发挥到最大,让自己的优势为你在职场上立于不败之地打下根基。

2. 发现自己的智慧

你的智慧就是你的保护神,一个职场人士如果能够发现自己的智慧,那是一件了不起的事。也许你忙于工作这么多年,没有明白自己到底有什么智慧,也许你很谦虚地认为自己没有智慧。但你的智慧是客观存在的,存在于你多年的工作中,存在于你的日常生活中,存在于每一个角落。

3. 发现自己的魅力

你在工作中的魅力在哪里?你在生活中的魅力在哪里?我相信每一个人都有魅力,都有不同的魅力。中年后魅力是你最大的资本,你的魅力是你再次发热发光的原点,也是你找到自信的源泉。

4. 发现自己的缺点

自己的缺点到了中年你一定更加清楚了,尽量弥补它,不要让缺点再放大了。不要让缺点增加自己的中年危机感和窘迫感。

七、阳光普照下事业常青——如何判断一个行业或公司能否长期良好发展

社会上有很多职业规划机构和讲师,他们很专业。但是职业新人们完全能够按照规划设计的路线来发展的很少。一般来说,规划师总会根据你的专业、兴趣、爱好等帮你规划未来,但是在工作竞争如此激烈的今天,很多人说还规划什么呀,能找到工作就不错了,也就是说先就业,后选择。

就如当年的我从来没想过去当老师,但在毕业分配后却当上了老师。从此我对讲台有了特殊的情怀,到如今在讲台上依然能兴奋起来。

在与职业规划师聊天的时候,我经常会问,今天的大学生和已经走上职场的人,他们究竟怎么看待行业,怎么选择工作呢?到底有没有标准或者说规律呢?

这个话题很难一两句说清楚,但我们能够看到不少职场人士愿意花钱去找专家进行职业规划。有的对所在的公司不满意,有的对所在的行业不满意。在职场的我们完全可以根据自己的情况对自己的职业进行调整。

(一)看透雾霾

有人常常问起我,管理类专业和经济类专业毕业后到底能干什么,这类专业在企业里有对应的岗位吗?曾经这些专业是非常热门的,但并不是你一毕业就马上会在管理岗位或者领导岗位。无论你学了多少书本上的管理知识,你都不能迅速具备很强的管理能力,都不能马上带团队。任何专业都需要一个实践再实践的过程。

在与多位投资人交流时,我都提到如何看待一个行业和一个公司的问题。他们的答案并不完全一致,但我还是感觉到有一些共性。有一位年轻的投资人说:你知道雾霾吗?天气预报会预报能见度,比如能见度2公里、3公里。我们投资不仅仅要看到这个2公里或者3公里的能见度,还要有透视能力,要看到雾霾之外的东西,我们看到的雾霾之外的东西才是决定我们是否下决心投资的关键因素。

这个比方很形象,但看透雾霾是需要功夫的,不仅需要专业能力,可能还需要经验和思考判断、悟性等。

一般来讲，风投公司一定会关心营收、现金流、利润之类的显性指标。不仅看当年的数据而且还要预测三年后的数据。如果数据表明三年以上或者五年以上的前景都不错，那么投资的概率就大了。当然还要结合其他因素来考虑。除了关注数字类的指标，投资人还要关注很多软性指标，包括公司的制度流程之类。

与被考察的公司高层团队集体谈话也是必不可少的，还需要与高层管理团队一对一进行沟通，有时候还不止一次，从而对行业和公司的长期发展价值做出判断。

(二)阳光普照，事业常青

我们总是希望我们所在的行业是阳光行业，是朝阳行业，我们也希望我们所在的公司能够具有长期价值，这样我们就可以为之长期奋斗了。这样，我们在职业发展过程中所付出的努力和汗水就可以得到相应的回报了，包括物质回报也包括非物质回报。但是如何判断你要选择的行业和公司，或者你所在的行业和工作是否具有长期的良好发展价值，却是没有标准答案的。每个人的知识结构、专业经验、从业过程、思维方式等都不一样，因此其对行业和公司的判断会有自己的标准。但有没有一些共性的、可供参考的方面呢？我想会有的。以下"三看"对于职场新人们也许能有参考价值。

1.看与人们物质生活层面的相关性

市场在哪里？市场就在有人的地方，也就是说任何产品或者服务最终都要满足人的需求。从这个角度去看，人多的地方市场就大。凡是与人们生活息息相关的行业，也就是与人们衣食住行相关的行业，无论外界发生什么变化，它们的市场都在。

2.看与人们精神生活层面的相关性

著名的马斯洛需求层次理论说明人们在物质生活满足后，精神层面与价值层面需求就会大大增加。如果你所在的行业或者公司的产品或服务与人们的精神需求息息相关，那么它就一定具有长期发展价值。人们的精神需求也是多方面的，包括学习、游玩、娱乐、信息、社会价值等。

3.看能否跟上市场变化的节奏

很多时候我们能看到不少公司所处的行业非常不错,但公司发展始终跟不上市场变化的节奏,产品研发的机制跟不上、产品的创新跟不上、企业的市场体系跟不上、企业内部管理体系跟不上、团队建设跟不上,这样的企业或者公司也很难有长期良好的发展价值。

4.看能否适应社会发展的节奏

世界变化快,社会进步的节奏也很快。企业的决策者、企业的战略管理、企业团队建设都必须跟上社会发展的节奏。有预见性地发展是一种绝对的理想状态,能够跟上社会发展的步伐就已经很不错了。企业的发展速度如果比社会发展的节奏慢,那么被淘汰就是必然的了。

选择行业也罢,选择企业也罢,选择一个有预见性、有发展眼光的决策者、管理者是你择业时必须要考虑的问题。

八、发现你的核心能力——离开了公司的平台我能创造多少价值

职场人士的价值大小与他的职位有直接关系。有不少职场人自以为了不起,认为公司离开了他就转不了,还有人认为自己对公司的贡献很大,甚至能决定公司的一切或者大部分业务,认为自己的地位无人能代替。

我讲过一个案例:一个30多岁的小伙子已经换了7家公司了,每次他都把自己所在的公司形容得一文不值,一塌糊涂,甚至认为公司马上就要破产了,不是领导不行就是公司乱七八糟,所以他必须离开。后来我问他,你离开的那些公司现在破产了吗?他说都没有破产,而且还比以前好了。最后我引导他要反省自己的问题,不要以为公司的业务或者一些大单子都是你做成的,公司离开你就不行了。

你之所以能够做成一些大单子能够带来一些大客户,是公司这个平台成就了你。如果认不清楚这个问题你可能一事无成,创造不了太多的价值。有些人认为自己很了不起,后来的事实证明他们离开公司后就很难做出成绩了。因为你所在的平台很大,在行业里极具影响力,别人与你做生意时大多时候是在与你的平台做,而不是与你在做。

当然不能完全认为你离开平台后就不能创造价值,你离开后有可能会创造更大的价值,这取决于你在之前的平台学到了些什么,练就了些什么,积累了些什么;同时还取决于你掌握了什么样的资源,奠定了哪些方面的基础。

有的职场人士离开平台后自己去创业,为什么会有很多失败的案例呢?原因就在于自己在以前的平台时把问题看得太简单太容易了。很多人认为自己在以前平台时拓展的客户也会成为自己创业时的客户,在以前平台时的很多朋友能够在自己创业时帮助自己一把,以前的很多资源理所当然也会是自己创业时的资源。这么多的想当然,最后都成了自己创业失败的原因。

在以前的平台时你形成了多少自己的核心竞争力呢?你是成了技术专家、管理专家、营销专家还是积累了很多资源呢?

有不少创业者来咨询我关于创业的问题,项目计划书做得很好,他们信誓旦旦三年或者五年后自己的企业要上市。我很佩服他们的勇气,但我一般会告诉来咨询我的创业者:如果你开口闭口就要三年五年上市,那你不要创业了;如果你总是想要借鸡下蛋那就不要创业了。我常常问创业者一个问题:如果你在一年内没有一单业务,你还能在财务上坚持下去吗?如果不能那就不要创业了。

可能你会认为我说得不对,我承认这些观点可能失之偏颇,但无数事实告诉我,很多创业者失败的原因就在这些方面。极少数的成功案例不代表大多数和平均概率。

如果你已经有了核心能力,这些核心能力如果能够变成核心竞争优势,那么你离开了平台,可能还会继续创造出更多更大的价值。

(一)看看他们

当年他如何去的广州,如何发家致富的,我没有问过他。他原来做出口贸易生意,这两年受各种因素影响,他的工厂关闭了。离开了熟悉的平台,他回到农村迅速租了500亩地,挖鱼塘、建养猪场、种药材、修田间道路,不懂技术也没有接触过农业的他,在花光了500万积蓄后,只好再次打起背包,外出干老本行去了,只是这次别人是老板。

他30多岁了,天天立志要干成大事,但始终没有做成一件大事,如此反复,怎么让人相信他呢。他几次跳槽都是与老板争吵后离开的,他认为公司的业绩有一半是他的功劳,公司或者领导就应该看他的脸色。后来他自己创业还是干老本行,他以为原来平台的资源就是他的资源,原来的客户就会是他的客户,刚开始他确实也赚了钱,但是自己没有核心竞争力,慢慢开始走下坡路了。

40岁出头的他总会把没影儿的事情吹得天花乱坠,最后就是吹得有多高,跌得就有多深。他认为自己干销售是一把好手,在他心中干销售就是要能忽悠,能吹牛。他总认为没有自己搞不定的销售。后来他在一个陌生的领域创业,今天与投资公司谈投资,明天与投资公司谈融资,刚刚注册公司他就到处宣传三年后的计划。投资公司都说看好他,但都说目前还不是投资的时机,就这样他再次迷茫了。

(二)发现你的核心能力

今天的职场人士有时会离开一个又一个平台,这是无可非议的,劳资双方市场化已经是被职场人士认可的、不可更改的事实。那么你离开平台后能创造多少价值呢?

1.你积累了什么

认真分析你在平台中积累了什么,如客户、技术、沟通能力、对市场的把握能力、工作方法等等,看看自己的这些积累哪些可以转化为优势,哪些是你的核心能力。

2.你思考了什么

在平台时,你在哪些方面思考了,哪些方面的思考让你有了大的飞跃,这些飞跃在哪些方面能够为你创造价值,让你奠定心理基础、思想基础、精神基础、价值基础、哲学基础。

3.你总结了什么

关于成功的总结,关于失败的总结,关于方法论的总结,关于过去的总结,看看哪些总结能够让你蜕变,能够让你升华,能够让你成长。

4.你准备了什么

看看你在物质上有哪些准备,时间上有多少准备,在困难面前有多少心理准备等等。有了这些准备,你才有离开平台的勇气,你才有创造价值的前提。

可以在公司的平台上发展自己,也可以自己建一个平台证明自己。但如果你有价值,也许你不会在乎是谁的平台。

九、走自己的特色之路——如何形成自己的标杆案例和个人品牌

得到社会的认同是职场人士梦寐以求的事。但现实问题是,绝大多数职场人士在几十年的职场生涯中都是默默无闻的。赚了很多钱就有个人品牌吗?有了高职位就有了个人品牌吗?知名度高就有了个人品牌吗?

追求个人品牌有错吗?这个问题如果我们去调查不同年龄段的职场人士,答案可能有很大差别,因为对事物的认识会随着年龄的变化而变化。

有人说追求过程很重要,结果不重要。这句话怎么理解呢?你的追求过程也许是快乐的,但大多数人也一定希望结果是自己盼望的吧。所以过程重要,结果也一定很重要。

在行业里树立个人品牌,是很多职场人士的追求。能够形成标杆案例,你就会成为行业里的标杆人物,价值会得到极大的体现。标杆,在行业里有一定的标准。自己所在的行业里的标准包括一些具体条件,行业不同,形成标杆的条件也就不同。有的行业标杆甚至成为国家标准,比如很多个人发明的专利。有的标杆可能会成为行业中的榜样,是行业研究的榜样和行业人士学习的榜样,比如技术革新、生产流程、大客户开发的技巧等等。有的标杆还可以成为教科书中的案例,从实践中总结提高,进而形成理论。

(一)出了重点大学的本科生

她在北京从事教育工作多年,一直站在讲台上的她曾经培养了一批又一批优秀的学生。后来,她到一个偏远的中学支教一年,担任教学副校长。

支教地方的冬天很冷,远远超过了她的预想。但是她对寒冷的畏惧很快被当地学校领导和老师们的热情给化解了。她快速转变角色,结合当地学校高三学生的实际情况,把在北京多年的经验、方法、案例融合在一起,形成一套独特的

教学方案。她先带高三的任课老师,详细地给他们讲解教学技巧,待老师们接受后再在全体高三教学中推广应用。

她亲自站上讲台,为高三的学生教语文课。她是语文特级老师,多年来形成了自己独特的教学方法,在北京她带的班级高考语文成绩从来都在本校名列前茅。站在支教中学高三的讲台上,她不能照抄照搬北京的方法,要结合这里学生的实际情况,深入浅出、由表及里、由易及难,学生听懂了,旁听的老师也明白了。教与学的良好氛围慢慢形成了,学生们的潜力慢慢被挖掘出来了,学习兴趣也培养出来了,成绩一点一点提高了。

她通过一次摸底测试,针对学生普遍存在的问题耐心讲解,举一反三,彻底解决同类问题。通过二次摸底,对每个学生出现的具体问题单独辅导,找找问题出现在哪里,是真不会呢还是粗心大意,或者是心里紧张,擅长心理辅导的她经常为大家开小灶。

高考成绩出来了,有些学生的分数达到了重点大学的录取线,这里的学校第一次有学生考上了重点大学。

(二)走自己的特色之路

她能够在支教的地方取得成绩不是偶然的。她积累了多年的教学经验并且形成了自己的特色,同时结合实际情况因地制宜、因时制宜、因人制宜,最后取得了成功。

每个职场人士都会有自己独立的想法,但很多人不敢大胆去尝试,故步自封,安于现状,因此就不要想在行业里有标杆案例和个人品牌了。标杆案例和个人品牌的形成,要做到以下几点:

1.专业要专

专业不仅要有广度,还要有深度。有的人学了中文、新闻等专业后连写一个基本的总结报告都不会;有的人学了市场营销专业,却连基本的营销手段都不知道,甚至见了客户都很紧张;还有的人在农业产业管理岗位上,却连五谷都分不清楚。要让自己的专业更专一些、更深一些、更扎实一些,让行业内的人看到你真正的专业。

2.业务要精

对自己所从事的业务要做到精,精到可以给别人当师傅,精到一切都在掌握之中。这种业务上的精既要有理论积淀又要有实践支撑,既可以口头表达也可以上升到理论高度,还可以形成案例供行业内人士参考学习。

3.办法要新

创新有改天换地的创新,也有细节上的改进。在细节上一点一点改进,就会慢慢从量变到质变,日积月累你就会是一个创新高手,为行业带来新鲜的空气,让同事和行业内人士对你刮目相看。创新来自思考、来自探索、来自实践。养成思考的良好习惯,养成经常动手的习惯,那么创新就离你不远了。

4.展示要勤

展示自己并不是一件丢人的事,也不是所谓的张扬,更不是什么张狂。找到合适的机会、找到合适的地点、找到合适的舞台,把自己成功的案例展示出去,把自己的思考和取得的成绩展示出来,这样既是对自己的肯定,也是对行业的贡献。大胆一些、谨慎一些,去展示自己的东西,为自己争取更大的天地。

十、难得的独立思考——如何看待同事对领导的各种抱怨和负面评价

一个人能够当上领导有运气的成分,但绝不是完全靠运气。公司的领导无论是哪个层面的,都是公司任命或者大家选举出来的,一般来说是能够达到公司的要求得到大多数人的认同的,但我们也会看到有不少领导上任之前各个方面都是优秀的,一旦上任后就与大家的期待有了差距,这种情况要么是考察不够精准,要么是他走上领导岗位后在权力和利益面前心态发生了变化。

一个人的评价有偏差,两个人的评价也可能有偏差,但多数人的评价就基本上能够说明问题了。

一个公司的领导如果他周围的大多数同事对他的评价都不高,大家对他的埋怨很多,那就很可能确实是这个领导存在一定的问题了。也许一两个人的抱怨起不到什么作用,但是多数人的意见公司一定会关注到的。如果很多同事都

不满意领导,那么公司的业绩一定会受到影响,这个领导的前途自然会受到影响。但如果公司的业绩越来越好而身边的同事对领导的评价还是不高,这种现象就值得深思。有一家企业的领导干了整整15年了,无论是中层干部还是普通员工都对他议论纷纷,公司业绩也随着市场变化时好时坏,很多人都以为他很快就要被上级领导重新安排了,但15年了他的位置依旧没有改变。问题出在哪里呢?是员工们看问题的角度出现了偏差,还是领导考察不到位呢?公司年年都对其进行考察,有时候一年考察还不止一次呢。很多人想不明白,后来也就不想了,因为也不影响大家的收入。

我们在公司常常会听到不同的人对领导或多或少都有抱怨,脾气不好的还在背后骂领导呢。但他们在领导面前什么都不敢说,而且还可能极力吹捧领导,这样的同事你要远离,远离不了的话至少也要保持距离,不要随便附和。

我常常强调在职场上要以简单对待复杂,尤其是对领导评价这方面,你不要参与到议论和评价中去,因为你的议论和评价很有可能被一些人抢先一步告诉领导,那你就是哑巴吃黄连,有苦说不出了。

(一)小道消息专家

他总是发布小道消息,谁和谁之间有关系,谁又是靠谁提拔上来的,谁和谁的关系不一般,还到处说自己是谁的人。在他的眼里和嘴里没有一个领导是"好东西"。

他一直以为他的小道消息是维护人际关系的润滑剂,还有人会利用他的嘴发布一些没有来源和歪曲事实的消息。他的这些小道消息不仅在员工中传遍了,而且领导早已经知道了。

你在职场上给人说的小秘密往往很多人都会知道,不管你认为多么隐秘或者范围多小。你是不是有时候会对人说:我只告诉了你一个人,你千万不要对别人说啊。你认为很保密,绝对不会有第三人知道了吧,殊不知对方也会像你一样对第三个人重复你说的话,这样还能保密吗?

他的小道消息怎么会那么多?是有消息源吗?他没有。后来同事们分析他传播的小道消息大都是他的猜测。这种做法怎么可能在企业待得长久呢?

(二)难得的独立思考

谁在背后不说人,谁又背后不被人说,这是一种社会现象,在职场中也是普遍存在的。要想远离很难,完全不去参与容易被人疏离。那要怎么办呢?

1.独立去感受

领导的好与坏,不要听别人尤其是不怀好意的同事的评价。如果你实在躲不过去,听见了也不要盲目附和,不表态是你最好的回答。或者你可以说不知道不清楚。过后你可以理性地分析一下他们的埋怨与负面评价,到底有多少真实的成分,只要你不呆不傻,你一定会感受到的。

2.独立去观察

不管你是否可以直接与领导接触,你都可以去观察领导,看看他的言行是否基本一致,看看他在关键利益分配和岗位晋升处理上是否相对公平,是否得到了大多数同事的认可。通过你的观察,做出自己的判断。

3.独立去思考

要养成独立思考的习惯,不能人云亦云,针对同事和领导的埋怨和负面评价,你要进行独立思考,用你的智慧去思考,你会得出自己的结论。

我在职业生涯中这方面做得不好,有时候被动参与了,有时候主动参与了。最后的事实证明无论是被动还是主动,都对自己没有任何好处。

十一、你最在乎什么——如何理性地判断工作中的不满意

职场是一个小世界,也是一个大世界。职场中你最在乎什么呢?工作中你遇到不满意的地方该如何理性去判断呢?我们先从一个小故事说起吧。

(一)总不满意怎么办

张女士是南方人,已经45岁了,她的孩子考上了北方的一所大学。她不会打麻将,不爱跳广场舞,也不喜欢看书,闲下来后感到百般无聊。一天,她接到了一个电话。

"你好,你是张女士吗?"

"你好!请问你是哪个?"张女士用浓浓的乡音问道。

"我是北京一家家政公司,你愿不愿意到北京做家政工作,正好可以陪你的孩子。"

"啥子家政,我啥子都不会的嘛。"

几次沟通后,张女士高高兴兴地参加了这家家政公司在当地举办的免费培训,做饭、收纳、家政礼节等方方面面的课程让她收获不小。家政公司承诺,一旦录用,月薪不会低于7000元。

经过层层面试,张女士终于被北京一个雇主录用了,雇主需要张女士来陪伴家中老人,就这样张女士来到了雇主A家。A家经济条件比较好,张女士新的职业生涯从此开始了。然而在拿到第一个月工资后张女士死活都不愿意再干了。问其原因,她说雇主家老人已经80多岁了,脾气古怪爱发火,起居也没有什么规律,经常半夜三更要上厕所,有时候还乱喊乱叫,吃饭咸了不是,淡了也不行,一会儿要吃馒头一会儿要吃包子。张女士受不了,最后决定辞职。

时隔一周,家政公司又把张女士介绍给了一个高知家庭,老两口退休前都是高校的教授,唯一的女儿也在国外定居了。但是不到一个月张女士又离开了。为什么呢?原来两位教授不仅在言行举止、饮食搭配、清洁卫生方面有严格的要求,而且还规定每天看电视的时间不能超过两小时,并且还让张女士制订一个读书计划,每个月进行读书交流,张女士坚持不了又离开了。

她又来到了第三家,这家人是普通的工薪阶层,有个一周岁的孩子,但经济条件远不如前两家,也没有独立的卧室让张女士居住,张女士干了没两天又离开了。后来她去了第四家、第五家。她自己也在纳闷,究竟怎样的家庭才适合自己呢?

(二)理性判断

我们做事情经常讲精准匹配,精准匹配固然好,但要做到精准匹配是有一定难度的。专业人士总建议大家要精准匹配,包括吃饭都要精细到碳水化合物、蛋白质、脂肪含量具体到多少克,这种难度可不小。我一直认为工作只要尽力就好,没有百分之百的满意。

有些人动不动就喜欢换工作,始终找不到一份令他满意的工作,工作中稍有不如意认为换一家单位就能解决问题,而结果却是越来越不如意。

我一直主张从小就应该开展挫折教育,让我们从小就理解什么是挫折,如何正确对待挫折。我也完全理解很多职场人士对工作的不满意。据调查,职场上对工作完全满意的人不到20%。那么对自己的工作如何理性判断呢?从我自身30多年的职场生涯来看,可以从以下几个方面来考虑:

1. 我到底想从事什么样的工作

我的家庭背景、我的专业背景、我的性格特征、我的优劣势、我的短期长期目标等等都是决定我想从事什么工作的基础。把自己的各种基本条件列表分析,对比现实就会对自己想从事什么工作有一个初步判断了。

2. 我在工作中最看重的是什么

我最看重薪酬待遇、我最看重专业对口、我最看重未来发展、我最看重成长空间等等,可以按照自己最看重的各个方面排序,与自己正在从事的工作进行对比,然后客观地打分。如果分数在70分及以上,我建议你继续坚持下去;如果分数在40分以下,就应该马上换工作或者单位了。

3. 我在工作中什么时候最激动

给我涨工资时最激动、给我晋升岗位时最激动、给我评选先进时最激动、让我带团队时最激动、给我自我展示的机会时最激动等等,看看是否经常会有这些让自己激动的机会。如果经常有,那么这份工作值得你继续坚持;如果三年内或者更长时间里都没有让你激动的时候,你该分析原因了,是自己的原因还是单位的原因,无论是什么原因,你的工作是令人担忧的,改变是你唯一的选择。

我们还是要理性地判断自己的工作,不能稍有不满意就产生换工作的想法,否则无论做什么事情都很难长久。

十二、在工作中忘却工作——工作让你感到压抑了怎么办

随着生活节奏的加快,现代职场人的生活和工作压力越来越大,有些还导致自我认知和心理疏导出现了问题。人们的压力一些来自外界,但我认为更多是

个人的心理原因。自己的心结打不开,而且越来越乱的人,长期下去压抑的情绪越来越严重。

工作为什么会让你产生压抑情绪呢?是工作任务太重你完成不了,有了畏难情绪而导致情绪低落、心理负担过重,甚至在心里产生了阴影而没有办法走出来,还是你对自己的工作根本没有任何兴趣,厌倦了你现在的工作,甚至产生了对抗的心理和失望低落的情绪,而自我救助的能力又很弱?这样长期下去你会越来越糟糕。

我曾经在职场上也有过很大的压力,也面对过很多困难,包括工作的不顺利、职务的晋升受阻、领导故意的贬损等等,但我没有感到过分压抑,也许是因为我的心大,脑子里缺根弦,什么事我都很少放在心上。

后来我去跑步,在大汗淋漓中就不知道什么是烦恼了,因为我知道我改变不了什么,坦然接受才能享受到生命中的美好。所以我一直努力去做工作,争取做好,至于能被别人认同多少就不是我要考虑的事了。

对工作的认知与你的生活经历、学习能力、感知能力、积累等都有很大关系。工作对你来说是很重要,但不能让工作来左右你的情绪。做工作的主人,不要做工作的奴隶。

(一)她们压力都很大

很久没见她了,记得孩子小时候我们几家人总会带着孩子们一起玩。大大咧咧的她,会开车也喜欢打麻将,工作也认真。很久以后再次见到她时她刚刚出院不久。我们还责怪她住院怎么也不说一声,我们可以去医院看看她。

后来她告诉我们她的压力太大了,导致身体出现了问题。她家不缺钱、不缺房,还有自己的工厂,我也不清楚她压力大的原因,我想她的压力大可能是她太在乎了,在乎每一件事情,在乎每一次输赢。

另一个她从表面看,是一个很安静的职业人士,很难从她的脸上看出对工作是否满意。她工作时总是很注重细节,总是照章办事、按部就班。她怎么也会感到工作压力太大了呢?她性格内向,不多与人交往,总是把一切想法都埋藏在心里。按照她的工作年限、工作经历,她在职位上早该提升了,是公司忘记了她还是她自己没有追求进步呢？后来我告诉她，试试跑步吧，也许跑步中产生的愉悦能够治愈一切并减轻一些压力呢。

(二)在工作中忘却工作

1.工作真的只是工作

无论你在什么样的岗位工作，领导岗位也罢，普通岗位也罢，也许你认为工作才是你的价值所在。一个职场人士若分不清楚在工作中还是工作外，工作时间在工作，休息时间也在工作，似乎很敬业其实是没有搞清楚什么是工作。不能让工作占据了你整个身心，拖垮了你的精神和身体。

2.工作真的只是任务

努力完成工作任务，这是你作为职场人士最基本的责任和义务。但你过多让工作左右了你的情绪，那就超出了工作的范畴和本来意义。我们在工作中寻找快乐，为什么要在工作中寻找苦闷呢？不要把喜欢与不喜欢的情绪带到工作中去。

3.工作真的只是经历

今天的工作很艰难，但明天它就会成为过去；今天工作压力大，明天它也会成为过去。在乎工作是你的职业道德和职业素养的良好表现，但你如果能够不为过去的事揪心不已、痛苦不堪、折磨自己，而是享受工作的过程，享受工作的经历，那你才算明白了工作的真正价值。

在工作中忘却工作，需要你的深度认知和阅历。

十三、停一停，重新出发——职业瓶颈期该如何突破

有的梦能记住，有的人已忘记。有的事忙不完，累了总该歇一歇。马也有跑不动的时候，累了困了就该补充能量，就该歇歇了。遇到困难了，停一停，想一想，看看有没有好办法；遇到问题了，停一停，想一想，看看有没有好思路；无路可走时，停一停，想一想，看看有没有新去处。

或许职场上都有瓶颈期，有人冲破了，有人止步了。装满水的瓶子，要想让

水顺畅地流出,需要有空隙,马不停蹄的你也要给自己找到那个空隙。

习惯了晨跑的我,会像很多人一样在跑前跑后做拉伸运动,尽可能避免受伤。一次遇到一位老者也在锻炼。我忍不住问他:"老爷子,您今年高寿?"老爷子说他已经93岁了。我大吃一惊,旁边一起做拉伸运动的几个人也说真的看不出来,以为老爷子刚80岁呢。与老爷子聊天过程中得知:他退休之前是首钢的工人,是干重体力活儿的。他说他身体目前很好,只是有点高血压。

他还告诉我说:"小伙子,锻炼也不要拼命,适可而止,就像我当年在工厂干活的时候,累了就要歇歇。等体力恢复了再继续干,不耽误事的。"老爷子的话细细想想,多么有道理啊。

(一)再说"撞墙点"

记得几年前的一天,我去奥森公园跑步。看到跑步的人从我身边像风一样擦肩而过,我有了一丝失落,也有了一点冲动。我赶紧跟上一支速度稍微慢点的队伍,但跑了一段路程后我还是跟不上他们的速度,也没跟上节奏,我大汗淋漓,最后总算跟了五公里。

原来,他们是光明跑团的训练队伍,根据不同的速度分成了五组。我申请加入他们的队伍,参加他们的训练。一次、两次、三次,5公里训练、10公里训练、半马训练,我进步了。跑坡训练、30公里训练,我也不掉队了。我有了节奏感、知道了速度调节、懂得了步频与步幅的配合,还知道了控制最高心率,总算入了门。

我第一次参加了北京的长跑节活动,从天安门广场出发,终点为奥森公园。20多公里的半马我跑了不到两小时,这样的成绩还是让我有点兴奋。有了"半马"经验后,我就有了"全马"的想法。我参加了秦皇岛全程马拉松,快到30公里时我实在跑不动了,放弃、坚持、放弃、坚持,在我心里交替着。这时候教练多次强调的"撞墙点"在我脑海中出现了。教练曾多次告诫大家,跑到30到33公里时很多人都会达到身体的极限,有一种想要撞墙的感觉,因此很多人就在这个时候放弃了。

"跟着我,不要停留。"突然队友在我身边出现了。

"调整节奏,调整速度,调整呼吸,不要放弃,一定要跟着我。"就这样紧跟队友跑过了35公里,我缓过来了,然后补充营养继续前行,最后终于到达终点。

这一次我真正地体验了撞墙的感觉,也为自己下一步跑全程马拉松打下了基础,以后不再怕了。我想,这个撞墙期是不是有点像职业中的瓶颈期呢?有什么是可以借鉴的吗?

(二)停一停,再出发

职场上的我们有累的时候,也有困惑的时候。有不少职场人士会在这个时候止步,从此停滞不前了,理想、梦想也没有了,然后开始混日子,开始得过且过。

是不是每个职场人士都会遇上瓶颈期呢?我想大多数职场人士都会遇上,无论职位高低、岗位如何。但每个人面对瓶颈期的态度就不同了,大家所处的环境不同、具体情况不一样、产生瓶颈期的时间阶段也不同。

1.停一停,去充电

职场人士在遇上了瓶颈期时可以再回到学校充电,可以考虑去考MBA,或者到商学院再去读书,获取新的知识,提高自己的技能和专业素养,避免在原地转圈。回到学习中去,在学习中汲取营养,重新认识一个圈子,暂时忘记工作,也许就会有了解决问题的良药。

2.停一停,看世界

在可能的情况下暂时离开你的岗位一段时间,一个月、两个月,甚至更长一段时间,放空自己,去看看世界。你可以一个人勇闯天涯,去一个你不熟悉的地方、一个没有人认识你的地方、一个你一直想去的地方。你可以胡思乱想,可以天马行空、独立思考、独自行动,换一种心情,可能你就有了解决问题的办法。

3.停一停,换换岗

在一个岗位时间长了,几年或者多年重复着同样的事情,就会遇上瓶颈期。在公司内部争取换一个新的岗位,哪怕你不熟悉也没关系,从头再来不也是新的开始吗?换岗位不要盲目换,要熟悉内部环境,对其他岗位有所了解。有些职场人士通过在内部换岗位或者在行业内换不同的工作地点,来解决职场上的瓶颈问题。

4.停一停,换公司

遇上职业瓶颈期有可能是你自己的问题,也可能是你所在的公司的问题。如果公司短期内无法在职位晋升、换岗交流等方面给你提供机会,而你又积累了一定的专业知识、职业经验、人脉,这时候换一家公司也是可以的。人力资源中介公司和猎头很多,试着接触一下他们,听听他们对你的专业评价和建议,也许你会有新的机会呢。

后记 感谢有你

本书能够如期出版，我从内心深处要感谢很多人！

当我把初稿交给西南大学出版社时，如释重负的同时又产生了不少纠结。为什么呢？一是我知道虽然书稿凝聚了自己的心血，但每次重新修改仍觉不足，总希望再完善一点，再精炼一点；二是书中的有些说法和观点需要更多人帮助推敲和验证。

还好，这一切都解决了，因为有西南大学出版社从社长到编辑人员的细心负责的职业精神，本书得到逐步完善和修正。我内心非常感谢出版社，感谢帮助我的各位编辑老师。思想的碰撞带来了很多新灵感和智慧！

在本书构思和问题征集过程中，得到了众多的"80后""90后"职场精英的指导和帮助，我内心同样真诚地感谢他们！

特别感谢杨耀天先生、程玉红女士、周淑均先生、朱招芸先生、杜小强先生、周俊英女士、刘文杰先生、赵可慧女士。

还有很多让我感谢的人，在此一并谢谢了！

你们让我深深感到，创造性合作比单独工作更有意义。

最后要感谢接触到本书并阅读本书的各位读者朋友，书中不足之处还希望大家指正与批评！